◎潘海燕 陈庆礼 主编

自主生长式
教师专业发展实践案例

ZIZHU SHENGZHANGSHI
JIAOSHI ZHUANYE FAZHAN SHIJIAN ANLI

主　编　潘海燕　陈庆礼
副主编　杜新红　李明菊　邓向东
编　委（排名不分先后）：
　　　　潘海燕　陈庆礼　杜新红　韩　芳
　　　　刘昌菊　王春林　季宴如　谭姣姣
　　　　李思怡　何晓雪　侯伟浩　黄富琨
　　　　周惠玲　叶晓丽　屈　茜　李红英
　　　　唐良平　李明菊　任　畅　田第元
　　　　冯　平　邓向东　郭荷香　李井年
　　　　汪　阳　汪亚农　潘淑红　谭晓霞
　　　　向春艳　李坚坚　张　茜　詹爱萍
　　　　李运河　管　斌　张家斌　周爱华
　　　　许　涛　王彩云　张　敏　成　娟
　　　　金爱华　苏春艳　李佳旖　杜薇彤
　　　　董　萍　王云阁　何水英　张　燕

南京大学出版社

图书在版编目(CIP)数据

自主生长式教师专业发展实践案例 / 潘海燕,陈庆礼主编.
— 南京:南京大学出版社,2019.12
ISBN 978-7-305-22765-3

Ⅰ.①自… Ⅱ.①潘… ②陈… Ⅲ.①中小学－师资培养－研究 Ⅳ.①G635.12

中国版本图书馆 CIP 数据核字(2019)第 284454 号

出版发行	南京大学出版社
社　　址	南京市汉口路 22 号　　邮　编　210093
出 版 人	金鑫荣
书　　名	自主生长式教师专业发展实践案例
主　　编	潘海燕　陈庆礼
责任编辑	陆思洋　钱梦菊　　编辑热线 025-83592146
照　　排	南京开卷文化传媒有限公司
印　　刷	常州市武进第三印刷有限公司
开　　本	718×1000　1/16　印张 16.25　字数 300 千
版　　次	2019 年 12 月第 1 版　2019 年 12 月第 1 次印刷
ISBN	978-7-305-22765-3
定　　价	48.00 元

网　　址:http://www.njupco.com
官方微博:http://weibo.com/njupco
官方微信:njupress
销售咨询热线:025-83594756

* 版权所有,侵权必究
* 凡购买南大版图书,如有印装质量问题,请与所购
　图书销售部门联系调换

自 序

把理论根须扎进校园,让实践成果结在课堂

  教育理论与教师实践有效互动是一个亘古弥新的话题。横亘在教育理论与教师实践之间的鸿沟并没有随着时间流逝而弥合。时至今日,我们依然经常听到教育理论工作者埋怨一线教师理论素养欠缺,也经常听到一线教师抱怨教育理论的抽象、晦涩。自主生长式教师专业发展理论,是我们团队针对我国教师教育领域"授—受"思维积习严重,忽视教师的"自我经验""专业发展共同体"的作用,致使教师培训与专业发展的实效性受到诟病的现状,根据自己长期对"发生认识论""学习型组织理论""教育生态学""行动研究与叙事研究方法""自我导向学习理论"等前沿教育理论成果的研究,在长达十多年连续时间里,经过108所中小学的多轮实验,总结提炼出来的。我们在对教师的"自我经验"这一现象的发现与研究基础上,将"自我经验"界定为"对亲身体验进行反思后获得的感悟",并揭示了教师"自我经验"由低到高的四种存在形态,即事例经验、类经验、个人经验体系、教育实践智慧;建构了基于教师"自我经验"的嬗变过程、借助教师"专业发展共同体"的中小学教师发展路径,即"在亲身体验中提炼事例经验——在系列事例经验中整合出类经验——将系列类经验凝练成个人经验体系——在反复应用中生发实践智慧",这就验证并深化了波斯纳关于"经验+反思=成长"的猜想,形成独树一帜的教师专业发展过程新理论;并且在实验中探索出了"自修—反思式校本研修模式""自主生长课堂课例研修模式""自主生长取向的师范生素质修炼模式"等数个具有很强操作性的实施模式,为普通教师走向智慧与卓越提供了具体路径。自主生长式教师专业发展理论本身就是从实践来,带有浓重的"泥土"气息,经过多重理论的推演验证形成雏形,并且是在理论与实践反复交互中发展成熟起来,最终实现了理论自洽。因此,自主生长式教师专业发展理论一直被中小学教师受用和推崇,拥有众多"拥趸"。

  自主生长式教师专业发展理论经历了理论探索与初次实验阶段(2003—

2010年)——总结提炼,形成理论形态,初步推广实验阶段(2010—2015年)——全面把握该理论实质,应用本理论指导实践阶段(2015—)。我们已于2018年8月,由华中师范大学出版社出版发行《自主生长式教师专业发展研究》一书,《自主生长式教师专业发展实践案例》是其姊妹篇。本书共54篇文稿,分为三篇。上篇是自主生长式教师专业发展理论进学校基础研究。主要是研究者和实践者对自主生长式教师专业发展理论进入学校、融入课堂、走进教师的理论性和策略性的探讨。

中篇是自主生长式教师专业发展理论进学校实施案例。主要是基于"自修—反思式校本研修模式""自主生长课堂课例研修模式"的教师研修成长、成熟、成功的案例。其中,中篇一主要讲的是自修—反思式校本研修模式实施案例。自修—反思式校本研修模式是以自主生长式教师专业发展理论为引领,强调教师是自身专业发展的第一责任人,通过借助"发展手册"等工具,依托教师专业成长共同体,以反思作为主要手段的一种校本研修模式。本篇中,一线中小学教师从思维更新、制度保障、平台构建、课题化推进等角度反思总结了自修反思式校本研修模式运行中的注意问题和成功经验。中篇二是自主生长课堂课例研修模式实施案例。自主生长课堂,就是依据自主生长式教师专业发展理论对传统课堂进行改造,而形成的一种师生共生共学的课堂,以实现"工作即学习""教学即研究""课堂即学堂"的教师发展理念。教师通过反复应用自主生长课堂形成的课例,产生教学实践智慧的过程,即自主生长课堂课例研修模式。本篇中,一线中小学教师从自我经验、磨课备课、突破心理障碍、教研课题研究等方面总结了自主生长课堂构建路径和策略。

下篇是自主生长式教师专业发展理论的应用扩展。按照我们原本预期,自主生长式教师专业发展理论主要是面向基础教育中的在职教师群体。在理论的推广中,职业教育教师、师范生、新教师、培训者等也加入进来,自觉应用理论,并取得了初步成功。这也增强了我们将来在其他类型教育中推广此理论的自信。

本书是自主生长式教师专业发展理论进学校、进课堂的成功案例,除了少部分由高校学者从理论层面探讨外,大部分为一线中小学教师对自主生长式教师专业发展理论在教育现场实际运用的反思,记录了一个个教师在自主生长式教师专业发展理论的指导下经过激动、困惑、顿悟、反思、成长的经历。我们并没有对各位教师的论文进行大量删改,其目的就是尽可能展现教师在自主生长理论的呼唤下成长的原始样态,让读者感受真实的教师成长历程,进而认识到教师的专业发展过程不是一个简单的接受及模仿过程,真正的成长是一个基于自我经验,借助专业发展共同体,在反思伴随下的自主建构(生长)过程。

我们从来没有以理论传播者的姿态高高在上,我们甚至也并不认为这个理论有多么高深,我们只是坚信教师是自己的主人,教师本身具有成长的原动力。我们做的仅仅是把理论研究根须扎进校园里,仅仅是让教师敏感自己的"自我经验",重新认识了"自我经验"的价值;而他们回报给我们的是一篇篇写在教育大地上的研究论文,结在课堂里的实践成果。

我们要感谢南京大学出版社的蔡文彬编辑为本书的出版所付出的辛苦,我们更要感谢这些理论实践者,他们提供的鲜活经验一方面鞭策我们继续努力,也为我们进一步完善和发展理论奠定了基础。正如杜威所讲的,教育是在经验中,通过经验和为了经验的发展。我们对于自主生长式教师专业发展理论的经验也在不断生长中,我们欢迎更多的学校来实践和检验我们的理论。

湖北第二师范学院潘海燕
广东韶关学院陈庆礼
2019 年 10 月

自主生长式教师专业发展理论简介

"自主生长式教师专业发展理论",是湖北第二师范学院潘海燕教授及其团队,根据自己长期对"发生认识论""学习型组织理论""教育生态学""行动研究与叙事研究方法""情境学习理论""自我导向学习理论"等前沿教育理论成果的研究,在长达十多年连续时间里,经过一百多所中小学的多轮实验,总结提炼出来的一种教师专业发展过程理论。

研究团队在对教师的"自我经验"这一现象的发现与研究基础上,将"自我经验"界定为"对亲身体验进行反思后获得的感悟",并揭示了教师"自我经验"由低到高的4种存在形态,即事例经验、类经验、个人经验体系、教育实践智慧;提出了"教师专业发展必须基于教师自我经验之嬗变过程"的观点,主张一线教师要深入持久地对自己的教学实践进行反思,以"自我经验"为起点,借助"专业共同体",梳理自我经验,放大自我经验,形成操作体系,真切地、逐步地形成自己的教育观、教学观、学生观、课程观、科研观。在实践探索的基础上,研究团队建构出了基于教师"自我经验"、借助教师"专业共同体"的中小学教师发展路径,即"在亲身体验中提炼事例经验——在系列事例经验中整合出类经验——将系列类经验凝练成个人经验体系——在反复应用中生发实践智慧",并且在2003—2015年间,通过108所学校的几轮实验,探索出了"自修—反思式校本研修模式""自主生长课堂课例研修模式"等具有很强操作性的实施模式,进一步为中小学开展校本研修、普通教师走向智慧与卓越提供了具体路径。此理论正扩展应用到教育科研、教师培训、职业教育教师专业发展、专业教育硕士培养等领域。

武汉市《成才》杂志自2015年开始开辟"自主生长式教师专业发展"专栏研讨本项目成果。到目前为止,该研究团队已出版《自主生长式教师专业发展研究》《自主生长式教师专业发展实践案例》《大学与中小学的融合共生》等专著三部,自主培训教材五本,发表研究论文150余篇;该理论被华南师范大学、湖北师范大学、赣南师范大学列为教师教育方向的研究生专题课程;2017年,该成果获湖北第二师范学院教学成果特等奖;2019年被列为湖北省教育厅省级培训推广项目。因该研究源于一线学校的问题又回归指导一线学校的发展,不另起炉灶的特色,被同行誉为具有"中国味道"的教师教育理论流派。

目　录

上篇　自主生长式教师专业发展理论进学校基础研究

教师的教学思维如何立足"自我经验"自主生长式发展 …………… 3
自主生长课堂的内涵、特征及实施途径 ………………………………… 8
教师自主生长　学校管理者何为 ………………………………………… 13
借力《报告册》管理　促进教师专业发展 …………………………… 17
抓住三个关键　促进教师自主生长式专业发展 ……………………… 21
从情境学习理论的视域解读自主生长式教师专业发展理论 ………… 26
自主生长式教师专业发展理论视角下教师的核心素质 ……………… 30
用具身认知理论透视自主生长式教师专业发展 ……………………… 34
以哲学的思维态度进行教育反思 ………………………………………… 38
体验自主生长式教师专业发展理论的魅力 …………………………… 43
从自我经验到教育智慧生长 ……………………………………………… 46
自主生长式教师专业发展理论静悄悄地改变着学校的文化生态 …… 49

中篇一　自修—反思式校本研修模式实施案例

思维更新：自修—反思式校本研修模式实施第一步 ………………… 55
校长要在自修—反思式校本研修中发挥引领作用 …………………… 59
校长在"自修—反思式校本研修模式"实施过程中的角色定位 …… 64
制度化：自修—反思式校本研修模式成为常态 ……………………… 69
自修—反思式校本研修模式助力课堂改进策略 ……………………… 72

在自修—反思式校本研修中提升教师素质 ……………………… 77
立足小专题研究　实施自修—反思式校本研修模式 ………… 81
依托"自修—反思"模式构建校本研修制度 …………………… 85
以"自修—反思式校本研修模式"为抓手　引领教师专业成长 … 94
自修—反思式校本研修模式的行动框架 ……………………… 100
在学习与反思中成长 …………………………………………… 103
自修—反思式校本研修模式的构建与运行 …………………… 109
建立基于自主生长式教师专业发展的校本研修制度 ………… 115
自修—反思式校本研修引领薄弱学校整体改进 ……………… 120
自修—反思式校本研修模式引领下特色学校建设研究 ……… 126
自主生长式校本研修制度建设探索 …………………………… 131
让自主生长成为教师专业发展的常态 ………………………… 135

中篇二　自主生长课堂课例研修模式实施案例

以课题研究为载体，提高教师的科研素质 …………………… 141
提升自我经验的敏感性：中小学教师科研成长第一步 ……… 146
在反思案例中成长 ……………………………………………… 149
以自主生长理念为引领，为课题研究提供抓手 ……………… 154
自主生长课堂之课例研究 ……………………………………… 157
引导教师深耕课堂　促进教师自我建构 ……………………… 161
嬗变课堂：邂逅自主生长的美丽 ……………………………… 165
让科研课题服务于教育教学与教师专业发展 ………………… 168
在课堂教学反思中凝练教学智慧 ……………………………… 172
探究自主生长式教师专业发展最佳路径 ……………………… 175
让教师在课堂上自主生长自己的教育思想 …………………… 180
个体自主生长和课堂自主生长阶段研究 ……………………… 184
自主生长式教师专业发展理论视角下的教师成长案例 ……… 190

自主生长式"磨课"让课堂变得更精彩 …………………………… 194
积累事例经验　为教师自主生长式发展打好基础 ………………… 199
让课堂真正成为教师自主创新的阵地 ………………………………… 203
破师生为难心理　助推师生自主生长 ………………………………… 206
自主生长研修：教师专业成长的新常态 ……………………………… 212
以研修共同体为依托促进教师自主生长 ……………………………… 215
立足自我经验自主生长 ………………………………………………… 219
自主生长式"说课"助推教师专业成长 ……………………………… 223
自主生长式教师专业发展视角下新教师成长案例 …………………… 227

下篇　自主生长式教师专业发展理论相关应用案例

基于自主生长式教师专业发展理论的"临床型"新教师培训探究 …… 233
基于"自我经验"的高职院校教师专业发展探讨 …………………… 238
基于"自我经验"的护理教师专业发展思考 ………………………… 243
附：参与自主生长式教师专业发展理论实验研究的学校名单（排名不分
　　先后） ……………………………………………………………… 249

上 篇
自主生长式教师专业发展
理论进学校基础研究

教师的教学思维如何立足
"自我经验"自主生长式发展

湖北第二师范学院教科院　潘海燕
湖北省武汉市新洲区教师培训中心　杜新红

教学思维是教师在教学实践和思考过程中逐渐形成和发展起来的，潜存于教师心理结构中较稳固的思考教学的模式，由基本的教学观、教学知识体系和教学思维程序三个主导性要素构成，具有统领性和惯性，能对后续教学实践的发生和教学理论的形成产生规约作用。

教师的教学思维品质是教师教育思想与智慧的外在体现，教学思维的性质决定教学的形态；教学思维的变革制约教学的变革；教学思维的转换影响教学问题的解决。迈克·富兰也强调教育思维对教育变革的重要性："如果要进行教育变革，前提是先进行教学思维方式的变革。许多教学问题长期得不到解决，并不是因为这些问题无法解决，而是由于教师没有实现教学思维方式的转换。"

教师的教学思维是教师专业发展中的关键要素之一，只有用科学方法引领教师教学思维发展，才能实现人才培养质的飞跃。自主生长式教师专业发展理论认为，最好的教师专业发展，是立足"自我经验"自主生长式的发展，即从亲身体验中提炼"事例经验"，在系列"事例经验"中整合"类经验"，通过凝练系列"类经验"而形成自己的"个人经验体系"，在教育应用自己的"个人经验体系"中形成"教育实践智慧"的，其过程是教师自主生长的过程。那么，教师的教学思维如何立足"自我经验"自主生长式发展呢？根据我们近年的实践探索认识如下：

一、教师要让自己的思维与个人体验发生关联提炼出事例经验

1. 正面思考，捕捉放大

教师要让自己的思维与个人体验发生关联提炼出事例经验。比如，在具体的课堂教学中，教师接触教材后，首先要充分地与教材文本、学习资料等反复接触，了解教学目标，设计教学环节，理解教学重难点，掌握教学方

法，熟悉教学过程，假设应急预案等，赋予文本的自我解说，与自己的"土办法""真性情"相联系，并在具体情景活动中获得积极的个人理解，这就是事例经验。教师一旦提炼出事例经验后，要善于捕捉，不要轻易放弃和丢掉，这是一个教师自主生长的基点，是很宝贵的发展资源。

2. 反向追问，自悟改进

教师光有事例经验远远不够，它只能反映自己的初步感知，自己解决问题的感性思考，还需要通过反向质疑，自悟改进将其放大。一方面，教师经过自思自悟能将事例经验从感觉层面走进内省层面。如：教师要不断追问自己，这节课我为什么要这么做？这么做合适吗？这么做还能改进吗？我觉得这节课这么做较好？我决定就这么做吗？另一方面，事例经验突出的是"个"，也可称为个人经验，事例经验实质是信息输入模块，是教师在真实环境中感性获取信息的阶段，需要一个个信息要素的存储，需要教师感性认识的不断丰富和积累。

二、教师要让自己的思维与他人思维发生关联整合出类经验

1. 交流辩论，互助优化

事例经验是教师个人对教学活动的一种主观经验，是独特的、富有个性的。同时，单个的事例经验也可能是片面的、存在缺陷的。教师如果长期依赖事例经验，思维就会在"技""术"层面转圈，阻碍教师专业发展。此时，类经验尤为重要，同伴互助是整合类经验的有效途径。教师应成立社团或发展共同体，通过相互交流、质疑、辩论、批判等形式努力让自己的思维与他人思维发生关联，帮助自己整合成类经验。如：针对同一内容处理，先说说自己的想法、做法、体验、感悟，再听听别人的想法、做法、体验、感悟，实现个人思维的放大和优化。

2. 梳理概括，融合共生

教师在整合类经验时，既要有对自己的事例经验的独立思考，更要有对同伴事例经验的敏锐观察和审辩判断，不能全盘吸收同伴的想法和做法，类经验不是事例经验简单的量的叠加，而是需要将各种观点、各种思想、各种形式梳理概括，最后整合形成一个有价值的、有共性的解决方案或理性认知。一方面，教师经过事例经验的捕捉，个体正面思考和反向追问，才使得自己的思维在大量感性认知中碰撞激烈，此时同伴互助才能真正发生。另一方面，类经验突出的"类"，它是信息的支持模块，需要考虑各知识要素之间的联结，需要教师头脑的加工处理和审辩批判，需要对感性认知的理性梳

理，经历此阶段，教师思维方式会得到极大改进，教学技能会得到快速提升，能帮助教师从平凡走向合格。

三、教师要让自己的思维与专业理论体系发生关联凝练成个人经验体系

1. 揭示本质，提炼规律

类经验的长期积累，会让教师达到较高的职业境界——"经师"。这一阶段教师的特征是学识渊博，技艺精湛，"授业""解惑"的能力水平高超，是一名优秀的教师。现实中很多教师大多停留在这个阶段徘徊不前，不能突破上升到最高事业境界——"人师"，其重要原因就是没有将自己思维与专业理论体系发生关联，形成个人经验体系。这一过程需要教师走进并走出经典的教学体系，重新认识教学的意义与价值。因为教学具有双重性特征，经典教学体系对教学的一些特征，比如标准化、规范化、程序化及可预设性、可控性形成一套规范操作要求，但教学体系还有一些其他特征更需要教师思考与关联，如多样性、复杂性、特异性、灵活性、生成性、选择性等。

一方面，教师在个人经验体系中要树立正确的教师观，教师第一要务是"传道"，这是根本，"授业""解惑"只是枝干。教师要想成为"人师"，一定要把教师职业作为一种事业追求与精神享受。要有伟大的人格和高尚的修养，要以自身人格魅力去塑造学生人格，要以自己的德、才、情给学生以潜移默化的、终身受益的影响和感化。这种境界也是教师完善自我、实现自我、超越自我的享受境界。

另一方面，教师个人经验体系突出的是"体"，是信息支撑模块，关系到"面"，需要思考各类要素之间的规律，是对信息的深加工、深处理过程。由于类经验只是相同事物之间因信息输入、输出与变换组成了同类事物系统，而个人经验体系是不同事物之间，由于信息的相互联系与作用，组成了跨类事物系统。这时教师的思维必须撇开对象系统中的具体内容和组织形式，重点思考系统中或系统间信息的普遍联系和运动规律。也就是教师头脑中既要有大量的、丰富的、不同的、深刻的感性认知，又要有洞察现象、揭示本质、发现规律、提炼思想的理性思考，这个过程能帮助教师从合格走向优秀。

2. 建构多元，形成个性

教师如果形成了个人经验体系，在课堂教学中，能够做到"举一反三"，"触类旁通"，教师驾驭教材能力会变强，教学方式会更多样，课堂效果会更

高效；针对具体教学活动，会迅速建构解决问题的多种模式，并很乐意尝试与验证各种模式实效。在这个阶段，由于思想的多元级、方法的多路径，教师会体验专业成长的快乐与兴奋，同时也会隐约感知专业发展方向的困惑和迷茫。此时需要教师不忘初心，保持定力，冷静思考，不断反思。我从哪里来？我要到哪里去？我如何与众不同？我的教学思想是什么？我的教学风格如何打造？还需要教师不断研究、不断发现、努力将原来的"土办法""真性情"升级为自己的个性与独特，最终走向"智慧型教师""思想型教师"。

四、教师要让自己的思维与教学实践发生关联生发为实践智慧

1. 以道驭术，形成智慧

教师"自我经验"发展的最后阶段就是要在教育应用中产生个人教育思想并生发为实践智慧。真正的智慧来源于实践，真正的"思想型""智慧型"教师也来自实践，教师对教育的各种看法和主张，教师所接受的各种理论和学说，只有与实践结合，在长期体验、感悟、反思中才能转化为自己的思想和实践智慧。智慧的本质是高度个性化，体现教师对教学现场敏锐捕捉的能力、快速反应的能力和非常得体的应对能力。教师要让自己的思维与教学实践发生关联，以道驭术，平衡创新，形成智慧。

一方面，教师要有"上游"思维，"术"的上游是"道"，"方法"的上游是"状态"。在具体教学实践中，教师要遵循教育规律，以道驭术教育定会事半功倍；也要唤醒教师自主发展的意愿，激发教师积极实践的状态，境界高远教学必定长盛不衰。另一方面，实践智慧是信息输出模块，教师输出信息作用于教学实践活动后，再反馈到教师的认知过程中，这是理性认知到实践革命的巨大飞跃，是知识向能力转化过程，是通达应用过程，也是转知成智、化智为慧的过程。不是所有的实践都能产生智慧，只有符合认知规律，从实践中来，又回到实践中检验得到的有价值力、有影响力的东西，才值得我们去思考，去实践。教师还要在实践中不断反思，把想到的做出来，把做到的写出来，让个人思想和实践智慧不断沉淀、固化、共享。

2. 调整心态，不断创新

"自我经验"的发展过程是一个由低级往高级发展的循环过程，教师自主生长没有终点，永远在路上。教师要激发学习热情，提高综合学养，养成终身学习、终身进取的习惯。把每次进步当作新的起点，时刻保持对"自我

经验"的敏感性，时刻保持着准备投入的自我意识，在课堂教学中培养观察力、分析力，在路径优化中锻炼判断力、选择力，在关键能力形成中发挥平衡力、创造力。要保持个人看问题的视角，同时包容别人的意见，要拒绝胆怯和懦弱，力行担责地坚韧践行，真正达到古为今用、洋为中用、他为我用的状态。把课堂当学堂，把教学当研究，调整心态，不断创新，自主生长，扬帆远航。

（原载《成才》2018年第5期）

自主生长课堂的内涵、特征及实施途径
——基于武汉市新洲区四所实验校的探索

湖北省武汉市新洲区教师培训中心　杜新红

自主生长课堂是湖北第二师范学院教授潘海燕提出的。参加自主生长课堂的实验学校对其各有不同的理解，实践路径上可能也有不同。武汉市新洲区四所实验学校在两年的实践中，对自主生长课堂的内涵、特征及实施途径做了大量的探索。

一、自主生长课堂的内涵与特征

我们认为：自主生长课堂就是在"自主生长理论"指导下，让教师在课堂中先展示已有的教育方法或经验，通过自我反思、同伴互助和理论引领，帮助教师提炼和整理已有的教学方法或经验，再回到课堂上充分应用，并生成新的教育方法或经验，最后形成符合自己独特的教学风格。自主生长课堂基本特征：高效、共生、独特。它有三个体现：一是体现教师个人思想的课堂，即课堂中教师有自己独特的"土办法"。二是体现共同生长的课堂，课堂中不仅学生得到发展，而且教师、教学环境、教学资源都能得到很好的发展。三是体现教师独特个性和个人新思想的课堂，即教师对课堂赋予"我"的解说。通过实践反思、课例研修、群体合作、总结提升等方式，教师又进一步生长了自己的新思想。

1. 基于经验反思，凸显课堂的高效

课堂的高效是针对课堂的有效而言的，是以最小的教学和学习投入获得最大学习效益的课堂，它是有效课堂的最高境界。自主生长理论认为，人的学习本质是自主生长的过程，主体通过自己原有的经验构建自己的理解，当这种经验平衡被打破后，认识主体就会通过"同化"和"顺应"再平衡的方式进行反思，生长出新的经验，获得新的知识。大量课堂实践证明，通过自主生长获得的知识往往理解最深，效果最佳。

自主生长课堂非常重视教师原有的经验，鼓励教师用"土办法"，通过

"创设环境，自主建构，互动激发，高效生成，愉悦共享"等途径达到教学的高效。如实验教师苏春艳在执教小学三年级数学《数学编码》一课，引入新课时，先向学生展示三张分别有数字"0""1""2"的卡片，说出数字的代表意义："0"表示全班学生一起站起来，"1"表示全班男生一起站起来，"2"代表全班女生一起站起来，然后现场演示，学生兴趣迅速被激发，当教师不断地更换数字卡片时候，学生不断地站立、坐下，不少理解有误站错了的学生，有的被同伴拉扯，有的自己醒悟，露出体验的笑容。短短的一分钟，师生之间不仅经历了双向激发的愉悦交往过程，而且让学生很直观地感知到枯燥数字的趣味性，为理解数字编码带来奇效。

2. 基于教育生态，促进课堂的共生

在教育生态学的视野中，可以把课堂视为一个生态系统，这个生态系统中包括教师、学生、课程、环境等多个生态因子，这些生态因子相互之间发生着各种各样的生态关系。当这些生态因子之间相互对话、融合、和谐、共生发展，课堂生态就得到一种平衡，这种平衡会促进每一个生态因子的优化和发展。自主生长理论就是充分运用了教育生态学原理，在课堂系统中，通过"学生主体、教师主导、环境主助、资源主撑"等途径促进各因素平衡发展共同生长。如：实验教师王志英执教小学低年级数学《认识时钟》一课，这节课难点是理解时针与分针运转的规律。教师给学生学习创建一个合适环境，提前将时针分针的运转规律制作成微课，通过微课视频让学生观察；同时教师给每个学生准备一个小时钟，让学生在真实情景中亲自转动体验。学生在这种积极愉悦的学习环境中很容易就理解了时针分针运转的规律，教师的微课制作技术也得到极大的提升。这节课当时在录播室进行了全程录像，课程结束后，学校马上开展教师说课、同伴评课、专家理论引导。学期结束前，学校又组织了实验教师进行回看反思录课视频，极大促进了学生、教师、课程、环境等因素共同生长。

3. 基于个性差异，展现课堂的独特

独特就是要有个性，而个性又是创新的基础。杜威认为理想的课程是以学生的学习经验和兴趣为基础，并为学生未来生活做准备。《国家中长期教育改革和发展规划纲要（2010—2020年）》提出要培养学生全面发展和个性发展，《新课程标准》要求培养学生的创新精神和实践能力，可见个性教育是当代世界教育发展的趋势，追求人的个性和谐发展已成为当今世界教育的主导价值。要学生有个性，教师必须首先要有个性。自主生长课堂就是充分尊重师生差异，要求师生彰显个性，能在快乐实践中乐于质疑，敢于批判，发展思维，自主学习，合作探究；能在神思飞扬中真正展现自我，释放本真，发展自我；能在愉悦体验中掌握知识，学会学习，学会创新，完善个性；课堂中尽情舒展个体生命的灵性，倾力释放美丽生命的激情，不断迸发创造性思维的火花，展现千人千面、千课千彩的独特。

实验教师张芬在执教小学低年级绘本课《逃家小兔》时，她的教学思想已经由原来的"土办法"，即"读一读、说一说、写一写"旧模式，向另外一种"新思想"华丽转变，这种"新思想"就是她自己生长出来的"文本研读—思维渗透—动手操作"新模式，给观课教师耳目一新的感受。特别是她结合低年级学生的年龄特点，设计一些开放性的问题让学生独立思考，如："阅读这个故事后，你有什么感想？为什么？""你喜欢这只小白兔吗？为什么？""你觉得兔妈妈这么做对吗？为什么？""如果你是小白兔，你还有哪些逃离新想法？""如果你是兔妈妈，你有哪些应对办法？请说出道理。""同桌分角色扮演小白兔和兔妈妈，请按照绘本对话那样，快速用'如果……那么……'对话"等等。这些问题一抛出，课堂立即热闹起来，笑声不断，花絮不断，新的生成也不断发生。那种小手直举、小眼发光、小脸通红、小嘴常开的场面，那种童言无忌、童心无伪、童真无邪、童趣无限的感觉，让听课的教师感到陶醉。她就是通过自主生长课堂不断地训练思维，不断彰显个性，让课堂始终飘散着一股独特的清香。

二、自主生长课堂的实施途径

自主生长课堂的核心要素在于"自修—反思"，因此我们结合课堂关键因素，从教学设计与实施、课堂观察与评价、课例研修总结与固化三条路径开展自主生长课堂。

1. 教学设计与实施——"三实践、三反思"

如何开展自主生长课堂，促进教师专业发展，确保课堂教学高效？我们的做法是，采用"三实践、三反思"的办法。"三实践"指自主生长课堂必须要有的三个实践环节：教学设计、教学实施、课后对话（观课、说课、议课）。"三反思"：反思一为实践前反思，它指教师教学设计完成后与同伴交流，促使自己重新审视文本和酌情进行教学的二度设计；反思二为实践中反思，它指教师在教学实践中根据学情的变化，酌情采纳和修订自己原有的教学设计；反思三指实践后反思，它指教师在教学实施后，教师与群体之间必须经历对话活动，教师要完成自己与文本、同伴、专业理论的反思。如张芬老师执教《逃家小兔》，课前进行教学设计（实践一），然后与同伴交流（反思一），通过同伴互助，再次对文本的研读，明白了"问题设计是教学设计的前提""思维训练是课堂教学的关键""动手操作是培养学生实践能力的抓手"。因此在教学实施中（实践二），进行了酌情处理，不断微调自己的教学活动，使教学设计进一步优化（反思二），所以获得好的教学效果。在观课议课中（实践三），通过教师说课、同伴观课议课、专家引领等活动，张老师完成一次与文本、同伴、专家、理论的系统对话交流，心灵得到一次彻底的升华，专业能力得到更大的提升，同伴教师也受益匪浅。活动之后，张老师将这次活动的收获和感悟，写成《课例研修》（反思三），分享课堂成功经验，积淀课堂的精彩生成，记录成长的心路历程，提炼理论的实践价值。自主生长课堂就是以"三实践、三反思"为着力点，让课堂更加高效，让教师逐渐生长出自己的教学思想。

2. 课堂观察与评价——说课、观课、议课

"说课"是在教学设计基础上，面对同行和专家，针对讲授的课题，采用讲述为主的方式，系统地分析文本和学生等，并阐述自己的教学设想及理论依据，然后由同行评议，达到互相交流，共同提高的一种研修活动。我们采用"先教后说"的方式，让实验教师有更深的文本解读，更优的教学设计，更佳的理论实践，更准的教学反思，同时锻炼教师的表达和总结能力。

"观课"也叫"课堂观察"，是一种横向的同伴互助。观课前，同伴之间确定好观察点，如"有效的提问""教师语言的术语化""课堂环节的有效性""教学环节时间的分配""学生的状态变化""自己经验的对比""作业设计的适切性"等观察点。观课时，每个人有所侧重，重点关注自己的观察角度，并在课堂观察表上实时记录观察的现象和结果；观察后，观课者根据真实的记录，进行倾听和交流。在交流过程中，要求老师树立对话意识，倾听意识，分享意识，互助意识。

"议课"是观课教师围绕观课所收集的课堂信息平等交流，提出问题、发表意见，是以"改进、发展"为课的取向，鼓励执教教师和议课教师主动暴露问题以获得帮助，求得发展。议课时强调集中话题，超越现象，深入对话，促进理解和教师自主选择，把教师培养成具有批判精神的思想者和行动者，帮助他们实现自身的生长。"议"的过程是展开对话、促进反思的过程，因此议课时少用"句号"，多用"问号"。议课提问的过程是促进参与者思想形成的过程，是发现和认识教学活动诸环节、诸要素关联的过程，是理解教学、理解他人、理解自我的过程，促使教师实现从"他人提问"向"自我提问"转变，逐步形成"自我提问、自我回答"的习惯。授课教师首先解释说

明自己的设计意图,针对教学实践说出哪些做得好,哪些做得不好。专家、同伴不是去挑毛病,而是追问:你感觉这点不好,你说说怎么不好?应该怎么改?为什么这么改?然后大家共同商议,决定哪点需要怎么改。下次遇到此类问题该怎么解决,甚至可以研讨后立马试验,验证改得是否恰当。如陈志莲老师执教小学语文《天鹅》一课,在观课议课时,她认为课堂提问环节中的问题设计有点肤浅不够深入,缺少思维训练。后来大家共同探讨,一致认为增强课堂有效提问的方法就是要实现"由事实性问答策略"向"对话性问答策略"转变,后来的实践证实,这种课堂提问的转变极大地提高了学生的思维训练和创新能力的培养。

3. 课例研修与固化——积淀、分享、共赢

课例研修是教学案例的特殊的形式,是以学科教学内容为载体,由教师联合组成学习共同体,在真实的课堂实践中开展包括教学设计实施、课堂观察评价、分析提炼总结的一种教师行动研究。它强调团体协作和参与式学习,为教师提供一个批判、反思机会,启发教师对同类型课的教学,达到学以致用,即学即用。帮助教师不断寻找"自身与他人之间距离",不断地寻找"理论与实践之间距离",最终跨越"最近发展区",实现"理论与行为的更新",最终达到自主生长的目的。学了会有方法,做了才有思路,写了就有底蕴,每次活动我们要求教师坚持写课例研修,用笔说话,教师将解读、教学、研讨、反思的四步写出来,用键盘敲击成长的灵感,用网络闪存成长的轨迹。实践探索中,实验学校和教师对课例研修撰写,有不同形式的表现:有的侧重教学行为的改进,有的侧重改善学生学习,有的侧重理论指导实践,有的基于教学问题的反思,有的侧重录像回看分析,等等。对于这些尝试我们都给予充分的肯定和鼓励,并且将每年开展活动的相关资料进行收集整理,将课例研修固化结集成册印发给每位实验教师,让研修成果变成文字在教师之间传播,实现教师专业发展、教学行为改进、课堂质量提高的共赢。两年的自主生长课堂的实践,我们努力把理念做出行为方法,把自我做出个性风格。

通过学习累积,为教师积淀底蕴;通过课例研修,为课堂求证效益。

(原载《成才》2016年第2期)

教师自主生长 学校管理者何为

湖北省武汉市硚口区教育科学研究室 韩 芳

潘海燕教授及其团队倡导的自主生长式教师专业发展理论，强调教师的专业发展过程，一定是立足教师已有的"自我经验"自主生长的，必须经历教育活动、教育体验、教育感悟，即通过"自修—反思"的途径，生长出新的经验或思想，如此循环使生长从一个台阶上升到一个更高的台阶，呈螺旋式的上升发展过程。

实践表明，自主生长式教师专业发展理论坚持了认识来源于实践的辩证唯物主义基本原理，将发生认识论的规律及"学习型组织理论""知识生态学""建构主义""行动研究与叙事研究方法""成人自我导向学习"等前沿教育理论成果综合应用于教师的专业发展，丰富了教师专业发展的理论。

教师忙于"自主生长"，那学校管理者做什么呢？笔者曾作为学校管理者，在任职过的几所学校中进行了一些探索和尝试，并取得了一定的成效。现从学校管理者的角度谈谈如何帮助教师自主生长。

一、增强教师对"自主生长"的价值认同

价值认同是指人对某种价值的内在认可或共识，通过这种认可和共识，形成自己在工作过程中的价值定位，并逐步形成自己的价值观。教师如果对"自主生长"这种教师专业发展理念产生价值认同，这种价值认同就会成为教师在学校工作中自身工作的价值和定位，由此决定自己的理想、信念、追求。

在学校管理实践中，为了增强教师对自主生长理念的认同，学校应组织专题辅导报告，召开教师学习分享会，围绕"什么是自主生长？""教师如何自主生长？""教师能自主生长教育的智慧吗？""在教育实践中我们生长过哪些智慧？"等话题展开讨论、学习、交流，让教师对自主生长式教师专业发展理论有明晰认识，让教师感觉到"自主生长"已经发生在我们的教育实践中，只是我们没有意识到，还不成熟，还需要在实践中不断地探索完善。

武汉市硚口区双环小学树立了"教师发展第一"的办学理念，他们认识到只有教师的专业发展先行，才有学生进步成长的可能。学校积极参与了自

主生长式教师专业发展理论的实践探索。活动之初,学校以"提出问题"为研究的起点,引导教师关注教育教学实践过程中的问题现象,通过发现问题、解决问题的过程,提升教师专业素养和专业能力,促进教师的专业发展。然而当管理者让教师直面自己的课堂,提出问题的时候,教师们最初的反应是回避和敷衍。有的教师认为教学过程中出现的问题很简单,自己有办法解决,不值得兴师动众当作课题研究。有的教师认为教学过程中问题很多,不知道什么才是关键的问题所在,无从下手。针对教师的畏难情绪,学校校长和学校研修小组成员参与到教师的教研活动中,和教师们展开研讨。老师说:"学生不能按时交作业这个问题很简单,只要管理严点,一段时间后就会好转。""学生不能按时交作业这是个教育常规问题,我有办法解决,不一定要作为课题来研究,有点小题大做。""学生不按时交作业,这是一个教育常态问题,别的学校也很普遍。"后来大家普遍认可的观点是:"学生不按时交作业看上去确实是个常见的小问题,但是小问题不解决可能就会酿成大问题。我们的教学研究要想体现针对性、实效性,不能忽视这样一些常见的小问题。大家如果能将我们的研究视角专注于教育常规中的一些小问题,可能就会发现,越常见的问题就是越值得研究的问题。"后来沿着这一思路走下去,教学研究与教师专业发展都取得了较大进步。

  教育的成功源于教师对教育的深切认同与执着追求,教师只有发自内心地需要实现自我,才能真正融入教育教学中,主动地进行学习,不断地钻研,享受自己教育成功的喜悦。作为学校的管理者,要尊重这种需求,为教师的专业成长提供服务。这种服务体现在教师迷茫困惑时给予及时的引导;在教师信心不足时给予鼓励;在教师身体不适、情绪低落、家长不理解、家庭有矛盾时给予支持。

二、唤醒教师自主生长的自我觉察

  自我觉察,简单地说就是一个人能够了解自己的感受、状态,还有期望。教师的自我觉察是教师对自身的存在以及世界"是什么"的非语言的感知和意会,对教师自主生长发展具有重要意义。

  教师的自我觉察分为两个方面:一方面,教师本体觉察力,它是教师做好自己和超越自己的基础。教师对自身的觉察可以让老师感知自己的行动是什么思想造成的,它可以让教师时刻警醒,避免教师受习惯与情绪的支配。教师可以通过觉察自己的行为,调整自己的思维方式,做出更合适的教育行为,而这种教育思维的调整,教育行为的选择的过程,正是教师的教育智慧自主生长的内动力。另一方面,教师外在觉察力是教师洞察现实和融入现实的基础。教师需要通过本体觉察和外在觉察的转换等策略来提升觉察力。教师外在觉察能够帮助教师对学生的学习过程高度的关注，依据学生的学习状态，体察学生成长的需求和发展的可能，选择更有效的教与学的方式，在教育的现场自主生长教育的智慧。

在管理实践中，我们曾尝试用"课堂观察"的方式，提高教师的外在觉察力；我们尝试用"教学反思"的方式，提高教师本体的觉察力。

比如武汉市硚口区井冈山小学郭征老师在进行"小组合作"学习方式的探究时，以《给自己写信的人》为例，上了一节研讨课。第一次试教完成后，她写下了这样的课后反思：在语文阅读教学活动中，运用小组合作的学习方式，就是要提高学生参与学习活动的主动性、参与活动的广度、参与活动的深度，也就是要提升学生参与语文学习活动的品质。可是，在我的课堂上，学生虽然以小组的形式坐在一起，但是，学生参与活动的面还不够宽，学生的"话语权"仍然掌握在少数学生身上，大部分学生没有发言的机会。学生参与学习活动时，仅限于动作参与，几个人围坐在一起，只是摆出合作学习的样子，思维并没有参与，合作学习效率不高。

看来小组合作学习最重要的是，让学生人人有事干，个个都参与。我可以先教方法，让学生独学；再让学生带着问题到四人小组中互学；然后让学习小组展示学习收获；最后再全班教学。这样，每一个学生在课堂上就有大量的语文实践活动机会，学生才能真正成为学习的主人。

经过这样的反思，郭征老师到年级的另一个班开始了第二次试教。试教完她在教学反思中这样写道：在教学中我共设计了七个学习活动，其中第一课时中的"展示预习""探究构段方式"，第二课时中的"感受忙，体会大爱""感受欧立希爱父亲、爱事业的情感"这四处学习活动是教学的重点和难点所在，我均采取了小组合作学习的方法，学生经历了"独学—小组互学—小组展示—全班学"的过程，从学生的学习情况来看，学生从不会到会的过程体现充分，学生参与面广，参与的时间长，有思维活动的体现，学生的参与品质高，阅读教学的效率高。

一个自我觉察能力强的老师会在教育过程中时时觉察，事事觉察，在觉察中发现自己的教学问题，不断尝试改进自己的教学问题，觉察力就成了教师自主生长的助力之源。

三、激发教师自主生长的潜能

我曾任职的几所学校，教师平均年龄在四十余岁。人到中年，积攒了一些教育经验，这些教师习惯于凭经验、走老路，不愿意顺应教育与时代的发展、主动更新自己的教育观念、改进自己的教育方式。由于家庭负担重，精神压力大，大部分步入中年的教师，或多或少会产生一些职业倦怠，他们认为年轻教师脑子灵活、记忆力强、精力旺盛，在专业发展的过程中自主生长的可能性大；而自己脑子笨、记忆力差、精力不济，运用自主生长的教育理念提升自己的专业能力几乎不可能。

其实，人的潜能具有隐藏性，这容易使人对自身潜能认识不足。所以，管理者要让教师认识到自己的潜能无限只是亟待开发，让教师相信自己有成长的潜能，并且产生强烈的自主生长的自信。人的潜能还具有差异性，一个人在这方面能力一般，但在另一方面也许正是其潜能蕴藏所在。作为管理者，要尊重教师的差异，创造条件让每个教师都能发挥潜能，在自己的潜能蕴藏所在生长出自己的教育智慧。每一个教师就如同学校肌体中的一个细胞，作为管理者就是要激活学校中的每一个细胞，激发每一个教师自主生长的潜能，让学校教育充满活力。

首先，对人的管理的含义决不等于单纯的对人的"管制"和"约束"，而应把人作为管理的能动对象和管理的重要资源，尊重人的价值，多一些人文关怀，让人感受到管理的温度，让人认识到管理是为了更好地激发人的潜能，以谋求人的全面自由发展。

其次，在制定学校管理制度的时候，管理者要思考怎样体现制度管理与人文关怀相结合。武汉市硚口区汉西小学日常开展"周三阳光喝彩日"活动。这一天早晨，学校广播站会播放轻松优雅的钢琴曲；会播出"寻找身边的感动"、师生爱的故事；学校的电子屏幕会展示教师在日常工作中精彩的瞬间。这一天中午，学校食堂会为全体师生增加一个"惊喜"——一道菜、一瓶自制的酸奶、一个水果。这一天，还是"无批评日"，教师的小失误会得到善意的提醒，而不会被记录在案，教师的小创意会得到及时的赞赏，还会作为"教师精彩瞬间"在学校电子屏幕上展示。"周三阳光喝彩日"让教师感受到学校管理的温度，周三不再是教师们焦虑烦躁的一天，而是充满着愉悦、温暖与人文关怀的一天。在这样和谐而温馨的氛围里，教师更容易生发教育的感悟。

当然，学校管理者要想调动教师的积极性和创造性，激发教师的潜能，就离不开赏识激励。通过赏识激励，教师始终处于一种兴奋的状态之中，他们的积极性将得到充分的发挥，他们更容易在教育工作中生长教育智慧，享受教育成功的体验。

（原载《成才》2016年第6期）

借力《报告册》管理　促进教师专业发展

湖北省长阳县教育研究与教师培训中心　刘昌菊

进入21世纪以来，教育改革进入内涵发展时期，改革的新要求使得教师的专业发展受到前所未有的关注和重视。长阳作为一个集"老、少、山、穷、库"于一体的特殊县份，如何基于学校，让教师立足"自我经验"自主生长式发展，建立有效的校本研修机制就显得尤为必要和紧迫。从2000年秋开始，我县尝试以《教师专业发展报告册》为抓手，扎实开展校本研修工作，有效地促进了教师的专业发展。

一、《报告册》的缘起和发展

1. 产生于"项目培训"

2000年9月，长阳正式启动"民族贫困地区中小学教师综合素质培训项目"（简称"项目培训"），这个项目是在"自修—反思"培训模式的理论指导下进行的。为加强对"项目培训"的管理，由培训课题组编制的《民族贫困地区中小学教师综合素质发展报告册》走进了长阳教师的生活——这就是最初的《报告册》。"项目培训"时期的《报告册》实际上是自修培训教程的学习笔记，它包括"自选发展目标""自评自结""教师互评""案例评析""学习成果统计表"等内容，在使用过程中曾改版一次，并一直沿用到2003年秋季学期第一轮"项目培训"结束之时。此间，《报告册》的编制、使用及其培训工作都得到了刘芳、潘海燕等"项目培训"专家组成员的全面指导和帮助，这在一定程度上保证了《报告册》高起点的专业水准。

2. 发展于"新课改"

2003年末，随着新一轮基础教育课程改革的实施，长阳教育全面进入"新课改时期"。新课改使教师的学习与培训工作变得异常紧迫，传统的自上而下的培训和教研模式面临严重冲击，校本培训、校本教研受到广泛重视，潘海燕教授及其团队响亮地提出了"让教师立足自我经验自主生长与应用自己的教育思想"的口号。为了让《报告册》成为促进教师自主生长式专业发展的一个有力抓手,其内容几经调整,逐步包含了"观课记载""学习笔记""校本研修活动""自我实践与反思""案例陈述与评析""成果整理与评价"等板块,内容较"项目培训"时期更加丰富、全面,并正式命名为《教师专业发展报告册》。

3. 不断优化,形成常态

16年来,《报告册》由初期的学习笔记发展成今天对校本研修具有管理、导向、评价和激励功能的重要凭借,得益于它在使用过程中不断地贴近再贴近一线教师的专业发展需求,删繁就简、化虚为实、合零为整、不断优化,并逐渐被学校和老师们认同、接纳。以《报告册》为导向,长阳实现了教师专业发展由重自修、重素质到教研修并重、素质能力并重的转变,从自修培训教程到立足自我经验自主生长,实现了校本研修的常态化。

二、《报告册》的使用和管理

1. 要求明确

一本《报告册》能伴随教师16年不间断,并成为教师实现专业自主发展的好伙伴,原因固然是多方面的,但要求明确、操作性强是不可忽视的重要因素之一。从《报告册》的最初版本开始,它就十分具有导向性和指导性,比如怎样自选目标、怎样写自评自结、怎样写案例评析、怎样进行互评等等,这些要求通俗一点说,就是指导教师敏锐感知"自我经验",学会自主读书、学会反思、学会合作、学会积累,并学以致用。后来的《报告册》在发展过程中,无论怎样改版,指导性和操作性强的特点都一直得到了传承。今天的《报告册》基本上就是学校和教师自主开展校本研修工作的一个蓝本,对校本研修活动的内容和形式都有比较详细而具体的说明。

2. 强化评价

《报告册》的评价是诊断、检测教师研修状况的重要手段,是促进教师专业发展的必要措施。我县的《报告册》始终坚持定时评价,每月有月查,期末有总评,月查和总评都要做出量性和质性评价结果。评价过程坚持教师的主体参与,以教师自评为主,同伴互评、领导导评、专家审评为辅,从而激励教师对照自我发展目标,在同伴的鼓励和领导、专家的引领下不断成长进步。同时,《报告册》一直由县级以上教师培训的业务主管部门监制,供全县教师使用。其使用情况纳入教师继续教育学时学分管理,与年度考核、职称评定以及骨干教师评审等工作挂钩。学校建立有《报告册》管理与评价制度,把《报告册》的使用情况作为评价教师校本研修工作情况的重要依据,其评价结果直接关联教师个人的相关考核。

3. 物化成果

《报告册》倡导学校和教师开展以校为本的研修活动，并随时记录教师在开展教育、教学、教研、培训、科研等工作中发生的真实的教育生活，让教师立足自我经验自主生长。如果不建立有效的成果整理、分享和应用推广机制，《报告册》的使用就极有可能陷入"一地鸡毛"的状态。我县最初的《报告册》并没有设计"成果整理"的板块，而是在几次改版后才增加的，它的意义在于引导学校和教师慢慢养成敏感自己的"自我经验"、欣赏自己的成长过程、不断物化成果的习惯。经历一个阶段的研修历程后，通过编《优秀成果集》、举办读书交流会、讲述教育故事、举行各类竞赛、给媒体投稿等，引导教师对《报告册》中的原始记录进行提炼加工，整理形成成果，让教师在或大或小的展示平台上享受到专业成长的喜悦。

三、《报告册》的意义和影响

16年来，老师们与《报告册》从相识、相知到相伴，《报告册》已渐渐成为全县教师职业生活的一部分，许多教师视之若宝，精心珍藏着这份16年的成长记忆。今秋，县研训中心开始筹建教师专业成长案例库，首批20名教师自愿捐出了自己珍藏的《报告册》450余本。抚摸着这些带有岁月斑斑印迹的《报告册》，回顾这段特别的历程，不得不感慨《报告册》对全县教师专业发展发挥的积极作用，其影响是十分深远的。

1. 唤醒了学校和教师主动发展、自主研修的意识

16年来，在《报告册》的引领下，教师在专业发展中的主体地位得以凸显，广大教师的职业生活方式悄然发生着改变，读书、思考、交流、写作逐渐成为许多老师的日常生活习惯。

2. 构建了"个人自修反思—同伴交流互助—专家指导引领—团队整体提升"校本研修机制

该机制着眼于研究解决学校和教师在教育教学活动中的实际问题，校本研修的实效性显著增强。

3. 促进了教师的专业发展

进入新世纪的10多年，无疑是长阳教师专业发展最快、研修成果最多的一个时期，涌现了一大批可圈可点的优秀教师，教师队伍的整体素质不断提高。杨大会、王玉环等老师在省级教学竞赛、教师素养大赛等比赛中屡获一等奖，成为山区教师的骄傲；津洋口小学、县实验小学、花坪小学等学校

的校本研修经验多次在省内外交流，获得广泛好评；全县教师每年在正规刊物上发表文章数百篇，有些一线教师更是出版了自己的教育教学专著；全县各级各类学校的教育教学质量多年稳居宜昌同类市县之首。这些闪光的成绩无一不凝聚着广大教师的心血，无一不是教师队伍整体素质提升结出的硕果。

自主生长式教师专业发展之路，没有尽头。教师，永远行进在专业发展的路上。今后，我们将不断创新《教师专业发展报告册》的管理，进一步完善案例库建设，不断践行、丰富自主生长式教师发展理论，不断激励教师物化成果。我们相信：有过去的经验可以借鉴，有成熟的机制予以保障，长阳教师专业发展的天空会更加明媚，长阳教育的明天会更加精彩！

（原载《成才》2017 年第 1 期）

抓住三个关键　促进教师自主生长式专业发展

湖北省老河口市实验小学　王春林

北京师范大学顾明远教授曾说：社会职业有一条铁的规律，即只有专业化才有社会地位，才能受到社会的尊重。如果一种职业是人人可以担任的，则在社会上是没有地位的。因此，教师的专业发展成为摆在教师面前必须解决的问题，那么如何促进教师的专业化发展呢？潘海燕教授及其团队倡导的自主生长式教师专业发展理论走出了一条光明大道。

自主生长式教师专业发展理论，强调教师的专业发展过程，一定是立足教师已有的"自我经验"而自主生长的，必须经历教育活动、教育体验、教育感悟，即通过"自修—反思"的途径，生长出新的经验或思想，如此循环使生长从一个台阶上升到一个更高的台阶，呈螺旋式的上升发展过程。

自主生长式教师专业发展理论经过十余年100多所学校的几轮实验研究，找到了在中小学教师校本研修中的最佳实现形式——自修—反思式校本研修模式，在中小学课堂中的最佳实现形式——自主生长课堂，同时也积累了丰富的一手研究资料，产生了一批有一定影响的理论和实践成果。

那么如何实施潘海燕教授倡导的自主生长式教师专业发展理论呢？我校在遵循教师专业发展一般规律前提下，抓住三个关键：教师专业发展的关键期、关键人物和关键方法，就抓住了问题的"牛鼻子"，高效地促进教师自主生长式专业发展。

一、必须变教师"被发展"为"自主生长式发展"

当代最受推崇的管理大师彼得·杜拉克曾说：这个世纪最重要的事情不是技术或网络的革新，而是人类生存状况的重大改变。在这个世纪里，人将拥有更多的选择，他们必须积极地管理自己。自主生长式教师专业发展也就是在遵循教师专业发展的一般规律前提下，做好自身的职业生涯与个人专业发展的规划，变教师"被发展"为"自主生长式发展"。

一般来说，教师的专业成长通常有五个时期：预备期、适应期、发展期、成熟期和高峰期。预备期是指欲将从事教师职业者在师范学校或其他机构接受师范教育的时期，学校注重专业知识的学习和技能的培养。适应期就是新教师在从事教师工作中从不适应阶段过渡到适应阶段的过程，一般为3—5年，学校应在教学基本功和传授方法上对教师加以重视。发展期则是教师工作稳步上升的时期，并逐渐向成熟期迈进的过程，这一时期一般为工作后5—10年，学校应对教师的发展方向格外关注，为他们的发展创造条件。成熟期是教师的成长已经步入工作得心应手的阶段，一般为工作后15年左右，学校要深入了解他们的特长，发挥他们的骨干作用。高峰期是指教师在一生教育工作中最有成绩的阶段，一般需要15—20年，学校应积极发挥他们的带头作用，促进广大教师的共同成长。

当然，教师成长的五个时期对于不同教师而言也有所不同，有的教师在某个时期会用时较短，而有的教师会用时较长；有的教师在前一时期的成果会超过其他教师在后一时期的成果，当然在同一时期内，各个教师的成长也会有所不同。

教师的专业发展有其自身的特点，有时与学校发展并不完全一致，因此，时常会出现一些教师"被发展"的现象。这种外在的推力不仅有违教师成长的规律，有时甚至还会给教师成长带来不利影响。

如网上曾报道：某小学王老师是新入职的教师，有研究生学历，科研能力较强。学校能搞科研的教师不多，因此，学校领导对他很重视，让他多做一些学校文化建设的课题。于是，王老师把大量的时间花在了学校文化建设的研究上，因而忽略了自己的学科专业工作，以致他的课堂教学能力和水平提高不快。对此，他十分苦恼。这位教师的遭遇，背后反映的是新教师的过早发展。显而易见，这样的"被发展"不利于优秀教师成长。

因此，要遵循教师专业发展的一般规律，引导教师充分认识自我并评估时间与空间环境，在自我优劣势的基础上，审视自己的发展机会，确立专业发展目标与行动策略，然后按目标逐步执行，主动生长式发展。

二、抓住教师专业发展的关键期

高尔基曾经说过："人的天赋就像火花，它既可以熄灭，也可以燃烧起来，而逼迫它燃烧成熊熊大火的方法只有一个，就是劳动，再劳动。"自主生长式教师专业发展也需要点燃教师自信的火花，发现自己的天赋和优势，找出自己的不足，有针对性地自主发展，可以收到事半功倍的效果。

教师自主生长式专业发展主要表现在上公开课、写论文和搞科研，这也是成为名师、特级教师的敲门砖。上公开课、写论文和搞科研，都有一个积累、沉淀的过程，都有一个发展的关键期，只有抓好这些关键期，才能促进教师自主生长式专业发展。

例如，我们都知道参加公开课一般都是以年轻教师为主，虽然他们经验不足，但他们谦虚好学、精力充沛，有一种初生牛犊不怕虎的精神。在众人的帮助下，往往取得好的成绩。老师要是岁数大了，就会遇到许多讲课的限制，自己也不好意思讲了，除非自己是名师或特级教师，才会做研究课。因此，我们要求每一位教师要在年轻时，尽量争取去讲公开课，在讲课中成长。

三、抓住教师专业发展的关键人物

关键人物是指对教师专业成长产生重大影响的人。许多教师都提及在其专业发展过程中受某些人物的影响特别大。这些人物可能是原来师范学校里的老师，也可能是指导教师、所在学校的同事、校长等。

我校在实践中认识到：校长是教师自主生长式专业发展第一关键人。校长的天职是唤醒——艺术地唤醒教师自主发展的内驱力，使教师获得一种生命的升华。校长不仅要为教师创设良好的情感环境和学习氛围，还必须想方设法通过开展形式多样的活动来为教师的专业成长搭建平台，使广大教师努力朝着"学习型教师、反思型教师、专家型教师和教育家型教师"的方向发展。

名师、骨干教师是教师自主生长式专业发展第二关键人。在整个教育活动中，名师、骨干教师是起主要作用的教师，学校课程改革、教学实验，关键就是靠名师、骨干教师。名师、骨干教师的示范功能有：一是教学，二是研究，三是人格。名师、骨干教师必须做到"三带头"，即带头学习、带头研究、带头实践，引领校本教研，在新课程改革中起示范带头作用。特别是名师工作室，作为平台，以名师作为教师专业发展的榜样和领路人，激发教师专业发展的热情，同时从名师成长的历程中吸取经验和营养，促进教师专业快速成长。

"想发展—能发展—会发展"的教师是教师自主生长式专业发展第三关键人。教师成长的重要方式之一就是自主发展，它包括自主意识、自主能力和自主行为，表现出教师工作的主动性。教师自主生长式专业发展离不开教师自我发展动力和方向，缺少这一点，专业发展是走不远的。因为大多数人是有惰性的。学校要有重点地确定一些这样的教师作为重点发展对象。

这三个层次的关键人物，也就构成了教师自主生长式专业发展管理体系的核心。

四、抓住教师专业发展的关键方法

潘海燕教授倡导的自主生长式教师专业发展理论提出了"让教师自主生长并应用自己的思想"的构想，即从亲身体验中提炼事例经验——在系列事例经验中整合出类经验——在系列类经验中凝练个人经验体系——在反复应用中产生实践智慧。从这个构想中，我校从中找到教师自主生长式专业发展的关键方法有以下四个：

1. **读书学习——教师自主生长式专业发展的加油站**

优秀的教师都有一个共同的嗜好——学习，他们充满智慧和灵气的课堂正是得益于他们广博的知识积累和深厚的文化底蕴。确立终生学习的理念，学会终生学习，是时代的需要、教育的需要、教师自身生存和发展的需要。

教师的专业成长需要理论的提高，没有理论支撑的实践是盲目的实践。因此，教师可以根据自身的需要，除了读一些教育理论经典书籍，还需要经常读一些大师作品，通过读书加深自身底蕴，提高自身学养，使自己经常受到激励和启迪，让自己浸润在文化的滋养里。

教师除了参加各级部门组织的培训活动外，还要通过网络查看或下载自己所需要的内容，从被动接受知识转变为适应个人的自主化学习。

2. **上公开课或磨课——教师自主生长式专业发展的催化剂**

一节公开课一般都要经历好几次的课堂教学，也就是我们平常所说的"磨课"。同样的一节课，面对不同学生甚至受到不同场地、气候等其他因素的影响时，也会呈现出不同的课堂。而在这许许多多次、有所区别的课堂中，执教教师的体验会不断丰富，对于什么是"教无定法"一定会有更为深刻的认识。通过一次次成功的或者是失败的磨课，执教教师从中知道了什么是有效的，什么是无效的，而什么又是最容易为学生所接受的。可以说，在公开课的磨砺中渐渐生长，大大缩短教师的成长周期，是教师自主专业发展的催化剂，是成就名师不可缺少的磨炼。

例如，我校沈老师在一次公开课比赛中失败，深受打击，陷入迷茫和混沌状态。经过一段时间的消化，她开始反思，认识到问题的根源必定不在学生身上，而在于自身。她把这次事件自我定位为一次严重的教学事故，决定和自己"死磕"。否定习以为常的教学方式，是痛苦的，也是艰难的。沈老师把自己的课一节一节录下来，反复看反复琢磨，重新审视教学方式和习惯。经过几年的努力，沈老师逐渐形成自己的教学理念和独特的教学风格。

3. 课题研究——教师自主生长式专业发展的沃土

潘海燕教授倡导的自主生长式教师专业发展理论要求教师在系列事例经验中自主整合"类经验",再逐步形成自己的理论体系和教育思想。教师成长经验的习得有三种方法:一是通过实践探索经验,能够固化自己的实践经验;二是通过研讨、学习消化吸收他人优秀经验形成有自己特色的经验;三是通过反思总结琐碎经验获得系统经验。从实践来看,课题组进行课题研究能大大提高教师的专业素养,促进教师自主成长式专业化发展。

教师的成长需要"专业引领""实践体验""同伴互助"和"自我反思",而这些成长经验的固化的主阵地是课题组。通过课题研究来发挥好课题组的主阵地作用,对于促进教师由"被发展"向"主动发展"转化,对于促进教师成长提供基层组织保证。

课题研究实际上是把学校的教育实践过程变成一种研究的过程,实现教育理论与教育实践的双向构建,使学校真正成为一个研究的实体、文化的实体。课题研究由于问题的现实性、参与的广阔性、内容的丰富性而成为培养教师集体专业扎实成长的一块沃土。

4. 教学反思——教师自主生长式专业发展的纠偏仪

美国学者波斯十分简洁地提出了教师成长的规律:"经验+反思=成长"。反思,即教师以自己的实践过程为思考对象,对自己所做出的行动、决策以及由此产生的结果进行审视和分析。它是立足于自我之外的批判地考察自己的行动及情境的能力。

我们发现有许多教师,他们大都具有较丰富的教学经验和阅历,其中有许多人对自己的教学水平和能力表现出自信或自豪。然而,他们多年从教所形成的一套固定的思考、处理问题的模式和与之相应的经验习惯性思维或经验思维,已不知不觉地影响并支配着自己的日常教学,使其囿于习惯性教学而成为经验型教师。

因此,我校要求广大教师培植强烈的自我反思意识,学会在实践中反思自身教学经验与习惯,反省、思考、探索和解决新课程实践中存在和出现的各种教育教学问题,对长期积淀的教学经验和习惯进行审视、筛选,摒弃不合时宜者,不断改进和丰富自身"经验性知识",生长出新的经验或思想,成为有自己的教育思想的教育家。

(原载《成才》2017年第3期)

从情境学习理论的视域解读自主生长式教师专业发展理论

湖北第二师范学院教科院　季宴如　谭姣姣　李思怡　何晓雪

情境学习理论是由美国加利福尼亚大学伯克利分校的让·莱夫教授和独立研究者爱丁纳·温格于 1990 年前后提出的一种学习方式，它以"情境理性"为哲学基础，以维果斯基的社会建构理论为理论依据。

情境学习理论认为，学习不仅仅是一个个体性的意义建构的心理过程，更是一个社会性的、实践性的、以差异资源为中介的参与过程。知识的意义连同学习者自身的意识与角色都是在学习者和学习情境的互动、学习者与学习者之间的互动过程生成的。因此，学习情境的创设致力于将学习者的身份和角色意识、完整的生活经验以及认知性任务重新回归到真实的、融合的状态，由此力图解决传统学校学习的去自我、去情境的顽疾。

我国教师被动性进修现象严重，忽视教师的自主参与意识和自我教育能力，这一现状致使教师培训与专业发展的低效性与滞后性。对此，湖北第二师范学院潘海燕教授及其团队经过近 20 年的研究与探索，完成了自主生长式教师专业发展理论的构建。本文从情境学习理论的视域，深入探讨教师自主生长理论的重要观点及其现实意义。

一、情境学习理论秉持的"情境中学习，实践中成长"理念，正好解读了立足于"自我经验"，以"活动、体验、感悟"为核心要素的自主生长式教师发展理论

情境学习理论认为，"参与真实的实践"是学习的核心要素。学习的本质就是个体参与真实情境与实践，与他人及环境相互作用的过程；是培养参与实践活动能力、提高社会化水平的过程；是一种文化适应及获得特定实践共同体成员身份的过程。也就是说，"学习"要在学习的知识、技能的应用情境中进行学习，也就是"在哪里用，就在哪里学"。从情境学习理论对学习的本质和情境学习含义的理解可以看出实践的重要性。

情境学习理论秉持"情境中学习，实践中成长"理念。日常生活中，学习与行动（实践）之间的界限是模糊的，学习已成为一种基于社会情境、延续个体终生的过程。由此这一理论认为，在生活情境的变迁中，在人与情境的互动中，在亲历亲为的实践中，成人随时随地都在学习。你要学习的东西将实际应用在什么情境中，那么你就应该在什么样的情境中学习这些东西，即对应了理念中的"情境中学习"。同时，还倡导在知识实际应用的真实情境中呈现知识，把学与用结合起来，让学习者像专家、"师傅"一样进行反思与总结，并将其运用到实际情境中，促进学习者成长。

潘海燕教授提出的"自我经验"是指个体通过亲身体验，在反思中获得感悟。这里讲到的"亲身体验"就是实践。教师的智慧固然可以通过学习获得，但外来的学习只有在和教师个体的自我体验相结合时，才能被内化为实践智慧。情境学习理论中的总结反思就是经验内化的过程。"立足教师自我经验的自主生长式专业发展"是自我经验和教师的专业发展结合的产物。这一理论就是强调了教师要在亲身体验中提炼事例经验，在系列事例经验中整合类经验，将系列类经验凝练成个人经验体系，在反复应用中生发实践智慧。师范生在大学阶段教育理论学得再好，未必能成为一名好教师。于漪说过："一辈子做教师，一辈子学做教师。"职前的师范教育提供的只是"半成品"，另一半需要靠在职的学习与训练去完成。"自我经验"在教师专业发展中的作用是独特且不可取代的。它具有导向作用，将教师的专业发展从"他主"到"自主"，让教师处于主人翁状态。学富五车已不再是高水平教师的象征，如何成为"智慧型"的教师，教师的自我经验起着至关重要的作用。

二、情境学习理论中实践共同体的核心概念，正好解读了自主生长理论中自修—反思式的校本研修模式的内在环节之一，即团队合作研磨。教师个体在与学校其他教师共同协作中，进行自主反思，生成教师实践性知识，促进教育实践智慧的产生

情境学习理论的核心概念之一是"实践共同体"，它是指并非一个因某一项目而临时凑合在一起的松散团队，而是一个没有社会角色限制，自发形成的非正式组织。其成员有共同愿景、学习愿望、乐于分享经验，追求共同的事业，能够在目标明确、意义清晰的基础上，通过协商来确定其需要进行的共同学习或共同实践。该理论的基本学习原理为通过社会性互动和协作进行学习，这些表明学习是一个社会性的过程，知识在这个过程中是由大家共同建构的，学习是通过与共同体内其他成员的相互对话、彼此互动而发生于真实的实践活动之中的。

情境学习理论在成人学习者层面运用得相当广泛，从其初始的关切到最后的归宿，务必要从单一着眼于实现其自身的发展与完善，拓展到同时关注并促进其所在情境其他因素的共同进步之中，即应对自己所处社会情境的演进或发展奉献智慧和力量、增添意义和价值。这些都对应了教师专业发展的团队合作研磨这一基本环节，让缺乏教育实践智慧的教师在专家和前辈的带领下，基于自我经验参与实践活动，撰写并分享实践反思，再应用于教育教学。

自主生长式教师专业发展理论中的自修—反思式的校本研修模式所持有的最基本的理念就是"发展即生长"，并且通过把教师的工作场所变成教师的学习场所、合作场所、研究场所，使教师自身的思想、观念、行为始终处于一种追求创新的境界，这与情境学习理论相当契合。通过教师自定发展目标、案例撰写、教师互动、校长与专家导评、成果整理等几个环节的工作，教师终身处于实践共同体中，生成教育实践智慧，充分发挥团队优势。

三、"外铄十内塑"的发展取向对应了情境学习理论中的合法的边缘性参与的过程；以教育反思为手段，辅之以共同体所积累的共同资源，正好解读了自主生长式教师的专业发展理论的生态学理论

根据情境学习的观点，学习实质上是一个文化适应与获得特定实践共同体的成员身份的过程，并把这种过程称之为"合法的边缘性参与"，这是情境学习理论的中心概念和基本特征。

合法的边缘性参与过程，就是在真实情境中，共同体学习成员开始由边缘或外围开始，之后逐渐进入核心地带，进而不断深入参与实践，其特点是正向、积极、多元、包容。如下图所示，在学习共同体的共同合作下，引领学习主体不断参与实践，利用各种条件在学习情境中进行学习、交流、进步，从而进入核心地带。

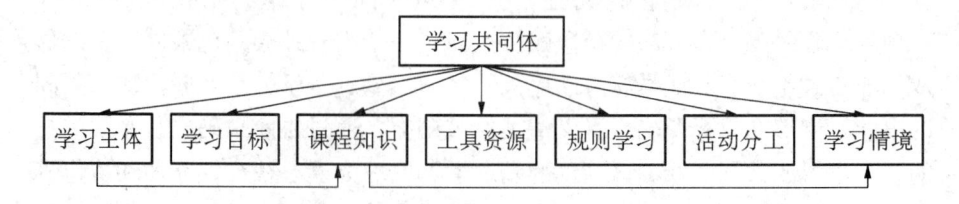

```
                    学习共同体
       ┌─────┬─────┬─────┼─────┬─────┬─────┐
    学习主体 学习目标 课程知识 工具资源 规则学习 活动分工 学习情境
```

而后，随时间的推移与学习者经验的增加，学习者在情境中能够合理分享和利用共同体所积累的相关资源，进行纠正错误、解决困惑、组织活动、进行反思与总结，对自己的教学行为及时强化，从而再次进入核心地带。但

分享与利用的程度因学习者之间或者个体与情境之间互动的水平而异。

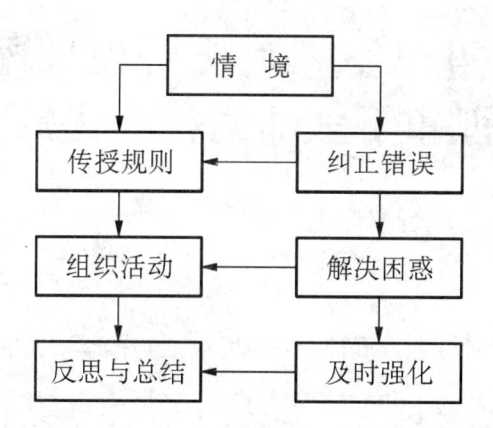

```
                    ┌─────────┐
              ┌─────│  情 境   │─────┐
              ↓     └─────────┘     ↓
        ┌─────────┐           ┌─────────┐
        │ 传授规则 │ ←──────── │ 纠正错误 │
        └─────────┘           └─────────┘
              ↓                     ↓
        ┌─────────┐           ┌─────────┐
        │ 组织活动 │ ←──────── │ 解决困惑 │
        └─────────┘           └─────────┘
              ↓                     ↓
        ┌─────────┐           ┌─────────┐
        │ 反思与总结│ ←──────── │ 及时强化 │
        └─────────┘           └─────────┘
```

　　自主生长式教师专业发展理论将教师专业发展建立在自我经验基础上，同时还强调了校本研修与教师发展共同体，概括了教师专业发展的基本路径：首先通过对教学实践经验的内省反思，优化放大为"事例经验"，其次将相关"事例经验"整合成能深入全面认识问题的"类经验"，再次将各种"类经验"凝练升华为指导专业教学实践的"经验体系"，最后再将"经验体系"与专业实践相结合形成具有鲜明教师个性特点和艺术特征的"实践智慧"；进而提炼出自主生长式教师专业发展的三个实现范式：自修—反思式的校本研修模式、自主生长课堂研修模式、自主生长取向的师范生修炼模式。可以说，该理论从自主生长的视角探讨教师专业发展问题，既强调了教师在专业发展中的主体能动性，又突出了校本研修中团队合作在理念更新中的"外铄"作用，这在情境学习理论中体现的是一种"生态—优化"取向的教师专业发展理论。

（原载《成才》2019 年第 2 期）

自主生长式教师专业发展理论视角下教师的核心素质

赣南师范大学　侯伟浩

自主生长式教师专业发展理论是湖北第二师范学院潘海燕教授根据自己长期对"发生认识论""学习型组织理论""生态学""建构主义""行动研究与叙事研究方法""自我导向学习理论"等前沿教育理论成果的研究，在长达20多年的学校实践中，总结提炼出来的中小学教师专业发展一般路径，即从亲身体验中提炼"事例经验"——在系列事例经验中整合出"类经验"——将系列类经验凝练成个人经验体系——在反复应用中生发实践智慧。在这过程中，教师具备的核心素质将直接决定教师自主生长的效果及高度。因此，有必要研究在教师自主生长的实践过程中，教师应具备何种核心素质以及其分别有怎样的作用。笔者认为，在自主生长理论视角下，中小学教师应具备以下核心素质，并协调发挥其相应价值，从而推动自身的生长发展。

一、对自我经验的敏感力

在自主生长式教师专业发展理论视角下，自我经验是中小学教师实现专业发展最宝贵的资源，教师要具备对自我经验的敏感力。所谓对自我经验的敏感力，是指教师能敏锐地意识到自我经验对于自我发展的意义，以及在实践中对自我经验的领悟与生成能力。有对自我经验敏感力的教师，能够更好地获得和利用自我经验，并对经验进行深度学习和深层思考。在具体实践过程中，这种敏感力会转化为推动教师长期自主成长的力量，并从而决定教师的成长速度及高度。

每位教师是一个独特的个体，他们很难割裂自身的经历、能力等，按外界设定好的统一模式进行成长。唤醒他们对自我经验的重新审视，是正视自身、利用自身资源的有效路径，也是摆脱自我迷失、重塑自我的基石。对"自我经验"强烈的敏感力对于教师的主动探索、形成自身理论并实践等过程都是非常关键的，会促使教师回忆更多更具体的亲身体验，觉察出存在的问题及其对策。这与外力强制的程序化反思过程中出现的流于形式、敷衍了事的做法完全不同，效果也有天壤之别。具有对自我经验敏感力的教师，整合"类经验"也不会是简单的总结，他们会主动调动一切资源。例如，通过寻求同伴的帮助等，对"事例经验"进行剖析修正，从而形成更为完善的理论体系。对自我经验有强烈敏感力的教师会主动对已形成的理论体系进行实践的检验，从而探索更新更好的教学方式方法。检验过程又成为新的经验，继续下一个循环，进一步提升自己。

全国著名特级教师于漪在长达60年的教学生涯中始终投身教育教学第一线，坚持不懈地进行教育改革，充满使命感与责任感，主动探索，积极学习科学文化知识，最终在长期的语文教学中，形成自己独特的教学风格。2018年12月18日，党中央、国务院授予于漪老师改革先锋称号，颁授改革先锋奖章，并获评为"基础教育改革的优秀教师代表"。于漪老师能获得党和国家的高度肯定，在基础教育领域取得丰硕的成果，这显然与其具备对自我经验的敏感力是分不开的。因此，教师要获得生长发展，首先应有积极追求进步的愿望和决心，提升对基础教育的热爱和研究欲望，并能在长期的教学实践中持之以恒地付诸实施。

二、捕捉事例经验的行动力

丰富的自身实践经验可以给教师提供反思的素材，是教师形成个人教育理论体系的源泉。自主生长式教师专业发展理论要求教师在自身实践的系列事例经验的基础上整合"类经验"，并形成自己的理论体系。因此，捕捉事例经验的行动力对于教师自主生长非常重要，这是自我生长理论区别于以往其他教师发展理论的一个重要特征。以往的教师发展理论更多地重视对每位教师的知识植入，重视对他人经验的学习，而忽视教师自身经验的积累与消化。这就导致了教师一直在学习新的内容，而将新内容内化为教师自身经验需要一个过程。在一个流程后又有新的经验植入，即使这种植入能够被教师接纳，取得一定的效果，但被外部多次植入后，教师也逐渐丧失了自己的教学风格，丧失了教师自我个性，容易形成职业倦怠。相反，自主生长式教师专业发展理论强调要尊重并捕捉教师自身的教学事例经验。深入捕捉和挖掘这一资源，才是实现教师自主生长的最简单、最根本、最具操作性与经济性的途径。每位教师的经历不同，教学事例经验也有区别，个性化的事例经验，必定导致每位教师建立的理论体系是个性化的。如此，教师的课堂才能如百花齐放，各具特色。需要说明的是，这里说的教师事例经验，不仅仅指教学事例经验，还包括教师的求学、生活等方面的事例经验。求学事例经验能够使教师理解教育对象，生活事例经验可以帮助教师获得更好的自我定位。

因此，教师要珍视并捕捉自身的事例经验，同时博采众长，认真对待每一节课堂、每一次师生互动、校园里的每一天，切忌妄自菲薄、羡慕他人，坚信通过自身努力，一定能够实现生长发展。

三、优秀的反思提炼能力

理论体系是建立在丰富的实践经验基础之上的，为了得到更加完善、更加科学的理论体系，优秀的反思提炼能力是必不可少的。每个教师都有自己的教学经验、体验和感悟，但从自己的经验、体验和感悟中获得新的成长点是至关重要的。形成自己的理论体系过程不是简单的体验和感悟的罗列过程，而是经过深思熟虑后归纳提炼总结的过程。在这一过程中，教师的反思提炼能力，直接决定了该教师建构个人理论体系的质量和高度，决定了该教师在自主生长式教师专业发展理论的指引下获得发展的速度和水平。例如，2015年《成才》杂志发表的杜新红老师的《品味自主生长课堂的独特》一文，分享了张芬老师针对同一内容，经过自主生长式教师专业发展理论学习实践前后的对比。张老师有很强的归纳总结提炼能力，针对自己的教学经验，归纳总结出了"研读文本是设计教学目标的前提，而目标决定高度，语文课堂的核心其实不是教材中的字词句篇，而是思维能力、创新能力的培养，课堂教学目标的选择不同教学的结果一定不一样……"有了这一理论上的认识，张老师的教学有很大的进步，不仅课堂给人耳目一新的感觉，对学生的综合素质的培育也大有裨益。张老师构建的个人理论体系，已经内化到其教学行为中，在以后的教学实践中，她会采用更新的教学方法。

全国著名特级教师、南通师范学校第二附属小学李吉林老师在自己的教学中深感我国教育过于偏重认知，忽略情感与创造性的培养，严重影响了学生潜能的激发与生长。她从外语暗示教学模式和我国古代"境界"学说中获得启发，在长期的反复实验、实践中，创造并提炼出体现教师个性、具有中国特色的情境教学模式。在该模式中，李吉林老师将学生引入"形真、情切、意远、理蕴"的情境，把认知、情感、创造性的培养有机融合起来，极大地调动了学生的学习兴趣，促进了学生主动的、活泼的学习。在她的课堂上，每个学生都是那样的兴奋、投入，在优美的、自然的学习情境中，学生的语言能力、想象能力和创造能力获得实实在在的发展。2014年，李吉林老师的教学成果"情境教育实践探索与理论研究"，荣获首届基础教育国家级教学成果奖特等奖第一名。

四、娴熟的实践运用能力

教师在经历了提炼整合"类经验"并形成自己的理论体系之后，就需要把这个新生成的理论不断地应用到自己的实际教学工作中，指导教学并获得进一步的提升。娴熟的实践运用能力能够让这一过程变得更加顺畅和有效。上文提到的张芬老师，经过同行、专家的指导和帮助，归纳总结出了自己的理论——"目标决定高度"，在新的教学实践中，及时调整教学目标，从简单的让学生学会字词句篇，改成培养思维能力、创新能力，这体现在教学方式和方法的改进上，用理论进一步指导工作，取得了很好的效果。李吉林老师的"情境教学模式"最早是在语文学科运用实践中产生的，并取得了优异的教学成绩。但李老师没有就此停步，她通过潜心研究现代哲学、心理学、教育教学等理论，并利用去全国各地的机会，向专家、学者请教，大胆地把语文情境教学实验的成果运用到其他学科。她首先向相邻的思想品德学科拓展，改变了空洞说教的方式，用生动具体的道德情境和道德形象，使道德教育真正唤醒学生幼小的心灵。然后，她向音体美学科，甚至数学等学科渗透，均获得成功。这样，从一个班级拓展到全校班级，从一个学科到多个学科，为李老师后来提出构建情境教育奠定了丰厚而坚实的基础。因此，教师要娴熟地、持之以恒地把自己提炼出来的理论体系运用到实践中去，并不断加以拓展，最终将使自己获得更高层次、更高质量的生长发展。

五、卓越的合作分享能力

自主生长式教师专业发展理论强调要发挥教师个体的成长内驱力，尊重教师的"自我经验"，这有利于发挥教师在专业发展中的主体性作用，但并不意味着教师可以单打独斗，可以"各人自扫门前雪，莫管他人瓦上霜"，走所谓"内铄型"发展道路。相反，在当今提倡合作与共享的时代背景下，自主生长式教师专业发展理论要求教师具备卓越的合作分享能力，提出实现教师自主生长式的必经途径之一是要依托"教师专业发展共同体"。人是社会性的，是"环境"的产物，人的发展离不开外部环境的影响。教师的发展更是如此，否则将陷入"闭门造车""坐井观天"的尴尬境地。所谓"教师专业发展共同体"，即拥有共同的目标、合作的文化、资源共享的教师成长团队。目前，"学习型组织理论""情境学习理论"等都不约而同地强调了"共同体""团队"的作用。在"教师专业发展共同体"中，每个教师都是重要的、不可或缺的，都可以分享自己的经验，为他人提供借鉴和参考，也同样可以从他人的经验中获得启发。这样，每个教师在学校里不再是"孤岛"，而是手挽手的连枝，是"一棵树摇动另一棵树，用一个灵魂唤醒另一个灵魂"的生动诠释。因此，教师拥有卓越的合作分享能力，能更好更快地实现自主生长式发展。

（原载《成才》2019年第3期）

用具身认知理论透视自主生长式教师专业发展

湖北工程学院 黄富琨

教师专业发展要"遵循教育规律和教师成长发展规律"成为新时代教师的共识。湖北第二师范学院潘海燕教授提出的基于"自我经验"自主生长式教师专业发展理论（下文简称"自主生长理论"）为教师探明一条成长捷径。20世纪80年代以来，第二代认知科学具身认知理论认为认知从本质上讲是一种身体经验，我们认为自主生长理论以教师"自我经验"为具身发展基点、以情境中反思为具身发展方式、以嵌入专业社群为具身发展环境，体现了具身认知、具身发展的趋势，遵循了教育规律和教师专业发展规律，具有强大的生命力。

一、教师自我经验是具身认知的基点

具身认知理论核心观点：(1)认知过程的进行方式和步骤实际上是被身体的物理属性所决定的；(2)认知的内容是身体提供的；(3)认知、身体、环境是一体的，认知存在于大脑，大脑存在于身体，身体存在于环境。自主生长理论提出的"自我经验"指教师亲身经历教育活动，通过反思获得的体验感悟。这一观点符合具身认知理论的"心智是身体的心智，认知是身体的认知，身体是认识的主体"，主张人的主体性在认知中的地位，强调人的身心整全意义上的发展。

教师"自我经验"是具身认知的基点，有两个方面的意蕴。其一，意味着作为"经验主体"的教师得到尊重，教师的"自我经验"的价值得到重视。教师已有的知识、思想、体验及感悟得到尊重，教师生命与所身处的制度、文化、传统等环境得到尊重。强调教育即经验的改造和重构，教师不是知识的简单传递和消费，教师是实践性知识的生产者。"自我经验"融合了教师个体经历、体验、反思与感悟，是一种情境性经验，常常表现为教师自己的真性情和土办法，有其独特性和发展性。教师专业发展立足于"自我经验"，激发教师内在动机、激活教师内在潜能。自主生长理论认为"自我经验"有四个层次：事例经验、类经验、个人经验体系和实践智慧，教师通过感应、觉察、体悟和应用，可以获得实践性知识。这样，每一位教师就有发展的主动权和自主权，就能体会到教师职业的内在尊严与欢乐。

其二，意味着教师的整全生命的发展。教师的"自我经验"是教师在其生活世界中的经历、体验和感悟。教师的生活世界是立足于现实的具体生活，包含了人类劳动、生产和交往行为等感性实践活动，容纳了情感体验、科学认知、价值诉求与道德关怀，是事实与价值、理性与情感、规范与道德、科学与人文能够相互融通的世界。在这个复杂多变、丰富多彩的生活世界里，教师不仅是能动性的生长和发展，也是多元的、独特的生长和发展。教师作为经验主体，教师自我经验浸透教育实际情境的各个方面，是多元的、多样态的。立足于"自我经验"的教师自主发展，就是立足于教师丰富多彩的存在方式，超越了抑身扬心的病态发展、异化发展，回归到教师整全生命的滋养上。因此，教师专业发展不仅要重视教师的教育理性知识的更新，还要关注教师的健康、情绪、情感、感觉等方面的需要，以促进教师的身体、教育信念、教育精神、专业知能和自我专业发展意识等诸方面和谐发展。总之，尊重"自我经验"就是尊重教师在专业发展中的主体性，承认教师有其个人历史及其在专业发展中的作用，以及教师专业发展是教师这个"人"多方面发展的结果。

二、基于情境的反思是具身发展方式

反思是教师专业发展的重要方式。在第一代认知科学离身认知理论主导下的教师专业发展陷入离身性、去情境性和孤身奋战等困境。人的智慧的展现被视为一个单纯的理性过程，在剥夺了身体对认知作用的同时，还剥夺了人所处的环境对反思的参与，导致了"去情境性"。会议式、讲座式的培训方式是一种普遍方式，在这种"传递模式"里没有反思；现在时兴的表演形式的"观摩模式"，是一种选择性的教学现场，提供的是一种不真实的片面的情境，这种"情境"下的反思也是一种低效方式。具身认知理论认为，认知、身体、环境是一体的。认知发生于一定文化环境中，是大脑、身体与环境交互作用的产物，认知活动受到情境因素的制约。反思是基于行动的反思，对行动的反思，是行动中的反思；而行动是基于情境，很显然反思也是基于情境的，在实践情境中反思。

自主生长理论主张"自我经验＝经验＋反思"，"生长"就是在反思伴随下的"自我建构"，是立足于"自我经验"的个性化发展。教师的自我经验是基于情境性的，学习发生的场域也是一种真实的社会情境、实践情境和文化情境,因此,教师反思与情境相联系,重视对教学情景的质疑。自主生长理论实验基地武汉市新洲区教师培训中心提出"三实践、三反思"的自主生长课堂范式很有代表性。实践一:教学设计,立足自我经验;反思一:教学设计调整,放大自我经验;实践二:教学实施,应用自我经验;反思二:教学行为调整,优化自我经验;实践三:课后对话,提升自我经验;反思三:撰写课例研修,初步形成个人思想。这个范式里,教师反思教学实践中的教学方法,反思自我的内心,反思学生的内心。实践与反思不断交互,做到前提反思、过程反思与内容反思。为了提高反思质量和效果,该范式倡导情景与反思融合的策略:一是通过暂时离开教育现场,释放钝化麻木的感官,提升感官敏感性。二是对课堂进行自我录像,教师对录像进行自我评价,从而觉察出教学优势和存在的问题。该范式还以真实问题为主轴来架构研修内容,以教师当下的教育实践活动为培训载体,这有利于教师将反思课堂中的日常行为与教育、社会问题相关联起来。这是一个更大范围的情景中的反思。可见,反思型教师不仅要反思教学、教育,还要思考其背后深层的依据及与社会政治、经济、文化等背景间的关系。从反思的维度来讲,反思要超越技术性反思、行动反思,更要进行批判性反思。

三、构建共享专业社群是具身发展环境

法国身体现象学的代表人物梅洛·庞蒂在其代表作《知觉现象学》一书中提出了具身哲学的思想。主张知觉的主体是身体,而身体嵌入世界之中,就像心脏嵌入身体之中,知觉、身体和世界是一个统一体。可见环境是认知系统的一个部分,认知系统可以扩展到包括身体在内的整个环境,认知是情境化的,发生在现实世界中;认知是实时的,具有时间的压力;认知是为行动的,认知的根本目的是指导行为。

具身认知理论认为,教师的身体是与环境交互作用的"情境性"的身体和"社会化"的身体。由此可见,教师的实践性知识并不全是纯粹的个性化知识,还具有公共性;内隐知识不能言说,但可以通过行动而让他者认知。总之,教师要嵌入自身所处的生态环境和人类社会环境,不断进行互动,以生成和分享教师实践性知识。教师实践性知识的互动生成和共建共享是一体两面,因此我们不能把教师的专业发展视为教师的"个人战斗",不能把成功的教师塑造为"孤胆英雄",要充分认识到专业社群是教师实践性知识生长的温室,是教师实践智慧形成的摇篮。

自主生长理论认为,教师实践智慧形成必须经过"事例经验—类经验—个人经验体系"阶段,一个很实用的办法是要创设教师专业社群时空,通过

学习共同体，开展同伴互助，进行深度会谈，相互借鉴启迪，不断改变心智模式，使各自的思想处于不断追求创新的境界。教师反思不仅仅是个人的行动，更是专业社群里的行动，在社群里反思，多角度地反思。为了更好地嵌入教学现场，构建反思文化，"自修—反思式校本研修模式"值得推广。第一，构建教师实践性知识共享社群。以发展教师实践性知识为共同愿景，依托学科教研组、工作坊和名师工作室等专业社群，教师自主自愿参与，按照社群共享计划，通过听评课活动、模块化学习、研讨会等形式开展教师学习和交流，实现经验、精神、意义和智慧的共享。第二，实施教师实践性知识共享活动。鼓励学校教师开展教育叙事和行动研究，加深对实践性经验的体悟；以教师自评、同伴类评、理论导评、实践促评等多种形式，通过案例开发、讨论总结，挖掘保存教师在日常教育活动过程的各类实践性知识（教育故事、专题讲座、教学录像、教研资料）。同时，与时俱进建立"互联网＋"的"教学案例"共享平台。第三，主张"经验学习与理论学习"并举共进，建立以师范类高校关系嵌入的校际共享平台。中小学学校与师范院校联合联动构建的学习共同体，实行"请进来"（师范类高校聘请中小学教师做毕业生导师）、"走出去"（师范类高校学生到中小学做实习教师）、"走下来"（师范类高校的科研活动要研究中小学问题）、"迈出去"（教师培训依托师范类高校或与兄弟学校互学）等策略，以在更大范围内通过互动促进实践性知识的共享。

自主生长理论尊重教师在专业发展中的主体性，在实践中深度挖掘教师教学和情感需求，构建并嵌入多维立体专业社群，引导教师在情境中反思，在行动中反思，激发教师自主发展、全面发展，并在全国108所基地学校经过16年实践探索初见成效。我们有理由相信自主生长理论会让教师在"诗意地栖居"，在摇曳多姿的教育场域里具身生长。

（原载《成才》2019年第5期）

以哲学的思维态度进行教育反思
——从现象学方法解读自主生长式教师专业发展过程理论

湖北第二师范学院教科院　周惠玲　叶晓丽　屈　茜

现象学是20世纪在西方流行的一种哲学思潮。其中狭义的现象学是指20世纪西方哲学中由德国犹太人哲学家胡塞尔创立的哲学流派。现象学方法是一种仅观察个体的当前经验，并试图尽可能不带偏见或不加解释地进行描述的心理学研究方法，包括本质直观、还原直观等方法。现象学方法主要从利用现象学直观、现象学描述、现象学分析抓住某一事物的某一特征来自由联想出事物的可能方面、性质和形态，以及对于事物的个别感性直观到考察事物的一般本质，理解本质之间的联系，关注事物显示的方式从而利用"悬搁"揭示被蒙蔽的意义，还原事物的本来面目。

教师在专业发展过程中的专业发展策略大多以传授—接受为主。教师沉迷在专家思想理论和他人传授的知识中，从而丧失了自身的批判反思能力。潘海燕教授的自主生长式教师专业发展理论提出教师从亲身体验中提炼"事例经验"，在系列事例经验中整合"类经验"，通过"成果整理"形成自己的经验体系并在自己的课堂上应用自己的教育思想形成教育智慧的教师发展构想。对比现象学方法过程与此理论的发展思路，在其方法特点上有不少相似之处。自主生长式教师专业发展理论还特别强调自我经验的反思。"自我经验"指的是个体通过亲身体验，在反思中获得的感悟。"自我经验"是生长性的。只有通过不断地对实践产物及认识的反思，对其本质的研究，教师才能一步步接近更为真理性的现象。因而，以哲学的思维态度进行教育反思是教师不断超越认识应怀有的重要态度。本文就从现象学方法过程特点解读自我生长式教师专业发展理论实践方法的相关性。

一、教师亲身经历的事例是对直观的个别现象的考察

现象学强调，现象学的意识，本质的普遍之物也必须和进行经验操作的科学家的思维一样，从个别情况出发，感性经验、经验最终建立在直觉之上。教师"自我经验"必须经历四个发展阶段，"事例经验"是自我经验的

初级阶段。"事例经验"是教师在亲身经历的教学事件中获取的体验感悟及解决问题的能力。这种经验是真实的、单一的、独特的。"事例经验"是教师在真实环境中亲身经历和感知所得到的。相反,对"事例经验"进行直观考察,便能使教师返回到真实的具体事例中。教师在专业发展过程中经历了大量的具体事例,从事例中获得的感悟和认识常常因为没有受到关注而被遗忘,然而具体的事例却永远作为客观存在不会消失。所以,具体的事例是教师理性认识的根源和基础。

每个知觉都有被知觉之物,每个思维都有被思维之物,每个爱都有被爱之物。每个行为都有一个对立面,即意识在其所有的行为中都是关于某物的意识。教师的自我经验也存在着与之对立的客观存在的事物,即真实的事例。对教师"自我经验"进行合理性考察则要回到对具体"事例"存在有效性的考察中去。现象学的"考察"是指事物在映射中成为被给予性,而我们在反思中使映射变得原本直观和当下,即内在地"知觉"我们的意识。教师的自我经验都是具体事例的映射,教师通过对映射的反思从而还原具体事例使得教师在事例中对自我经验不断进行改进和重建,这样才能在其过程中把握客观事物的本质和规则。

二、关注事例显现方式,揭示一般本质是"类经验"的形成过程

现象学中提出,事物或显现在感觉知觉中,或显示在联想中,或显示在概念意义之中,或显示在概念联系之中,方式不同清晰程度也不同,其中在感觉知觉中最为清晰。现象学方法把对现象的考察集中于对显示过程的考察,而事物显现过程中则呈现出事实的自由变更。

事实的自由变更是把握事物本质直观的基础。根据事实引导产生的"前图像"和在现实中不断获得新的类似图像"后图像"即事实自由变更,从中总结出贯穿着的一个统一,也就是事实的一般本质。一个事物在自由变更中,必然有一个常项作为必然的一般形式保留下来,没有这个形式,就不能把它作为这一类的例子。而这个一般本质便是"埃多斯"(第一实体),是一种纯粹的、摆脱所有形而上学解释的理念,是在进行观念直观中直接直观地被给予我们的那样,是源于事物所有事实现象的一般本质,那么把握一般本质的可能性又有多少呢?

由于事实的变更是自由的,而在每个对事物的经验中都存在着一种完全确定的约束。人认识事物获得经验是在已有之物的基地上感受性地经验,是建立在人的统觉的基地上。所有我们所经验的东西都必定能够获得一致的联

系。所有自身包含主动性的经验过程都叫作"立足于经验的基地上",而每个人都拥有各自的经验基地,因为经验的差异,也就造就了经验基地的独一无二和不可复制性。也就是说,在每个人的经验基地上把握事实的一般本质是可行的,也是必然的。

自主生长式教师专业发展理论第二阶段聚焦于教师自身的"类经验"的形成,是以教师亲身经历的事例经验为事物自由变更的事例,通过不断的反思总结把握事例经验中的一个贯穿的统一,将事例经验归类为一个个有共同"埃多斯"的"类经验"。由于事物的变更是自由的,而人的经验是有约束的,是立足于各自的经验基地上的,每一位教师都拥有不同的经验,包括职前和职后两阶段的经验,所以每个教师对于类经验中的"埃多斯"的总结也是不同的,类经验对于每个教师来说就是独一无二的。并且人的内在知觉具有无疑性,而超越知觉是可疑的,这也正是统一的培训与观摩不能对教师职业发展起到持续推动作用的原因。无论是职前的直接观摩,还是职后教师的在职培训,传递的都是在各自经验基地上的某一次事实自由变更的特殊事例,而非贯穿类经验的统一,参与培训的教师也无法准确地感知超越自我知觉的经验。由于经验基地的差异性和超越知觉的可疑性,教师往往能在短时间内获得一定的成果,即短时间内可以模仿体会他人的经验基地上的个体经验,却无法促进教师专业化的发展。教师一旦开始反思总结自己亲身经历的事例经验,对其进行归纳时,就能够在自我经验基地上整合出自我的"类经验",即在自己的经验基地上塑造适合自己职业发展的道路,这样的道路是事实经验的道路,也是科学的道路。在实践中经验,在经验中反思,是教师职业的个性化道路发展过程。

三、探索事例本质的联系即自我经验体系建构

任何本质,无论它是包含实事的,还是空泛的(即纯粹逻辑)本质,都可以归入总体性和特殊性的一系列层次中。这一系列层次包含两个永远不会重合的界限:我们从上而下地达到最底层的种差,或者我们也可以说是本质的个别性;从下而上地通过种和属的本质达到最高层的属。本质的个别性是本质,这种本质尽管还必然具有作为自己的属的、高于自身的"更普遍"的本质,但它们不再具有低于自身的那种分类,在与这些分类的联系中它们本身是种(进一层的种,或间接的、更高的属)。同样,那种不再具有高于自身之属的属是最高的属。通过属与种而得以标志的本质关系(不是层次关系,即不是量的关系)还在于,更普遍之物是"直接地或间接地包含在特殊本质之中"——这是在一种确定的、在本质直观中根据此本质的特征可把

握到的意义上而言。理解事例本质的联系是理解对事例直观性的概念之间的联系，这个直观过程称为范畴直观，范畴直观是个别现象考察及事物一般本质无法说明的。自我经验的系统化可以得到自我反思及总结外的经验。此外，自我经验体系的构建包括两个事物之间的关系，此关系即现象学方法中探索事物本质的联系，教师对于自我经验的不断深入和扩展，都离不开探索这些自我经验的联系，才有可能形成一个经验系统，这样系统的总结的反思的经验体系才能使自我经验体系升华为教育实践智慧。

四、"悬搁"自我经验，"还原"事例本来面目，形成教育实践智慧

现象学方法提出要"悬搁"对现实性的信念以揭示被遮蔽了的意义，还事物以本来面目。现象在显现过程中表现自己，但现象在意识中的显现并不是自明的，而是受到各种偏见，尤其是语言的歧义性的干扰和遮蔽。因此，现象学要求对一切表示现象的理论语言都要进行这样的考察。又由于每个人统觉的约束性，人们往往无法在意识中准确把握事实的真正面目，现象学就是要摆脱意识对于事物的先入为主的约束，探究事物科学的个体存在或不存在。现象学处理的是所有直观材料，不管它们是现实的还是非现实的，是具体的还是抽象的，现象学要求对这些直观材料不做本体论上的区别，把其存在或不存在的判断先"悬搁"起来，通过回归事实本身来还原事实，保证科学。

教师自主生长式发展并不是阶段上升的模式，而是循环往复、螺旋发展的过程。在形成自我经验体系后，并不能直接产生实践智慧，而是需要重新回到教育实践中，重新面对一次类似经验的现实呈现。在自我经验的基地上发展建立起来的经验体系常常受个人意识加工的影响，与客观事实有或多或少的偏差，而这种偏差是无法避免的，只能让经验无限接近事实，所以"悬搁"教师的经验体系，不判断经验存在的科学与否，让教师进行一个冷思考，重新回到教育实践中，重新经验教育实践，是保证教师经验接近事例本来面目的过程。有的教师在践行自主生长式教师专业发展的过程中往往会遇到瓶颈，为什么自己长期积累事例经验，发展经验体系的过程终究不能成为自己教育的实践智慧？为什么自己的经验体系就是没有用呢？这些问题的出现往往是教师自我钻研的结果，带有强烈主观意志的经验体系是特殊的，是个别的，不能促进经验的发展。教师自主生长式发展阶段断论是"外铄＋内塑"取向，所谓"外铄"指需要教师自身通过现实的实践还原教育经验的本来面目才能揭示论证自我经验发展的科学性与否。所谓"实践是检验真理的

唯一标准",由于教育经验的特殊性,无法简单地判断对错,只有在一次次的教育实践中一步步接近教育经验的本真,把握教育经验的本质,形成教育实践中无形的教育智慧。由于经验的事实变更的自由性,受约束形成的经验体系不能完全适应事实变更,所以经验体系成为实践并不是绝对的,只能提供一种范式,它同"智慧型"教师一样只是理想化的概念,无限让自己的经验体系把握和接近事实的一般本质,教师专业化发展才能越接近"智慧型"教师。

这样看来,自主生长式教师专业发展理论是在哲学的思维态度角度,以教育实践活动本身为依据,从教育中人的体验和情感出发。这样的教师发展是有人的发展,是回归人性、追求教育人文关怀和经验本质的教师发展。

(原载《成才》2019年第9期)

体验自主生长式教师专业发展理论的魅力

湖北省武汉市洪山区广埠屯实验小学 李红英

12月1日,我有幸参加湖北第二师范学院组织的第四届自主生长式教师专业发展理论(以下简称"自生"理论)学术研讨会,受益匪浅,收获颇多。上午聆听了上海师范大学教育学院夏正江教授的"教师的专业自主权究竟有多大?"报告;下午各实验校领导老师的经验汇报,精彩纷呈,实操性强。特别是当我听到升华小学副校长李玉琴的"边远小校教师专业自主发展实践探索"发言时,我的思绪一下回到2017年7月30日到升华小学的情景。

我校应湖北第二师范学院潘海燕教授邀请,带学校教科研团队12人,来到升华小学参观学习,开启我校自主生长式教师专业发展实践理论的学习。这是我第一次近距离接触自主生长式教师专业发展理论的创始人潘海燕教授和他的实验基地,让我们一行人震撼:潘教授独到的见解,使我们茅塞顿开,这不是我们困苦思考急需解决教师专业发展的"金钥匙"吗?升华小学教师的精气神,每位教师自信阳光,充满工作的热情和干劲、活力,特别是老师们的敬业精神,深深感动了到会的老师、领导及专家。一所名不见经传的学校,在潘教授自主生长式教师专业发展的理论引领下,学校的老师专业水平取得骄人成绩,更坚定了我们学习的决心和信心。

回校的第一件事:让教师自主参加课题研究

我系统地学习了该理论,就给潘教授提出第一个问题:现在学校老师太忙,上课备课、批改作业,每周还要带14—18节课,托管中餐辅导困难生,老师们已筋疲力尽,如果还要老师们写反思、写案例、写论文,老师们会有抵触情绪,怎么办?潘教授说:自主生长式教师专业培训,首先是让教师自主参加;参加进来的老师继续做手上的工作,只是用新思路来做。学校只是安排机会让老师们每月说教育故事,尝到分享的乐趣。也就是说,教师参加进来的直接目标就是借助外力将自己的已有经验提升与系统化,以形成自己的个人教育理论，也就是在外力（尤其是组织氛围）的帮助下系统化放大自己的已有经验，而不是去接受一些某人提供的结论性知识，或另起炉灶、加班加点做新东西。

我就从学校的"十三五"市级课题"基于孝亲文化下小学生文明礼仪理论实践研究"招募课题组成员开始。以往学校的市级课题，都是教科研主任亲点教科研能力强的骨干教师。因为这些骨干教师能力强，学校各部门都爱找他们，在事情多得忙不过来的情况下，总是有少数老师不愿意参加课题研究，每次还要做他们的工作。这次我们采取个人申报、集体研究，没想到报名的人数，远远超过课题研究要求的人数。我们从中遴选了12名，没入选的老师还主动问为什么，希望下次再有这样的机会一定把他们选上。

回校的第二件事：给教师提供自主生长平台

自主生长式教师专业发展理论告诉我们，教师们有信息交流、信息整合，才能达到优势互补，达到资源共享、相互促进、相互借鉴、共同提高。我校依托自生社团活动，给教师搭建展示和交流的平台，如青年教师阅读社团，采取分散和集中学习相结合，每月奖励一本书，月初定计划、定负责人、定主题、定要求，每周分散学习，每月集体汇报，每学期展示交流，每年评一次优秀青年教师。

每周一下午语文教研沙龙，参加人员主要是语文教师，上课评课，谈上课中的得与失，特级教师点评，同伴互助，写反思。

每周二领导的推门听课组，其他教师自主参加听课，上课老师反思自己这节课的得与失，后期要改进的地方，写课后反思。

每周四数学老师沙龙，数学老师公开课、研究课，在特级教师的指导下写出自己的反思和体会，总结自己的教学风格。如我校区优秀青年教师万丽，在自主生长式教师专业发展的理论指导下，按照事例经验—类经验—个人经验系统—实现智慧培训途径，已成为广埠屯小学集团第一个品牌教师，形成自己的"三真"教学风格——真实、真情和真爱。

回想一年来，我在教师专业培训中运用自主生长式教师专业发展理论，有许多感悟。

感悟一：作为校长要系统学习自主生长式教师专业发展的理论。之前我校的教师的校本培训，好像是盲人摸象，无从下手。作为校长的我对教师培训没有明确的目标，教师对职业发展规划也没有明确的方向，制定出来的也是大话、套话。如：教师专业培训的目标统定为"培养一名德艺双馨的教师，或培养区学带优青，或市学带市优青"，至于如何培养如何打造，没有具体路径和方法。自从系统学习了自主生长式教师专业发展的理论，我就明确提出教师专业发展四步走目标：

1. 在亲身体验中提炼事例经验

要求教师每节课都要有课后反思，记录一次成功或失败的教学案例，转换不同角度去理性看待一次经历或一件事情来获得感悟。提炼事例经验则是形成教师自我经验的开端，教师的教育教学工作水平会有所提高。

2. 在系列事例经验中整合出类经验

在积累了一组事例经验之后，如果教师在一个更高的平台上，会对这些经验进一步反思，必然会提出解决这一类问题的主要思路和具体步骤，这就是"类经验"。

3. 在系列类经验中形成个人经验体系

从体验到反思，从反思到感悟，在整合出系列类经验之后，如果能写出代表自己的教育思想的论文，标志着教师专业发展的质的飞跃。

4. 在反复应用中产生实践智慧

教师个人经验体系蕴含着对教育教学问题的独到见解，体现了独特个性的教育教学思想，包含教育教学的基本规律等。这一阶段，教师个体能够充分独立地开展教育教学工作，并能取得良好的教育教学效果。教师的"智慧"会越来越多，甚至达到慧如泉涌的状态。这一过程必将促进教师的可持续发展，对自己的教育教学产生持续而深远的影响，形成独特的"专业自我"。

感悟二：作为校长要有潘海燕教授教育情怀。潘教授一生只做一个课题——"自主生长式教师专业发展理论的研究"。从 2003 年开始研究至今 15 年，非常让人敬佩。我是一线教师，也是一线管理者（任教师 33 年，其中任校长 24 年），很负责任地说该理论是我所学习的教育理论中最接地气的，是教师和学校管理者急需要的。《国家中长期教育改革和发展规划纲要（2010—2020 年）》中明确指出：百年大计，教育为本；教育大计，教师为本。有好的教师，才能有好的教育。我校以前是和平街的中心小学，近三年来，洪山区教育局先后为我校投资 876 万元，使我校成功通过武汉市素质特色学校的验评、武汉市现代化学校的验评及武汉市小学标准化验评，学校的硬件水平已达到市级学校要求。现学校已加入广埠屯小学集团，急需要一支德艺双馨的教师队伍，潘教授的自主生长式教师专业发展理论，为我们培养教师队伍送来了及时雨。我们要像潘教授研究自主生长式教师专业发展理论那样坚持不懈地应用好这个理论，相信会结出更多的实践硕果！

（原载《成才》2019 年第 1 期）

从自我经验到教育智慧生长
——兼评潘海燕教授的"自生理论"

长沙教育学院 唐良平

教师的职业特征之一，就是终身学习、终身发展。教师的职前学习非常重要，它为教师之成为教师奠定了坚实基础。而教师的职后学习同样重要，它是教师之成为优秀教师的重要途径。教师的职后学习"属于一种经验性学习，即其学习建立在自身已有经验和技能的基础之上"。把握教师这一学习特点并进行系统研究，潘海燕教授研究团队给了我们许多启示。

潘海燕教授研究团队经过长期研究，界定了自我经验的内涵，论证了教师的自我经验的作用：基于自我经验的教师的自主式生长，是教师专业成长的路径。基于此核心观点，潘海燕教授研究团队创立了自主生长式教师专业发展理论，简称"自生理论"。

一、自我经验是教师在教学实践中形成的

潘海燕教授研究团队首先对自我经验概念进行了界定。"所谓'自我经验'，就是指教师个体通过亲身体验，在反思中获得的感悟。常常表现为自己的真性情、土办法。"

自我经验，是教师个体所特有的。教师在长期教学实践工作中，积累了大量关于"教"的知识与技能，即教学经验。教师的教学经验，首先是教师教学的一种经历，在这种经历中，教师同时有了许多关于"教"的知识和技能，比如能够将学科知识准确有效地"传递"给学生，这种"传递"的策略因人而异，它构成教师的教学"经验"。

不仅如此，潘海燕教授研究团队还认为，教师"自我经验"的结构是发展的，可以从较低级的"事例经验"（即"情境性经验"）发展为"类经验""个人经验体系"乃至"实践智慧"。一般而言，优秀教师往往要经历一个形成、积累、总结、反思和提炼经验的过程。他们需要从一个个具体教育教学案例中提取"事例经验"，然后对许多"事例经验"进行分类整理，对同一类的经验进行再反思、再提炼，产生"类经验"；在此基础上，他们再将若干"类经验"凝练成为个人的经验体系，进而在实际应用中生发"实践智慧"。教师

要敏感觉察与切身体验，发现事例经验；多角度提炼，整合归纳成类经验；凝练"个人经验体系"，生成个人教育思想；在实践与理论碰撞中，生发实践智慧。在他们看来，教师的"事例经验""类经验""个人经验体系""实践智慧"依次递进，从原来的"事例经验"慢慢地超出经验的原型，越来越具有理论的痕迹。"教师的'自我经验'既包括对客观现象和事实的感性认识，又包括对其事实现象进行属性判断、分类梳理、特征分析和价值评判的理性思考。"

那么，教师的自我经验是如何形成的呢？教师的自我经验本身就是教师的经历，这是教师教学实践"体验"的结果。有教学实践就有"体验"，只有有了"体验"，才谈得上教师的自我经验。由于教师较高级的自我经验已经超脱了"事例经验"，具有"理论"的色彩，因而需要教师通过"反思"与"领悟"才能获得。教师在行动中进行反思，才能获得实践性知识，即提升了自我经验；同时，教师的自我经验生成需要教师的领悟，领悟才能提炼和提升，才能超越"事例经验"，才能产生"类经验""个人经验体系"以及"实践智慧"等越来越具理论性的经验。从"事例经验"到"类经验""个人经验体系"，再到"实践智慧"，是教师的实践性知识和能力生长的过程，这正是教师成长需要完成的目标。

可见，实践性是教师自我经验的基本特征。在教学实践中，教师通过体验、反思和领悟，将自己的感性认识进行归纳与提炼，形成教学的实践性知识和技能，即更高阶段的自我经验。当然，教师的自我经验已经超越了"感性"的范畴，已经开始向"理论"转变。对教师自我经验的这种理解，无疑是对"自我经验"理论的新发展。

二、自我经验是教师自主式发展的起点

教师发展就是教师专业能力变化和更新，是正向的变化。从哲学角度看，教师发展既受环境影响，又是自主努力的结果。教师的发展当然受到周边环境的影响，因此有意识地对教师进行培养和培训，不失为教师发展的重要途径。但是，教师具有能动性，教师对自身发展需要能够规划、激励、调控。任何外在的培养和培训，只有通过教师自我规划、激励和调控才有意义。可见，教师发展具有自主式发展的特征。教师发展的自主式，强调教师对自身发展从自在走向自为，由自发转向自觉。

教师的自主式发展，是以自我经验为逻辑起点的。教师发展，说到底就是教师经验的积累和生长，这种积累和生长是以原经验为前提的。我们知道，教师在教育教学实践中积累了丰富的经验，这些先前在教育教学实践中获得的丰富的经验和知识，是教师进一步完成信息建构的能量。"他们在自己已有知识

经验的基础上,通过新旧知识经验间双向的相互作用过程建构起新的意义,从而充实和改造自己的知识经验。"引导教师经过反思获得的"自我经验",并以此作为其新知识和能力的生长点,这是引领教师专业发展的必然举措。

教师自我经验的发展,其实就是教师的实践性知识与技能的增长。我们知道,教师的专业知识和专业能力最本质的表现,就是教师的实践性知识和能力,通常叫作学科教学知识和能力,它构成教师的关键能力和核心品质。中小学教师专业能力的发展,从根本上说就是教师的学科教学知识和能力的发展,就是教师的经验性知识和能力的发展,即教师"自我经验"的发展。教师在具有"事例经验"的基础上,通过反思与领悟,将初级的自我经验向高级的自我经验发展,生成"实践智慧",从而实现自我发展。可见,自我经验既是教师发展的起点,又是教师发展的归宿。

潘海燕教授研究团队认为,"只有尊重了教师的'自我经验',才可能让每一位教师都获得自主生长式发展"。"立足自我经验的教师专业发展,是一个在反思伴随下内在的自我生成过程:重视教师在教育过程中的感受和体验,强调教师在丰富的教育体验基础上进行反思,生发出自己的教育思想,整理出自身的教育体验成果;主张在每一位教师具有学习和研究的主动权基础上全面发展,强调教师学习活动的出发点是自我导向的,学习过程是自控的,学习结果是自知的。"基于教师自我经验的自主式发展观点,进一步厘清了教师专业发展的基础和目标,为教师专业成长提供了理论支撑。

教师的专业发展不是到"实践智慧"就停止了,生成"教育智慧"是教师专业发展的最高境界。教育智慧即全面掌握教育教学规律,充分运用教育教学技巧,有效完成教育教学任务,并能将教育教学过程的"实践智慧"进一步提炼和挖掘,形成独具特色、富有智慧的教育教学成果,进而能够引领其他教师实现专业发展。教育智慧是教师自我经验的理论化、系统化,并能进一步指导教师的自我经验发展的智慧;教育智慧虽然基于自我经验而生成,但它已经完成超脱了"经验"的凡夫俗胎,是教师自我经验的固化,实现了自我经验到教育智慧的蜕变,因而具有了更高的"普世价值"。

当然,教师的自我经验从"事例经验"发展到"类经验""个人经验体系"和"实践性智慧",进而发展到教育智慧,仅凭教师自身是难以完成的,它需要基于理论的专业引领。因此,教师学习理论知识是完成自我经验归纳、提炼的前提,是有效实现"反思"和"领悟"的重要条件;而受到专业引领是实现低级的自我经验发展到高级的自我经验、最后生成教育智慧的关键事件,这些正是潘海燕教授研究团队在今后研究中需要解决的问题。

(原载《成才》2018年第4期)

自主生长式教师专业发展理论静悄悄地改变着学校的文化生态

湖北省武汉市光谷第三小学　李明菊

学校文化是学校全体成员为了实现学校共同的发展愿景，在教育教学中呈现出的行为方式、精神状态和主流价值取向，是学校传播正能量、团队成员的行走方式和成长方式的体现。

一所学校发展到一定的阶段，在新的社会背景下要想再次跨越式发展，历经文化的变革是必须的。学校文化的变革是指学校全体教职员工为了教育事业而坚守的信仰、崇尚的价值取向、集体的愿景、共同的期望值、彼此约束的行为准则等内隐与外显的文化塑造与重建。学校文化变革是为了学校持续健康发展。学校文化变革不是否定过去，而是在已有的文化根基上传承、发展与创新。当然学校文化变革是有阻力的，更是有风险的。

2016年7月，我工作变动，来到了光谷三小工作。这里是我曾经工作过两年的地方，感情深厚。三小是一所拥有80年历史的老校，文化底蕴深厚，和乐文化弥漫校园，和乐教育深入人心，因而有其独特的精神与魅力。"自主生长式教师专业发展理论"能在三小这所老校落地吗？三小这所老校如何更加焕发出其独有的精神气质呢？我们思索着，也实践着。

2016年9月，我们请潘海燕教授莅临光谷三小调研，潘教授在深入了解了三小文化和教师现状后，建议学校以"十三五"课题申报为契机，申报一个与三小和乐教育与自主生长式教师专业发展理论相契合的课题，以课题研究带动教师的专业自主发展。为此，潘教授特意请来了台湾台南大学林进材教授到三小做了教师专业自主发展的专题报告，潘教授做了基于自主生长式教师专业发展理论的和乐课堂建构的指导。2016年11月，我校的"十三五"课题"基于自主生长式教师专业发展理论的和乐课堂建构的研究"正式申请立项，2017年元月正式开题，有序开展研究。

在自主生长式教师专业发展理论的引领下，三小致力于教师专业自主发展路径和和乐课堂建构的探索，引导教师带着研究的状态工作，逐步改变着教师的行走方式，改变着学校的文化生态。

一、大教研催生了教师的自主生长意识

教师的自主生长意识是教师专业自主发展的前提条件。教师只有具备了自觉自知、自我发展意识，积极地参与，才能自主生长。自主生长意识与教师的年龄无关，其实任何年龄段的教师都渴望自己成长，渴望被唤醒。因此我们在每周一次小教研的基础上，修订了每月一次大教研制度，每次大教研推荐一名教师展示自己的和乐课堂，聚焦学科核心素养，促进师生自主发展。对外我们借助名师、特级教师、专家、省市区教研员等来校指导教师的课堂，进行点评提升，面对面地交流；对内发挥团队的力量、草根的智慧，集思广益。

一学年来，我们先后开展了语文、数学、英语、音乐、书法等多种学科的教研活动18次，其中承办省级层面教研2次、区级层面教研7次、校级层面教研9次。即使是校级层面的教研，我们也请专家进课堂，把脉问诊、点评提升。这些不同层面的大教研活动营造了师生自主生长的大环境，这样浓厚的研究氛围悄然催生了师生的自主生长意识，一年来，教师参加各级各类教学竞赛更积极。薛星老师的新教材精准解读与设计的典型案例视频，上送人教社参评；方利、朱玲娟两位老师的一师一优课获得部优，林三燕、郭思怡等4位老师的课获得省优，王成蔚等15位老师的课获得区优；李汉明老师获得武汉市首届教师书法素养大赛全能一等奖、教学一等奖、作品展示优秀奖大满贯；孙四明老师执教优质课获得市级一等奖；杨思等7位教师执教区级市级研讨课；严丹等21位教师对省级研修班学员执教展示课；甘喻华、徐洁两位教师获得区级优质课一等奖；杨思、范肖洁、李佳旖3位教师参加区级教师五项全能大赛获得一、二等奖。这些成绩的背后更是教师专业自主发展的一种自觉与超越。

二、微研究助推了教师的自主生长行动

将自主发展的意识转化为自主发展的行动，才能促进教师持续地自主发展。在"十三五"规划课题"基于自主生长式教师专业发展理论的和乐课堂建构的研究"的总体部署下，我们除了指导总课题组核心成员开展实验研究外，还在此课题下延展了各学科的微研究，成立了校级微研究课题行动组，要求教师源于自己的日常教学与课堂，发现真问题，进行真研究。一是选题小，真正解决教育教学中的实际问题；二是周期短，最少一个月，最多一年，不宜过长。确定好选题，在学校教师发展中心指导下填写微研究申报表即可立项开始研究。就这样，和乐课堂的建构在课题中心组和微研究行动组

两个团队中有序地推进着，我们鼓励参与研究的教师能自主生长出属于自己课堂特色的和乐课堂模式，而不是学校统一建构的模式。课堂需要模式，但是不能模式化。

本学期，课题成员李佳旖老师在执教四年级美术课程中发现，大部分学生对于"造型与表现"以及"设计与应用"课程的学习相对较好，在学生的眼里美术的面貌还是停留在单一的技术表达层面上，如画好画、做好手工。而美术欣赏、美术评论对于学生来说似乎并不属于美术的学习领域，甚至认为这不是语文课的内容吗？因此，李老师在"欣赏与评述"课的教学中感受到了阻力，学生看不懂作品、不知道美术语言，更不会运用美术语言进行评述，所以也谈不上对美术作品的评价以及形成健康的审美情趣，发展审美能力。基于以上现状的思考，李老师在美术课堂教学中开展了薄弱模块"欣赏与评述"领域课程的微探究。她以四年级下册《画家凡·高》一课切入，试图打开此类课程"高不可攀"的僵化局面，形成一种教师"敢教"学生"敢说"的新局面，从而促进师生自主发展。我们欣喜地看到李老师成功执教了这节微课题研究课，并及时反思了自己的课堂教学，撰写了一篇反思《打破师生为难心理　助推师生自主生长——以画家凡·高为例》，这篇文章发表在《成才》杂志2017年第7期"自主生长式教师专业发展"专栏。这次的研究历程对于工作才三年的李佳旖老师来说，是一次跨越式的成长，也让身边的教师深切感受到"自主生长"的魅力，我们坚信，教师的自主生长行动定会创生出精彩纷呈的和乐课堂。

三、建平台唤起了教师的自主生长意愿

教师只有具备了自主发展的意愿才可能做到自主生长，因此如何激发、保持教师自主生长的意愿尤为重要。我们利用网络平台测试对全体教师进行了教师专业自主发展调查问卷，其中调查发现98%的教师希望自己在专业上能成长更快，他们是渴望成长的。分析发现教师往往是意愿与现实有距离，难以实现，挫伤了进取心，因而放弃了某些意愿，因此学校要尽可能了解教师的意愿，为教师提供帮助，创造机会与平台，让教师不断地实现自己的意愿，增强其自我实现的效能感、价值感、成就感。如我们成立了名师工作室，引领骨干成长；实施了"青蓝工程"，师傅传帮带；搭建了"研、训、赛、教"四位一体研修平台，助推教师专业成长等，对内对外为教师创设成长平台，满足教师的自主生长意愿。

教师有了自主生长的意识、自主生长的行动、自主生长的意愿，真正的自主生长便成了可能。如方利老师在"自主生长式教师专业发展"理论的引

领下，大胆尝试语文学科与信息技术学科整合课的研究，将 VR、教育云互动课堂、熊猫频道、微信、电子书包等新媒体技术应用到语文课堂，借助新技术改变教育教学方式，促使学生能动地发展。这次的整合课例研究历时一年，在这期间，中年的方老师对于整合课从"零"起步，从开始的为难、犹豫不决到最后的从容、勇往直前，直至捷报频传，实现着自我成长的"破茧成蝶"式的蜕变。方老师这一年先后 6 次参加区级以上竞赛活动，他执教的整合课例《壶口瀑布》荣获"一师一优课"部优，荣获全国第十届教学创新大赛一等奖、现场说课一等奖，并入围参加第十五届"全国中小学信息技术创新与实践活动"（简称 NOC 活动）决赛。一路磨砺，一路成长，方老师在自我改变与成长的同时也影响着改变着身边的教师。

我们深深感受到，自主生长式教师专业发展理论在学校落地生根，激活了教师的内驱力，改变了学校的文化生态，使学校文化朝向教师自主发展、同伴互助合作、学生潜能激发的发展态势，助推了学校的品质内涵提升。

在实践探索同时，我们坚信在"自主生长式教师专业发展理论"的支撑下静悄悄地变革，学校新旧文化一定会慢慢融合，和谐共生，内生力量，真可谓"各美其美，美美与共"。

（原载《成才》2017 年第 9 期）

中篇一
自修—反思式校本研修模式实施案例

思维更新：自修—反思式校本研修模式实施第一步

湖南省岳阳市第九中学　任　畅

我校是 2006 年开始加入潘海燕教授的自修—反思式校本研修模式实验研究课题中来的。"万事开头难"，如何让老师们积极参与课题实验呢？

我认为首先要消除老师们心中对课题的几种误解。

误解一：认为课题研究高不可攀

在现实生活中，很多老师一听搞课题，进行教育科研，便觉得高深莫测，高不可攀，无从下手。还有的老师说，我是想搞，但我不会写。针对老师们的为难情绪，我们组织老师认真学习自修—反思研修模式提出的教师发展理念。即：

"三化"：行为问题化；问题课题化；经验概念化。

"三尊重"：尊重教师个人的话语权；尊重教师的个人理论；尊重教师的内在自我更新动机。

"四在"：在课题中成长；在反思中成长；在合作中学会合作；在积累中质变。

"七即"：教师即研究者；教室即研究室；问题即课题；教学活动即研究行为；学生个体即研究个案；教师群体即研究共同体；教师成长即研究成果。

让老师们明白自修—反思式校本研修模式研究课题是与我们的工作、与我们的教学息息相关的，我们在教学中遇到的实际问题就是我们要研究的课题，只不过是用自修—反思这一模式来操作而已；我们平常所写的教后记也就是教学反思。另外，这一课题人人能做，因为它不需要很高的写作基础，它倡导用自己的语言来写自己想写的东西，写发生在自己身上的或身边的真真实实的事件、写自己实实在在的想法与做法，不需做作，无须润色，真正地实现"以我手写我心"。我将自己写得很平常很普通的教学反思读给老师们听，让老师们在心底认为这个课题不难做，真正去做，还有点意思。我还告诉老师：如果你以前有课题，现在可以与之相结合，不需要另起炉灶。

误解二：个别老师认为搞课题研究就是搞形式、做材料

一直以来，很多人认为，搞课题就是搞形式，课题成果就是结题时几个人闭门造车做材料。这样的课题，有名无实，参与者体会不到其中的乐趣，这样的课题大多为不得已而为之，参与者绝非心甘情愿去做。我告诉大家，自修—反思课题注重过程，注重过程中的体验、感悟。我们只要按部就班，按照实施方案一步一步去做，结题时根本不需要加班加点赶什么材料，因为过程就很好地体现了结果：真正的成果是我们自身的成长。

误解三：认为做课题加重了教学负担

实践证明：自修—反思课题从长远看，不但不会加重教学负担，反而会减轻负担、提高效率。因为问题即课题，问题都来自教学实践，都是自己教学中急需解决的问题，我们能通过反思、学习、交流，找到解决问题的方法，棘手的问题越来越少，经验越来越丰富，自然能减轻教学负担，提高工作效率。在实验之初，我们之所以感觉到做课题负担重，是因为我们还没有养成反思的习惯，就如同写日记，若养成了习惯，不但不觉得难，反而觉得不吐不快。

消除了老师心中对课题研究的误解后，接下来便要"趁热打铁"，积极想办法，促使老师们踊跃参与课题研究。

方法一：采取完全自愿的原则吸收课题组成员

我们在课题人员参与方面不强迫也不强求。在课题管理制度中我们规定：任何人都可以参与这个课题研究，采取完全自愿的态度，想参加的老师须向学校递交书面申请（学校教研处专门设计了一份课题申请表，包含老师的基本情况、申请研究的子课题、有无合作伙伴以及建议等多项内容），已参加的老师如果不想参加了，随时可以退出，但有一点，那就是一旦退出，以后就不能重新加入这个课题了。

方法二：积极引导，充分认识自修—反思课题的可行性

实验初期，很多老师是摇摆不定的，既想参加又不想参加。这时我积极引导老师们充分认识自修—反思课题的可行性，让老师们认定一个目标：这个课题值得做，前途一片光明。

由此我摆出了几点理由：

第一个理由源于课题本身：(1) 这个课题具有时代特色，因为它强调合作，其最终目的是使学校成为学习型组织。(2) 具有广泛的适应性，适应于

各学科各部门的研究。只要你愿意研究，你就可以研究。（3）模式的操作性很强。教研与教学紧密结合，解决的是实际教学中存在的问题，不觉得虚空。

第二个理由：这个课题得到了校长的认可与支持。因为"教师自修—反思式校本研修研究"课题主张在学习、交流、反思中生长自己的思想，这一思路正好与我们校长倡导的建立学习型组织不谋而合。当我将"教师自修—反思式校本研修研究"课题组建情况向校长汇报时，校长非常果断地决定：一定要搞好这项实验！学校设立专项经费予以支持。

我们认定：自修反思，前途光明；认定目标，坚持不懈，必有成效。在我们的动员下，很多老师积极参与了实验。

方法三：加强指导，增强自修—反思课题研究的可操作性

要想真正搞好这个课题的研究和推进工作，最重要的是要让老师们深入了解这个课题，懂得如何去实施与操作。为此我们召开了多次专题会议：向老师们介绍了自修反思式校本研修模式产生的背景、现状及培训理念；向老师们详细讲述其操作程序及注意事项，下发了《自修—反思式校本研修模式简介》《自修—反思式校本研修模式的主要环节》《怎样进行教学反思》《对"教学反思"的反思》《自修—反思活动中如何开展互评》等学习材料。而且，我们考虑到老师们刚开始很难找到切入点，于是我们统一印发了《关于有效教学与低效教学的研究》，并确定这一阶段我们研究的主题是"用自修—反思的模式来研究有效教学"。这样老师们有内容可学习，有问题可讨论，课题研究变得更实在了。同时，我还设计了一些操作性很强的表格，让老师们一项一项对照去做，这有效地避免了老师们刚开始实验时常有的一种徘徊与盲目心理，也为老师们的操作提供了方便。

后来，我们还根据我校实际设计了《教师成长手册》。这本手册内容全面，包括了"自修计划""自学报告表""读书笔记""活动记录""学习心得""教学反思""教学论文（案例）""教师互评""导评""总结评价"等多项内容，手册前有使用说明与目录，后有《教师必读书目》，这本手册的出台不仅为老师们参与自修反思、合作交流等活动提供了便利，且为老师们提供了课题研究的方法论。

方法四：将课题研究与目标管理挂钩，让评价为课题开展保驾护航

为了鼓励教师积极参与课题研究，我们将课题研究与目标管理挂钩，年终目标考核时，凡积极参与课题实验者根据考核情况的优劣记 4~8 分，这一举措的实施，有效地促进了教师参与实验的积极性，为课题的顺利开展提供了保证。

当然，在实验之初，老师们或许存在着完成任务或应付的心理。我认为这是非常正常的，因为什么事情它都有一个过程，不可强求。只有当老师们在实践中、在反思学习中真正解决了实际问题时，他们才会真正体会到这一课题的妙处所在。一段时间后，我发现第一批参加课题实验的老师已经很乐意参与实验了，当我将《教师成长手册》下发到他们手中时，大家都说很好，因为他们对课题的操作已经非常熟悉了，所以不感到困难，而且课题组成员大多是自愿组合，都是很要好的朋友，平时他们也会自觉不自觉地在一起聊天交流，讨论问题。大家都逐渐了解与认同了自修—反思这一模式，在工作中也逐渐养成了反思的习惯，养成了相互交流的习惯。

现在自修—反思式校本研修模式课题实验在我校已深入人心，课题研究不再是他们的负担，而成了一种乐趣。"实实干"代替了当初的"试试看"；"找到方法，提高效率"替代了原来的"完成任务，应付了事"。而今，我们课题组成员中说得最多的是"经验＋反思＝成长""成功的人找方法，失败的人找理由"，老师们的自查自省水平与当初比已经提升一个层次。

（原载《成才》2015 年第 11 期）

校长要在自修—反思式校本研修中发挥引领作用

湖北省长阳县第一高级中学　田第元

陶行知先生说:"做一个学校校长,谈何容易!说得小些,他关系千百人的学业前途;说得大些,他关系国家与学术之兴衰。"面对当今的教育现状,作为一名中小学校长,的确责任重大。学校的核心要素是教师,校长的首要责任理所当然地就是对教师专业成长的引领和促进。我在实施潘海燕教授提出的"自修—反思式校本研修模式"的实验中,深刻感受到校长肩上的第一责任就是引领教师的发展,就是从思想、行动、文化等诸方面真心实意地、竭尽全力地为教师的专业成长铺路搭桥。

一、思想引领

1. 校长要确立以教师发展为本的思想

"以人为本"就是坚持人的自然属性、社会属性、精神属性的辩证统一,强调在学校管理的所有要素中,教师管理是第一要素,学校管理应该是"教师第一"。在"以人为本"中树立"以教师为本"的管理思想,是学校管理最重要的也是最基本的理念。

"教师第一"的管理理念,其实质就是重视教师的参与意识和创新意识,使教师的才能得到充分发挥,人性得到最完善的发展。教师在学校事务中体现出主人翁的地位,通过各种方式和渠道参与学校的管理,一方面可以激发其主人翁意识和工作责任感,激发其主动精神和创造意识,提高教师的自我价值感,增强工作效率;另一方面教职工参与学校管理,增加了管理的透明度与可信度,使全体教职工对学校的管理更具信任和归属感,使学校与教职工形成一个整体,使每个教职工明确到个人的成长、发展与学校事业的发展是密切相关的,从而提高教职工的自豪感、责任心和使命感,真正体现出教师是学校的"主人"。

2. 校长必须自觉呼唤教师的主体人格

苏霍姆林斯基在《给教师的建议》里一针见血地指出:"真正的教育是

自我教育。"这石破天惊般的至理名言，同样也适合我们的教师，教师"真正的专业成长之路是自我成长"。人生有两种职业心态：一种是"用生命回应职业的需要"，一种是"用职业实现生命的价值"。作为具有教师专业发展的教师来说，应该要有后一种职业心态。树立良好的职业心态，建立正确的职业理想，把教育当作事业来追求，用教育这种职业去实现自己生命的价值。著名的教育专家李镇西深有体会地说："我的教育不为领导，不为职称，不为荣誉，只为这我的乐趣本身。"正是这种良好的职业心态成就了他辉煌的教育生涯。像他这样的教师最明显的特点表现在：上进心强，工作认真负责，一丝不苟；不计较利益得失和工作轻重，且对自己工作的成效十分关心；同事间关系处理和谐，不爱谈别人的闲事，不论老少都能和睦相处；工作条件困难或需要创造的条件缺失，都能通过自身潜能的发挥，尽最大努力自行克服，很少有推诿的理由或牢骚。

校长要竭力营造一个民主、平等、团结、尊重的组织氛围，这对于主体意识突出的教师，将具有极大的感召力。北京实验二小李烈校长在管理上以人为本，关心他人细致入微。她非常重视抓教师的工作作风，但是学校不设"签到簿"。她总这样说："谁能保证没有突如其来的事情，快迟到了，千万别匆匆忙忙赶路，一定要注意安全。""迟到了打个电话说明一下就行。"事情虽小，话语也很朴实，但却体现了校长对教师的人文关怀。人心换人心，对教师的信任，换来的是实验二小上下一条心，为二小的事业呕心沥血也无怨无悔的氛围，每个人都用行动证明："我们辛苦着，但我们快乐着！"

校长要做到尊重教师的差异，尊重教师的人格，敬畏教师的生命，敬仰教师的劳动。因此，尊重教师是激励教师积极参与到"自修—反思"校本研修过程的前提和基础，是"自修—反思"校本研修顺利实施的关键。

3. 校长要以合作教育的思想培养教师的团队精神

引导教师在自主、合作、探究上下功夫，力求准确把握自主、合作、探究三者的关系。校长必须把自主放在第一位。自主，就是要尊重教师的"自我经验"，充分张扬教师的个性，重视教师的首创。在自主解决不了的前提下，呼唤合作。合作，旨在发挥教师各自的优势，利用互补性来解决问题，合作意识要像个磁场，要充分利用"磁场"来启发、交流，从而完成自主解决不了的问题。探究，在自修—反思的整个过程中都要探究，培养其探究意识，提升其探究能力。

校长是教师成长的首席培训师，是"教师的教师"。在教育教学中，教师不是照亮学生的"蜡烛"，不是以牺牲自我为代价换取学生的发展，而是师生共同成长的生命过程，是教学相长的共同体。同样，校长与教师的关系也不是所谓的领导关系，而是同步发展的命运共同体，共同经历教育教学水平的成长过程。教师是发展中的教师，校长也是发展中的校长，校长与教师应是推进的动力。

4. 校长要以创造教育的思想激发教师的发展意识

北京师范大学发展心理研究所所长申继亮提出："教师应该对自己职业生涯有个规划，凸显个人发展主线。具备教师专业发展应有两个最基本的条件：一方面需要创造条件完善自己；另一方面，在内心告诉自己，把教师当作事业来看，而不仅仅是一种职业。"对于农村中小学来说，校长要帮助教师强化自己成长、发展的愿望，确立比、学、赶、超的目标。努力让教师个体拥存一种强烈的内需和渴求，有一种知之不足的意愿和期待。让教师专心致志地去投入和钟情自己的专业发展，去自觉自愿、自主自动地寻找自己职业生命所必需的原动力，潜心潜力地去积累自己专业成长的必备元素。引导广大教师，正确面对在现实中遇到这样那样的不如意，甚至是重大的困难和挫折，只有心志不乱，抱着必胜的信念，朝着心中的目标执着地努力，不懈地追求，才会不断成长起来。

二、行动引领

1. 校长要做有胆有识的组织者

校长作为校本研修的第一责任人，当自己站在这个岗位的时候，这一份责任就是你要去坚守的根本义务。林肯曾说过："每个人应该有这样的信心，人所能负的责任，我必能负责；人所不能负的责任，我也敢负；如此，你才能磨炼自己，求得更高的知识而进入更高的境界。"

首先，校长在主持制订校本师资队伍建设规划时，要把"自修—反思"校本研修的实施作为工作的重点纳入学校发展的整体规划中。

其次，校长应根据学校的办学目标和特色，从实际出发，制订"自修—反思"校本研修实施的长期规划和学年（或学期）计划，为教师开展"自修—反思"校本研修的实施提供保障和条件。

再次，校长应亲自主持这项工作，还应有一名校级领导具体负责组织实施此项工作，学校要成立由校长牵头，学校管理人员、骨干教师、学科带头人等参加的领导小组、互评共勉共进的学习小组、课题实施指导小组、校长导评小组等，保证"自修—反思校本研修模式"实施的扎实有序的开展。

2. 校长要做有始有终的参与者

为使培训落到实处、收到实效，校长务必做到"五带头"：带头学习、带头反思、带头记录、带头互听互评、带头总结提升。还要坚持"三立足"原则：坚持立足于学校与课堂、坚持立足于问题的解决与方法的探讨、坚持立足于自主参与与真诚合作。

叶澜教授说："一个教师写一辈子教案，不一定成为名师；如果一个教师写三年反思，有可能成为名师。"美国的著名学者波斯纳有一个教师成长方程：经验＋反思＝成长。足见教育反思在教师专业化成长中的作用。教学反思被认为是"教师专业发展和自我成长的核心因素"。一个人才华的高低取决于思考的能力。通过反思，积累教育教学经验教训，更新教学观念，改善教学行为，提升教学水平，提高教学质量；反思可以让教师发现不足，渴求新知，使自己的教学精益求精，渐臻完美。反思本身就是一种创新，反思实际是对本质的追问，反思是校本研究最基本的力量和最普遍的形式。教学反思是对教学理念的反思、教学行为的反思、教学艺术的反思。校长要用自己的示范行动，有效引导各类教师找准教学反思切入点。根据多年的实践来看，对于新上岗教师来说，应以自身教学技能反思为切入点；对于适应型教师来说，应以课堂教学策略反思为切入点；对于成熟型教师来说，应以自身教学理念反思为切入点；对于专家型教师来说，应以教育研究反思为切入点。教学反思的方式主要有：写反思日记、写教育叙事、观摩教学、讨论教学、开展行动研究。

"好记性不如烂笔头""厚积而薄发"是所有教育名家的真实体验和成功写照。一是有益于知识的积累和应用。学习是个渐进的过程，只有聚沙成塔，集腋成裘，才能底蕴深厚，学识丰富。徐特立曾说过"勤动笔，多看书"，既讲了读书的方法，也强调了动笔与知识积累的关系。二是有益于思考能力的增强。"学而不思则罔，思而不学则殆。"学习要善于提出问题，而提出问题，必须独立思索，不人云亦云，思想的火花常常在思辨碰撞中稍纵即逝，要及时记录，善于捕捉。因此校长要引导教师把自己教育教学活动中的得与失，看文章、听讲座、听课过程中闪现的思维火花，结合触发的感慨、受到的灵气、痛处的触礁、成功的赞叹、借鉴的积累等写下来。这样可以使人变得深刻，可以让实践中的体会、感悟变成有价值的研究材料。校长还要引导教师更应该站得高一点，看得远一点，想得深一点，做得多一点，克服繁重、繁忙弊病，边学边改，学改结合，养成勤于思考、善于动笔的好习惯。有志于成为优秀教师的教师，都要像苏霍姆林斯基、魏书生、于永正等名师那样，从教学札记写起，写一些教学案例、教育叙事、教学随笔，逐渐提升为经验总结、教研论文，并持之以恒，这就是最后成为赢家的秘诀。

三、文化引领

学校发展的核心是学校文化的丰富与发展，校长如何有效发挥引领作用？我认为应该着重从以下三个方面来努力：

1. 要有必要的物质经费作支撑

物质条件的不断改善——更新办公设施（桌凳、电脑），提供网络支持，丰富图书储量；建立专项经费——设立教师教育专项基金，竭力支持教师的专业成长；优化校园环境——科学规划，有序实施，逐步形成独特的文化环境。

2. 要有完善的管理制度作保证

教师专业成长计划——全员性、层次性、系统性（组织、评价、激励）；名师工程实施办法——骨干教师、学科带头人、高学历教师；教师继续教育基金——校本研修、外出培训、教育考察等。

3. 要用和谐的学校精神作引领

学校精神的概括——学校精神是学校文化的历史积淀，是对教育未来的科学把握，是师生员工的群体价值追求。我在学校里的主要职责就是引导广大师生员工，致力培养"真诚合作，自主竞争，勤奋努力，追求优异"的学校精神；学校精神的内化——学校精神的形成，需要校长坚持不懈的有效引导，不断强化，逐步成为师生员工的自觉行动；学校精神的弘扬——通过构建学习型学校，营造"人人都想学，知道学什么，明白怎么学，个个都在学"的浓郁氛围。

（原载《成才》2017年第2期）

校长在"自修—反思式校本研修模式"实施过程中的角色定位

湖北省长阳县津洋口小学　冯　平

"自修—反思式校本研修模式"是一种研究性学习方式。它是指中小学教师在自我进修、自主学习的基础上，以自己的教育教学活动为思考对象，对自己的行为、决策及由此产生的结果进行审视和分析，用教育科学研究的方式，主动地获取知识，应用知识解决教学实际问题。主要使用自学、反思、行为纠正，教学研究等手段开展研修。它不仅强调教师的自主学习，强调"学以致用，学用结合"，强调研修中的"反思"过程，强调教师的全员参与性，更强调校长在研修中的第一责任人的角色和作用。在研修中，校长是第一责任人，学校是研修的主阵地。一个好校长会把学校的发展与教师的发展融为一体。在研修中，校长要充分发挥骨干教师的作用，以骨干教师为桥梁和纽带，通过骨干教师的中间作用，发挥所有教师的主体意识，使他们都参与到学校的发展目标和本岗位的工作目标的制定和实施过程中，在不断地目标整合和目标改进中，促进教师和学校的共同成长和发展。即教师发展学校，学校发展教师，使"自修—反思式校本研修模式"成为一个互动促进的过程。

由此可见，在"自修—反思式校本研修模式"实施过程中，校长的角色定位和作用至关重要。

一、校长应是"自修—反思式校本研修模式"实施过程中的思想者

选定问题是"自修—反思式校本研修模式"实施的前提，应遵循"科学适用"的原则，使选题符合学校发展的需要和教师教学工作的需要，因此站在学校发展的高度，满足教师成长过程中的需要而准确选定问题，是校长必须思考的问题，因此校长在"自修—反思式校本研修模式"实施的过程中需要不断学习，提高升华自己，成为思想者。

二、校长应是"自修—反思式校本研修模式"实施过程中的组织者

校长是"自修—反思式校本研修模式"实施的过程的第一责任人，是"自修—反思式校本研修模式"实施的过程中的组织者。校长要把"自修—反思式研修模式"的实施作为工作的重点纳入学校的整体之规划中，制订"自修—反思式校本研修模式"实施的长期规划和学年（或学期）计划，为教师开展"自修—反思式校本研修模式"的实施提供保障和条件。学校要有由校长牵头，成立由学校管理人员、骨干教师、学科带头人等参加的领导小组、互评共勉共进的学习小组、课题实施指导小组、校长导评小组等，保证"自修—反式校本研修思模式"实施的顺利开展。

三、校长应是"自修—反思式校本研修模式"实施过程中的参与者

在"自修—反思式校本研修模式"实施过程中，以校长为核心的领导班子，不仅是责任者、组织者，也是"自修—反思式研修模式"实施过程的参与者，校长要与全员一道学习理论，根据自身实际选定自己要反思和研究解决的问题，一同思考研究问题，一同记下听到、看见的教育教学需要解决的或感到困惑的教育教学现象并进行深刻反思等，之后通过学校搭建的交流互动平台与全体教师一起交流、评价、分享和总结，使教师感受到学校搭建"自修—反思式研修模式"的平台对每一个成员是平等的，在实施的过程中每个成员都有责任、有义务参与到学校所提供的互动平台上，通过自修、反思、交流、欣赏、共进，和谐发展。

四、校长应是"自修—反思式校本研修模式"实施过程中的引领者

一是校长必须有先进的教育教学理念、办学理念引领教师参与到"自修—反思式校本研修模式"实施的过程之中。

二是校长必须能随时对现实中的教育教学行为进行反思研究，从而不断改进教育教学思路，通过不断的研究探索来设计适合本校的发展思路，引领教师参与到"自修—反思式校本研修模式"实施的过程之中。

三是通过"科研兴校，名师兴教"办学思想和"给教师营造最佳发展机会"的办学理念来调动教师参与到"自修—反思式校本研修模式"实施过程之中的积极性。

四是校长要成为有威信、博学多识的"教师的教师",因此校长必须自己带头参与到"自修—反思式校本研修模式"实施的过程之中,从事教育教学研究,从而引领教师。

五是校长还要为教师参与到"自修—反思式校本研修模式"实施过程中创造各种便利条件,努力引进外部资源,鼓励教师独立钻研,帮助教师在"自修—反思式校本研修模式"实施的过程之中寻找好的、有效的解决问题的方法。

除此之外,校长还要通过引领把教师队伍培养成"学习型"团队。

五、校长应是"自修—反思式校本研修模式"实施过程中的反思者

在"自修—反思式校本研修模式"实施的过程中,校长应是反思者,主要体现在三个方面:

首先是站在学校发展的高度反思"自修—反思式校本研修模式"的实施,对学校的办学思想、办学理念、奋斗目标、长远规划、短期目标的实现和学校可持续发展是否发挥了它应有的巨大推动作用。

其次就"自修—反思式校本研修模式"的实施自身而言,作为第一责任人,是否发挥组织者、管理者和引领者的作用,通过科学的、规范的、具有激励性的评价机制最大限度地调动全员参与"自修—反思式校本研修模式"的过程中来;是否真正意义上实现了"自修—反思式校本研修模式"的过程,真正发挥了通过"自修—反思"促进教师的个人成长,推动了教育教学工作,使学校、教师、学生在"自修—反思式校本研修模式"的过程中三维发展。

再次是就校长个体成长而言,在"自修—反思式校本研修模式"的实施过程中,也必须是一个反思者。无论是作为社会人,还是教师职业要求,还是校长职务要求,每时每刻对校长的个体的发展都在提出更高、更新的要求,要求校长是思想者、研究者、引领者,要不断开拓、勇于创新、与时俱进……通过"自修—反思式校本研修模式"的实施,是否达到了这些要求,是否实现了这些目标,校长必须反思。

六、校长应是"自修—反思式校本研修模式"实施过程中的评价者

校长对学校负责,理所当然地包括对教师负责,因此在"自修—反思式校本研修模式"实施过程中的评价尤为重要。

1. 校长要尊重教师

在"自修—反思式校本研修模式"实施过程中,对教师进行评价时,不能要求整齐划一。教师是校长眼中的学生,对于学生就应心存慈情,校长要做到尊重教师的差异,尊重教师的人格,敬畏教师的生命,敬仰教师的劳动。因此,尊重教师是激励教师积极参与到"自修—反思式校本研修模式"过程的前提和基础,是"自修—反思式校本研修模式"顺利实施的关键。

2. 校长与教师为伴

校长是"教师的教师"。校长与教师的关系不是所谓的领导关系,而是同步发展的命运共同体,共同经历教育教学水平的成长过程。教师是发展中的教师,校长也是发展中的校长,教师在"自修—反思式校本研修模式"实施过程中的评价,不应是冷冰冰的审视和裁判,而是热诚的关注和关怀;不应是指令性的要求,而是协商式的交流和沟通。在"自修—反思式研修模式"实施过程的评价中,校长与教师应是推进的动力。

3. 评价制度到位

在"自修—反思式校本研修模式"实施的过程中,实施建立科学合理的制度是实施发展性教师评价的重要保证。(1)评价者制度。评价者包括代表教师自我欣赏的自我评价式、代表团队合作的同伴互助评价式;代表学校的校长导评式、代表学生学习状况的学生和家长的实践检验评价式。(2)评价导向制度。"自修—反思式校本研修模式"实施过程的评价制度要以促进教师成长为目的,以改进教师教育教学过程为着眼点,给优秀者推波助澜,为欠缺者指点迷津。(3)评价结果公示制度。在"自修—反思式校本研修模式"实施过程中的评价,要力求做到实事求是,真实反映教师在"自修—反思式校本研修模式"实施过程中成长的水平,要公正、公平、公开。

4. 评价要有愿景可信

需要层次理论告诉我们:每个人都有自我实现的需要。愿景是发展的路标,确立崇高又可信的共同愿景是教师成长的真正动力,是"自修—反思式校本研修模式"实施过程中进行评价的有力佐证。只有让教师回眸过去不后悔,反思现在不悲观,放眼未来有信心,才能给教师以安全感,使之和谐健康地发展。

总之,校长只有明确了自己在"自修—反思式校本研修模式"实施过程中的角色定位，充分发挥起校长的作用，才能使"自修—反思培训模式"的校本研训健康、有序、有效地开展，才能真正意义上实现学校、教师、学生和谐发展。

（原载《成才》2016 年第 1 期）

制度化：自修—反思式校本研修模式成为常态

湖北省秭归县茅坪小学　邓向东

"自修—反思式校本研修模式"研究课题于 2006 年 3 月在我们学校正式启动，通过参加潘海燕教授及我县相关部门组织的理论培训和考察观摩，我们认为，"自修—反思式校本研修模式"研究课题给我们提供的是一种重要的思想，是一种如何让教师在常规的工作学习中得以成长的思想。因此，学校无须过多地研究其课题本身，而在于探索如何在"自修—反思"课题思想指导下让教师结合日常的教、研、学来发展自己，生成自己的教育思想，进而达到专业提升的目标。由此，我们在课题运行之初先从学校管理反思入手，在反思中对课题的实施定出了新路，尔后组织教师反思，使课题研究稳步前行、扎实有效。

一、管理反思，为实施"自修—反思式校本研修模式"课题定出了新路

通过学校领导班子的管理反思，大家认为，学校对原有的教学研究活动的实施和管理有以下三个不足：一是在研究内容上存在单向突破和指令性研究的局限性，难以发挥以点带面的作用，难以调动广大教师参与教研的主体性、能动性，对提高整体教育教学质量的作用甚微；二是在研究形式上存在单一性的优质课、示范课、交流展示课等，容易忽视教研个性基础而产生部分教师好高骛远、盲目模仿、为教研而教研的教研误区；三是教研理论与教学实践的脱节，存在少数人有限地研究、多数人被动接受的局面，难以促成教师专业素质的全员提升。

因此，学校开展"自修—反思式校本研修模式"研究课题绝不能走老路，应把"自修—反思"式模式根植于每位教师在课堂教学实践中急待解决的教育教学问题之中，让每位教师都有一个在学校立项的研究子课题（即教师发展的阶段性目标），实施"课题（目标）与教师捆绑，让课题（目标）助推教师自修、反思、成长"的研究管理策略，并把组织教师进行有效的反

思放在首要的位置。

二、教师反思，专业素质在"自修—反思"中渐进式发展

（一）组织教师进行有序且有效的反思，确保教师科学地确定个人成长的阶段性目标（即研究的子课题）

首先是学校组织教研组长，教研组长再组织教师通过自下而上的反思提出自身当前教育教学中需要解决的诸多问题，形成多个子课题（即阶段性目标）；接着由教研组在与当前学科（或部门）在研课题进行整合的基础上与教师个人确定一个子课题（其取舍以小而实且与学校现阶段的工作相一致、急需解决为原则）；然后教研组将子课题反馈给教师个人，由教师本人向学校教科室进行立项申报，经审核准予立项者便由教科室下发《立项通知书》；最后学校把所有教师立项的子课题汇总、提升后形成总课题。

我们强调：教师在选择课题时，自己的子课题（目标）不在于大，而在于小；不在于深，而在于实；不在于宽，而在于具体，一定要是从自己的教学中、头脑中生长出来的问题，一定要是经过充分反思而来。并且，学校每学期初组织人员对教师确定的课题进行逐一审核，对大而空的课题进行修改，学期末对教师在研课题进行一次再审视、再论证，并对原有课题进行取舍，对已经不再适合该年段、该教师研究的课题建议进行调整。

（二）学校为教师搭建稳定的研究和展示平台，为课题研究的实效性作保障

1. 坚持一期一次的校级"磨课"活动，以"实践—反思—学习—再实践"的方式推进课题研究前行

从2006年春季学期至今，学校坚持了每学期开展一次教师全员参与的"磨课"活动。例如组织"汇报课""常态课""代表课""子课题研究结题课"等。许多教师的子课题结题课就是在这一活动中完成的。同时，教师坚持把"同课研究"作为每次"磨课"活动中最主要的研究形式之一。所谓同课研究，就是指就同一教学内容，安排同学科的多位教师先后上、上后评、评后再上的一种研究形式。经过三学期的实践，我们以"实践—反思—再实践"的方式把"同课研究"的组织形式发展为多人同课异构（异教）、个体同课异构（异教）和名师课例异教等三种形式，对改变教师的心智模式、提高自我觉察水平和研究能力效果极为明显。

2. 坚持办好一期一刊，把持"三低、三平等"原则，体现研究中的人文关怀

"自修—反思式校本研修模式"自开题到现在，学校坚持办好自己的校刊，即《茅坪小学校本教研信息》，同时为教师建立起自己的《个人成长档案》（其中包括《教师成长报告册》等），并始终以"三低、三平等"的原则来体现校本研究中的人文关怀。

"三平等"是指教师在参与研究活动中的机遇、过程、结果平等，"三低"是指物化成果的"三低"，即低起步、低展示、低评价。我们制定了校级教研成果评比办法，每半年或一年评比奖励一次，既有综合奖励，也有单项奖励。

（三）营造教师自修、反思的环境和氛围，让教师常思、常研、常学

学校根据教师研究学习的需要，一共购买了"八类书"：① 教育专业类书籍（如《教育学》《心理学》）；② 教育家的书（如苏霍姆林斯基的《给教师的建议》）；③ 关于课改、现代信息技术的书；④ 名家的教学实录；⑤ 介绍学习方法的书；⑥ 教育教学期刊；⑦ 当代文学书籍；⑧ 名人传记；等等。同时，每期开展一次以"阅读——与智者对话"为主题的读书反思活动、"讲学"活动、"读书交流会"（老师们可以把日常摘抄、业务笔记拿来进行交流）等。

三、有力调控，使"自修—反思式校本研修模式"课题有序开展

回顾"自修—反思式校本研修模式"课题在我们学校的开展，我们也历经了培训老师、统一认识，健全机构、加强领导，建规立章、完善制度等三个环节。

1. 培训老师，统一认识

开题之初，学校对全体教师进行了"自修—反思式校本研修模式"课题研究培训会，学习课题理论，讲其重要意义，熟悉操作要领，明确相关要求。

2. 健全机构，加强领导

一是建立领导网络，学校建立了以校长为组长、分管校长为副组长的领导网络；二是建立业务网络，学校成立了中心管理组、学科指导组、同伴互助组等。

3. 建规立章、完善制度

由教科室制定了《"自修—反思式校本研修模式"课题研究管理制度》《教师立项课题管理办法》，并细化形成《约定》来为教师的日常研究行为保驾护航。

（原载《成才》2015年第12期）

自修—反思式校本研修模式
助力课堂改进策略

湖北省长阳县津洋口小学　冯　平

我们学校从 2004 年起，在潘海燕教授的"自主生长式教师专业发展理论与实践研究"课题引领下，成功构建了"自修—反思式校本研修模式"，探索和丰富了十多种校本研修的具体形式，取得了一些成果，多次受到上级的认可，曾被中央教育科学研究所"有效推进区域教师专业化发展"总课题组，教育部民族、贫困地区中小学教师综合素质培训项目领导小组办公室授予"学习型团队"称号。学校在一次次收获喜悦的同时没有丝毫的轻松之感，深知经验积累的背后，更多的是压力：近年来，学校在新课程推进过程中，感到课堂教学还存在很多问题。到底存在着一些什么样的问题，如何避免存在的问题，都是我们亟待研究和解决的。既然我们在校本研修模式构建、研修形式等方面已经探讨出了一些有效可行的新路子，我们就必须将其为教学这一中心工作服务好，实现校本研修新转向，将校本研修工作的重心转移到教学研究的核心内容——有效课堂教学上来，将前一阶段构建的"研修模式"和"研修形式"服务到"以校为本的课堂教学改进"上来，从研修的形式走向实质。我们的做法分两步走：

第一步：诊断——再进课堂，自我把脉

既然把校本研修的重心转移到"提高教师课堂教学有效性"的研究上来了，我们认为明晰课堂教学存在的主要问题并解决其问题就成了研究的前提和关键，那么"课堂诊断"就是帮助教师明晰课堂教学问题有效形式。于是我们启动了《津洋口小学课堂教学诊断式调研实施方案》，学校组织骨干力量集中利用两周时间，通过听推门课、随机课等方式深入课堂进行实地再调研，对课改以来的教学情况进行了一次全面的自我诊断和分析。通过真实的课堂，我们发现课改以来，课堂主体（学生）、课堂主导（教师）都有很明显的可喜的变化，但也存在着一些不可忽视的带有一定普遍性的问题，我们初步归纳了一下，主要表现在八个方面：

(1) 设问时，无效提问仍然充斥课堂。
(2) 评价中，滥用、泛用鼓励与夸奖语。
(3) 提倡自主，但把自主变成了自流。
(4) 有多彩的活动，但缺发充分的体验和思维。
(5) 合作学习中，有形无实的现象严重。
(6) 探究式学习泛化严重。
(7) 标签式的情感、态度、价值观教育。
(8) 课堂教学艺术缺失。

通过再进课堂，进行调研，自我把脉，明晰了课堂教学中影响有效教学的症结后，我们进入了第二步：处方——寻求良方，对症下药。

第二步：处方——寻求良方　对症下药

一是组织骨干研讨，寻求解决途径。

当再次将目光聚焦到课堂时，我们感受到了教师期盼解决这些问题的焦虑之心，也感受到了通过校本研修解决这些问题的紧迫性。

于是我们根据《调研方案》，迅速组织各研修组长、学科带头人、骨干教师进行研讨，共同寻求出解决问题的途径，即首先把通过调研发现的问题和教师自身提出的问题进行归类，然后针对梳理归类的问题，以团队合作的形式从"学习—反思—感悟—践行"和"实践—反思—感悟—践行"两个途径，着力解决系列问题。

二是通过两个研修途径，在反思中扬帆，在感悟中航行。

途径一：打造学习团队，在"学习—反思—感悟—践行"中扬帆

近年来在学习的过程中，我们在前几年探索"关于如何引导教师自主'学习—反思—感悟—践行'，构建'学习型团队'模式"的基础上，进一步引导老师们学习方式的改变，以保证学习的有效性，如继续激励教师，引导教师变"他主学习"为"自主学习"；变"结论学习"为"过程学习"；变"接受学习"为"探究学习"；变"个体学习"为"合作学习"；变"静止学习"为"操作学习"；变"课堂学习"为"开放学习"；变"归一学习"为"个性学习"；变"浏览式学习"为"积累式学习"；变"单向学习"为"多向学习"；变"阶段学习"为"终身学习"。

在推进学习策略上，我们采用校内外结合、以校为主的学习形式，每年每人参加校级培训学习的学时数不少于 100 小时，县级以上外出培训学习，每人每年不少于一次机会。我们根据调研发现，部分教师在备课时，缺少对

教材研读的力度和深度，致使课堂上存在很多空有花哨的形式，我们把"如何解决这个问题"的任务交给各研修组自己去思考，结果语文研修组提出了"读文本研教材"的方案，数学组提出了"分四个学习领域专题研读教材"的方案，老师们将自主研读、同伴共读、专家引领相结合，形成多角度、多渠道研读教材的格局。与此同时，学校将"研读教材"活动向其他研修组推广，并以此为切入点，形成了人人研读教材的研修氛围，且成为校本研修的又一特色。除此之外，我们还组织教师学习新的教学策略，构建新的教学模式，使用新的教学手段，并在不断地学习中"反思、感悟并指导践行"，为营造充满生机和活力的和谐课堂夯实了基础。

途径二：聚焦课堂教学，在"实践—反思—感悟—践行"中航行

一是制定方案，有章可循

我们在按期完成学校教学调研之后，紧紧围绕"有效课堂教学"研究，先后启动了三个方案，即《有效性课堂教学研究方案》《创优质课堂，塑优秀教师的教学活动方案》和《"分层"教学比赛实施方案》。每种方案的出台和启动不仅为聚焦课堂进行"实践—反思—感悟—践行"提供了制度保证，更为打造有效课堂教学的教师搭建了一个展示、交流、互动、共进的平台。

二是聚焦课堂，有效研磨

1. 研磨对象

(1)"研磨"潜力教师——让一批教坛新秀脱颖而出；

(2)"研磨"转岗教师——让一批转岗教师迅速适应新的教学环境；

(3)"研磨"弱势教师——让少数教师赢得学生、家长的认同，找回自信；

(4)"研磨"薄弱学科——让校本、地方、综合等学科得到充分关注和落实。

2. 研磨分层

(1) 按教学水平分：骨干教师、潜能教师、弱势教师；

(2) 按学科分：优势学科、弱势学科；

(3) 按教师岗位分：原岗教师、转岗教师；

(4) 按年龄分：青年教师、中年教师、老年教师。

3. 研磨分类

(1) 常规课，走向真实；(2) 诊断课，明晰问题；
(3) 研讨课，探索实践；(4) 示范课，典型引路；
(5) 汇报课，重在交流；(6) 观摩课、研究展示；
(7) 竞赛课，体现成长。

4. 研磨形式

几年来，我们在研修展示组织形式上力求扎实，力求创新。针对学校师资素质不均衡的现实，我们先后尝试组织了以下几种形式的"一课多研"式研磨活动，用以指导老师课堂教学，帮助教师成长：

(1) 对比课——多人上一课；(2) 改进课——一人上同课；(3) 合作课——多人做一课；(4) 闯关课——同课同人闯关；(5) 开放课——教师主动欢迎同事来听常规课；(6) 送教课——到联谊和帮扶学校送教。

5. 研磨重点

通过实践，我们认为以下五个方面是研磨过程中不可缺少的内容：

(1) 学科教材——研磨的关键。通过研磨，提高教师把握教材的准确度和深度的水平。我们充分利用团队合作的形式，通过同组教师对同教材的不同理解，可以使执教者取长补短，寻求统一，然后达成对课程的深刻理解，从而提高教师解读教材、驾驭教材的水平，经验告诉我们，整个研磨过程就是促使教师深刻理解教材的过程。

(2) 教学目标——研磨的重点。即这节课"究竟要干什么""通过教学我们要达到什么样的目的""最终要实现什么样的目标"是我们研磨过程中的重点内容。通过集体研讨对目标进行准确定位。

(3) 教学环节——研磨的核心。即研磨"哪些是课堂必备的环节""哪些是臃肿冗长的花架子，必须舍去"，通过研磨，各个环节、梯度和教学版块更加鲜明。

(4) 学生需求——研磨的实质。即研磨"教学中学生可能出现哪些问题"。在研磨教学设计时，我们注重研磨在某个知识点出现时，学生会有怎样的求知需求，怎样去帮他们满足这些需求？然后围绕学生需求再去设计教学预案。

(5) 教学细节——研磨的必需。即研磨"教学过程中如何生成问题""该提什么样的问题"。在学习交流的过程中，产生的一切信息如何反馈是必不可少的一个环节，教师丰富语言的修炼、语言的表述方式、指导性激励评价方式、仪表仪态、精神面貌、教学激情等都是研磨中必须思考的问题，通过研磨，执教老师的课堂教学更加丰满而精彩。

6. 研磨途径

（1）团队合作捆绑；（2）解剖麻雀微格；（3）主题引领研讨。

7. 研磨效果

（1）"研磨"出教学研究的深度和广度。实践告诉我们，"研磨课"的过程，就是一个完整的教学管理过程，从目标的制定到具体实施，再到最后的总结评价，正好构成了一个完整的流程。"研磨课"的每一个环节，都是团队参与讨论、策划、修订和完善得到的，它反映了个人和团队意志和智慧的融合，充满了民主和谐的氛围，自动构成了一个能动的"磁场"，带动每一个成员自主地参与并自如地运行，利于将教学研究推向深入。

（2）研磨出教师自主合作交流的默契。研磨过程中的同伴互助、专家指导是必不可少的，它是一个集团队教学智慧，共同进步的良好平台。一节课通过团队智慧中的反复观摩和修改，找出优点和不足，不仅促使了执教者进行反思，也让其他合作者从中获益。通过这样的研磨过程，教师间的合作更加走向默契。

（3）研磨出教师创新思维的火花。通过反复的研讨，大家在一些教学环节的设计上融入了新的想法，使教学设计更新颖、有所创新。

（4）研磨出整体教学水平的提高。通过团队合作研磨，全新课堂教学效果让全体教师对"有效教学""创新课堂""优质课"又有更明晰的认识。这些年来，我们研磨效果是非常明显的：杨大会老师代表宜昌市参加湖北省数学课堂教学竞赛以最高分的成绩获一等奖，参加《中国教师报》"中国好课堂"高效课堂比赛获湖北湖南赛区一等奖；有30人次在市县参加各类教学比赛均获一等奖；有80%的老师为全县研修活动提供展示课和参与送课下乡活动，全校有效课堂教学水平整体提高，有力地保证了学生在低负下的高效率学习质量，学生的综合素质不断得到提升。这都是"主题研修·一课多研·分层研磨"带来的效益。

提高课堂教学的有效性，是教学改革永恒的主题。实现优化、高效的课堂教学，提升教学质量是我们长期的追求。我们深知在尝试"专题研修·一课多研·分层研磨"活动过程中，仍然存在着很多困惑和值得反思、总结的地方，我们将继续立足于学校实际，把握课改的脉搏，不断探讨校本研修新途径、充实研修新内容、提升研修水平，为不断提高津小高效的课堂教学水平而继续把好航船之舵，开始新的征程。

（原载《成才》2015年第7期）

在自修—反思式校本研修中提升教师素质

湖北省长阳县第一高级中学 郭荷香

建设高素质的教师队伍，是新时期我国教育发展战略和宏观政策的重点。该如何内化提升教师的素质呢？特别是如何在集"老、少、边、穷、库"于一身的地区，依靠自身的力量快速地整体提升教师素质，推进教师专业化发展？长阳一中教师专业化发展在运用自修—反思式校本研修的方式提高教师素质。

根据自修—反思式校本研修方案，我们确立了目标，构建了研修网络，以自修—反思式校本研修为主要抓手，以教科室为管理部门加强引导和督查，实现了覆盖校内各层面的教师的专业化发展。主要措施有：

一、组建"三核心"研究团队，引领教师成长，实现群体素质的提升

各年级组以备课组长为核心，形成年级组学科教师研究团队。我们要求各备课组集体备课，充分发挥集体的智慧，进行合作教学、捆绑评价。我们固定有集体备课时间，在几年的实践中，我们改进探索了许多行之有效的集体备课模式：生化小组选用的是单元自修—小组交流—小组评议—课堂实践—教学反馈—教学小结—案例总结的模式；语文研修组采取的是每周确立中心发言人主讲相关内容；文科综合组形成了备课沙龙，自由探讨教学问题；数学组采用的是专题论坛，每周确立专题研讨；英语组新手较多，采用的是师徒探讨的方式……老师们在研究中不断完善，不断发展，使得教育资源得到最大化的利用，教师团队的整体水平迅速提升。

各班级以班主任为核心，形成班级育人团队。班级任课教师以班级教导会为载体，积极探讨有效的班级教育策略，特别是针对我们本地区的问题而进行的贫困生、学困生和留守生等特殊教育对象的研究。我们还利用班级教导会的形式，根据学生的学习、心理状况，由班主任将每一个学生分配落实到相关的任课教师，在班额人数较多的情况下最大限度地做到因材施教、分

层管理,探索一些大班制下的因材施教方法。

各学科以学科带头人、骨干教师为核心,形成学科引领团队。由骨干教师领衔,组成教师专题研究小组,开发教科研课题,开展有目的、有计划的课题研究。总结教学经验,形成学科特色,构建教学思想。

二、开展录像磨课,抓实自修—反思,提升教师课堂教学水平

为充分发挥集体智慧,多建议,多合作,不断提升课堂教学水平和能力,我们在青年教师中推行了录像磨课研修活动。具体步骤为:确定课例—录像;观看录像—自寻病状;集体会诊—分析病情;归因分析—寻找药方;再次执教—验证药效;再次会诊—论证药方;反思研讨—巩固提高。通过一次次的磨课,教师对新理念的把握更准确,对教材的研读更深入,对学情的了解更透彻。同时教师的点拨引导能力、临场应变能力、教学创新能力也得以提升。磨课不仅可以磨出精彩的课堂,更重要的是可以磨出团队合作精神和教师的成长与进步。

三、外力助推,落实校本研修,加快青年教师专业成长

目前,我校35岁以下教师共有72位,接近在岗教职工总数的三分之二,如果青年教师不能快速成长,挑起大梁,学校将出现人才断层。几年来,我们通过自修反思式校本研修这一途径,促进了青年教师的快速成长。

师徒制模式:近十年来,我们一直采用对新进教师实行"师徒制"的管理模式,让青年教师与骨干教师结成"一对一"的学科专业对子和班主任培养对子,年富力强、理论和经验并举的教学骨干被青年教师自主聘请为指导教师。这样明确规定了指导教师的责、权、利,制定了指导教师考核办法;制定了青年教师各项考核细则,为青年教师成长指明了方向。

梯级培养制:我们根据这些青年教师的具体情况对他们实行梯级培养,让每位青年教师尽快成长为学校中坚力量,让每位青年教师能在2—6年中完成"过关老师—合格老师—校骨干教师—合格班主任"的蜕变。对于过关教师培养系列的,我们为他们确立了10项个人基本功,并安排教育教学经验丰富、工作认真负责、爱岗敬业的各级骨干教师跟进课堂具体指导;对于合格教师培养系列的老师,我们确立了要求更高的10项目标;校级骨干培养系列则有9项专业成长目标。每个系列的老师都会逐项申报考核,逐项过关,只有过了前一关,才能进入到下一个培养系列之中。

青年课堂:我们在青年教师群体中开展了形式多样、内容丰富多彩的青年课堂研究,如师徒同课异构教学活动、过关教师申报课、合格教师录像反

思答辩课、说课、自评课、限时独立备课、青年教师优质课竞赛……

骨干示范：学校建立了"校级—县级—市级学科带头人（省级骨干教师）"的名师培养考核制度。在管理上，我们强调骨干教师责权利统一，学年结束时，依据《学校骨干教师考核评价标准》，对各级骨干教师的履职情况进行年度考核。让骨干教师主持编写校本教材、主持课题研究、主讲骨干讲堂等，这些活动充分发挥了骨干教师的示范引领作用，也激励了全体教师争当教育教学能手，促进了课堂教学水平和教学质量的提升。

四、紧握抓手，落实校本研修活动，提升教师综合素质

《报告册》——记录教师成长轨迹：每学期，我们都紧紧抓住《教师专业成长报告册》这一抓手，让老师们填好报告册，确定自我发展目标，记录成长轨迹，不断反思提高。报告册的使用、填写与评价，真实记录了教师专业成长的轨迹，让老师们积累了经验，提高了行动研究能力和反思能力。

读书活动——厚实教师文化素养：研读名著，可以让老师们浮躁的心态平静下来，从与大师的对话中受到启迪，不断提升理论素养和文化素养。为此，学校专门配发了学习笔记本，形成了每年研读1至2本教育专著的基本学习制度。除了阅读名著以外，网上学习也是老师们最常用的方式，"网络教研中心"、各教育网台、教育博客均成为学习的园地。读书汇报交流时，我们欣喜地看到了老师们教育观念的更新。

教师论坛——启迪教师智慧火花：每年学校都会举办各种论坛，比如班主任论坛、高三复习备考论坛、学科论坛等，其内容相当广泛：或交流读书心得体会；或让外出学习的老师介绍所见所闻、所感所想；或讲述培训后的收获与思考；或针对研修主题阐明自己的见解；或请专家作专业引领。实践证明，教师论坛是一种极好的信息交流平台，也是一种学习和研修成果的展示，更是一种教育经验与智慧的传递，真正让思想得到了碰撞，让观念得到了更新。

五、发现问题，运用小课题研修内化提升教师素质

多年来，学校坚持以课题研究为抓手，培养了教师的团队意识和群体研究能力，除了参与国家级、省市级课题研究外，我们更重要的是将课题的研究深入到课堂，深入到教育教学的具体活动之中。

我们大力提倡小课题研究，鼓励各研修小组把精力用于研究那些有价值的、能够促进教育教学工作的实际问题中，要让问题来自教学，解决于教学，作用于师生成长。目前，我们一共有六十多个与我们的日常教学紧密相

关的小课题正在研究中。如结合教学中的难点、热点、易混点,开展主题研修活动的:高一、高二作文系列研究;各学科都有的如何激趣的研究;如何提高答题能力的研究;如何培养学生行为习惯的研究……通过老师们自觉的研修,收到了较好的效果。

六、开展发展性评价,提升教师自主生长的原动力

"分层要求,人人发展":每位教师根据实情确定"发展性课堂教学管理评价标准",青年老师讲"达标课",骨干教师学科带头人讲"示范课",其他教师讲"研究课""优质课"。学校按照不同的目标体系加以组织管理,以教师个人或学科集体为参与主体,以讲课、说课、小组研讨、评议面谈为技术手段,以备课组、教研组为团队,形成了一种集讲、评、研为一体的发展性课堂教学管理体系,从而确定了各种课型的不同功能、评价标准和主讲对象,为学校进行课程管理提供了一种有效的载体;它借助于课例教学,通过团体互助、个人反思、理念引领、有经验的教师指导的方式,让校本研修实现了"分层要求,人人发展"的目标。我们将不同层次的课型设置不同的评价标准,这就使得教学评价体系更加注重有效性,更加注重效率和效益。同时,学校对不同层次的人员的听课节次和听课要求进行了规范,利用规范来促进交流、促进学习、促进提高。

"纵横比较,不断进步":我们运用课例研究模式,让每位教师寻找到成长的足迹。我们鼓励老师利用不同时期的教案,对同一节课进行纵向比较研究,在研究中寻找自己成长的轨迹;也鼓励不同年龄段的老师进行横向的比较研究,在这种研究中反思自己教学中的差距;鼓励"同课异构",进行听课、评课、反馈、反思等互动研究。在这样的比较研究中找现实差距,找发展方向,找自主生长的原动力。

(原载《成才》2015年第8期)

立足小专题研究 实施自修—反思式校本研修模式

湖北省武汉市青山区钢花小学 李井年

自修—反思式校本研修模式下的校本研修活动，是将教师的教学研究、进修和日常教学实践有机联系的活动，其目的是在活动中改进自身的教学行为，也就是"为自己而研究"。而小专题研究，正是立足于教师的课堂教学，本着教师专业发展的研修活动。小专题定位是"小"而"专"。以小专题研究为抓手，能把教师的眼光引向自身的教育教学行为之中，对教学中存在的问题和困惑进行研究，是教师专业发展成长的有效途径，也是利于提高课堂教学的有效措施。

在自修—反思式校本研修模式实施研究中，在潘海燕教授及其团队的指导下，我校结合正在开展的教育部"十一五"重点课题"小学数学学科有效课堂教学行动策略研究"的课题研究工作，通过自找问题、收集相关资料自学、开展系列专题研讨活动，采取以课例为载体的"微格教研"活动形式，围绕课堂教学相关因素展开对小专题的研究。研究内容涉及课堂教学各环节，以及教师教学中的困惑和不足，促使教师们积极投身到专题研讨中，寻求相关理论支撑，进行实践与反思，促使全体教师就共性问题集体研讨、自主反思，并遵循有效教学规律，总结和运用有效教学策略，有效改进教师课堂教学行为。

一、确立小专题研究主题，"问题中寻求方向"

"问题即课题，教研即科研"，学校从课堂教学的根本内容出发，确定教研小专题涵盖两点：一是研究问题来自真实的教学环境。这些问题来自学生、来自教材处理、来自教学情境、来自问题的提出和教学评价。通过教师个人积累反思，明晰隐藏的问题；通过群体的交流争辩，在思维碰撞中触及核心问题。二是研究内容系列专题化。在认真分析、查找各年段教学问题的基础上，围绕构建有效教学行动的因素，如学生的智力和非智力因素（主要涵盖良好学习习惯、学习品质），以及各年级教学中重点、难点问题，教师拟定年级组研究专题，同时通过搜集学习已有相关理论和实践经验，针对性制定研究计划，通过以问题为主线的方式，采取参与式、体验式教学研究，开展有效课堂教学的效应研究。

在研究专题的拟定过程中，学校从前期开展的有效教学情境创设、教学提问、学习方式等研究，及各类课例研究中存在困惑的地方，低年级重点从学习能力入手，如口算技能、数学语言表达，中年级研究重点放在计算能力方面，高年级主要从练习设计的有效性和学困生作业质量两方面开展研究。各教研组以教学实践、课例分析为途径，系统地组织研究，使得教师们在每一个阶段之后，对某一专题形成较为清晰的认识，促进教师思维水平的提升。

二、加强年级组集体教研管理，"合作中提升能力"

教研组作为最基本的教科研实体，是开展课题研究的主体，小专题研究工作开展得好与否，对于组内成员业务素质和教学能力的提高起着不可低估的作用。要发挥教研组的作用，其重要之处就是把握教研组集体教研的有效性。

学校开展了以任务驱动而形成的"每日一课"集体教研模式，各教研组将小专题研究内容细化到每周的教学过程中，教师个人结合自身教学及反思情况，通过教学案例、教学叙事方式及时予以交流和分析，教师之间通过探讨与交流，取长补短，积累经验，提高认识，更好地提升每个人的教学特色。

"每日一课"集体教研的平台，实现资源利用最大化，教师通过自主研修、互评互助，使一般的教学现象具体化，抽象化，从而发展了教师的个人教学水平和创造性，教师们共同就小专题的教学策略集思广益，不断促进自身的教学手段和方法。

三、开展以课例为载体的"微格教研"，"细节中发现本质"

以课例为载体的研修活动，展示与研讨的内容来源于教师真实的课堂，是广大教师所希望参与，并对其教学产生直接影响的主要形式。学校通过拟定小专题研讨展示课，针对不同课例展开研讨，让授课者教有所感，听课者听有所思，交流后说有所获。

学校通过开展"每周一研"有效课堂教学策略研讨活动，将每周四第三、四节课作为研讨课展示及交流时间，根据各年段实际，针对不同课型和小专题研究内容，合理选择安排。每次活动，要求各教研组在集体备课的基础上，安排教师授课，全体学科教师参与听课，同时安排人员摄录课堂实录，并于课后及时进行反馈、说课和评析。说课评课过程中，首先由授课教师谈对教材的解读、教学目标的确定、教学方法的选择、整个教学环节及流程、预设和生成情况，小专题研究策略在教学中的应用等进行自我评价，随后由同教研组教师交流集体备课过程中的情况。最后，全体听课教师对教材的处理和把握、备课的优缺点、目标的达成度、教学环节的到位情况、教学细节的处理、小专题策略的选取等进行"头脑风暴"式的全面评析，教师们共同探讨创设有效课堂的新途径。

每次活动，授课教师都做好精心准备，为大家提供鲜活的、可供研究的教学课例。参与者认真听课记录，带着研究的问题和思考的头脑，主动积极出思路、出智慧，在研讨评析过程中，大家畅所欲言，从有效性策略方面进行分析，既讲上课者的优点，也毫无保留地指出不足或改进的方法；针对具体环节，用摄录资料进行反馈评价，通过同伴互助和自我反思提升教师的教学机智，促进教师的专业发展。

"每周一研"微格教研后，学校要求授课教师针对授课和评课情况，及时撰写教学案例并调整意见，进行"再实践"；自我摄录教学片段，使教师真正从中有所收获，通过教学细节的反复实践与研探，真正实现每一位教师的实践展示和能力提升。

四、以撰写教学案例为载体，"研修中构建策略"

学校课题组要求教师每月撰写一篇教学叙事，每学期完成两篇以上教学案例，结合自己的教学片段、年级组互动研讨课、展示交流课撰写教学案例。教师针对教学进行分析、反思、感悟，把小专题研究与实际教学相联系，从中抽象提炼有效教学策略，实现潜在理念的明晰与深化。在案例中，教师主动将理念融入意识，改变行为，将预设和生成合理评析，使案例研究具有深度，同样也可以完善小专题研究的过程。这令每一位教师经历一次自主经验的建构，置身于"自主选择、自主反思、自主建构"的良好研究氛围之中，从而有效提高教师们的研修意识和能力，促进教师自觉进行教学反省、反思，促使教师向研究型教师发展。

学校以小专题报告册形式，要求各教研组每月进行研讨后，及时进行报告册填写，并进行互评互研交流，发现、提炼和总结规律性内容，形成此类专题有效的教学策略，如低年级的学习习惯养成，三年级的计算教学，四、五年级的练习设计等小专题，在教师们的研修实践中，均已初步取得了一些研究成效。

五、多方收集外界已有经验,"学习中汲取智慧"

近年来,学校每年为教师选购大量的理论书籍,并为每位教师订购了 1 至 2 份教学期刊,同时教师们通过网络途径多方收集与小专题研究有关的信息,将收集到的信息以教研会议形式让全体教师"共享"。通过对这些信息的学习,让已有经验"走捷径"深入核心,将已有成果"为我所用",有效地指引和内化教师的教学行为,从而增强了小专题研究的理论和实践水平。

我校通过开展小专题研讨活动,使自修—反思校本研修模式在学校生根,为广大教师理解与接受,教师们的能力和教科研主动性、课堂教学水平均有较大的提升,有效营造了良好的教学教研氛围,促进了教师的专业化发展。

(原载《成才》2015 年第 11 期)

依托"自修—反思"模式构建校本研修制度

湖北省武汉市硚口区双环小学 汪 阳 汪亚农

武汉市硚口区双环小学是一所由企业剥离、地属城市边缘的薄弱学校。学校教师队伍整体素质不甚高,而学校生源 80% 以上是农民工子女。自 2006 年启动"十一五"全国教师校本培训研究中心课题"中小学教师自修—反思式研修模式研究"以来,学校教师队伍迅速成长,学生学习习惯明显改善,教育教学质量显著提高。

2009 年,我们接收了一所办学资质不合格的私立小学的 96 名学生,"学困生学习习惯培养"成为全校的焦点问题。以学校为单位推进的问题研修活动,可以较完整地体现"自修—反思"校本研修变式的生成过程;也可以清晰地体现根据研修模式建立研修制度的过程。下面,我们以"学困生学习习惯培养"研修为例来汇报如何在"自修—反思"中逐步构建校本研修制度,形成科研型工作方式。

一、问题意识淡漠的破解及制度建设

提出问题是以问题为中心的"自修—反思"式校本培训的起点。然而回避和忽视自己的问题是集体无意识行为。其中最大的障碍就是教师自己。校本研修制度的建设要着力帮助教师建立问题意识。

1. 问题现象描叙

我们组织教师提出自己在教育教学工作中遇到的农民工子女学习习惯问题。我们发现很多老师提出的问题不真实,不是实际工作中存在的,而是根据一些普遍问题假想的,或是把其他学生群体问题张冠李戴。例如:

六(3)班教语文的小刘老师反映张某等同学长期不愿动笔做作业,什么方法都用了也不见好转,不知道该拿他们怎么办。

于是,研修领导小组成员轮流去小刘老师的课堂听课,观察张某同学的表现,查看他的作业本。几天跟踪下来,我们发现张同学并非总不做作业,而是在老师布置大量作业，尤其是作业难度较大时才不做。我们指导小刘老师把这几次没做作业的设计情况和做了的作业设计以及张同学的表现分别记录下来成为问题现象描叙。

针对教师在提出问题环节的种种回避和敷衍表现，我们在制度中规定，教师必须用文字和数据对问题现象进行描叙，用较为客观的叙事方式呈现问题。

2. 越常见的问题越有价值

在研修之初，很多教师都觉得自己组的问题很简单，自己也有办法解决，不值得兴师动众当课题研究。针对这种现象，我们组织了一次讨论。

李老师是学校骨干教师，为人坦率，意见也最激烈："作业问题很简单，我一个人都能解决，用不着查找相关理论和参考别人经验这么复杂吧。还要把它当课题做？"

其他老师也表示赞同。

"是啊！每次新班接手，这个问题最突出，只要管理上去了，一段时间后就会好的。"

"其他学校也是这样啊。这并不是农民工子女的特有教育问题。"

"新老师来了，那些贪玩的学生总会试试（不交作业）的。"

"嗯，这是个规律啊！"

……

汪校长等大家意见充分发表后，问："这种现象是其他学校多，还是我们学校多？"

"我们多些。"

"就是啊！如果一样多，那是大家的问题。再问你们，哪个课题的问题是我们没遇到的啊？"

大家回忆良久，但都摇了摇头。

"没有吧！我们常见的问题就不是问题，好像没这个道理吧？教科研的目的就是要提高常规工作的效率，不指向常规工作中的问题就毫无意义了。刚才大家都说这个问题简单，我的看法正好相反。因为大家都说教师在交接班时这个问题还很突出，可见大家自认为解决了的问题并没有解决好！这也暴露出大家的问题意识不强——应该是越常见的问题就越有研究价值！"

汪校长的一席话让大家茅塞顿开。于是，大家都心悦诚服地回到既定的研修工作之中。

这次讨论使大家统一了思想。"研修问题必须来自教育教学之中，越常见的问题就越有研究价值。"被列入研修制度。

3. "没有问题"是最大的问题

以问题为中心的"自修—反思"校本研修，是教师为解决日常工作中的问题，通过学习、研究、实践和交流，不断获得专业发展的过程。问题是研修的起点和动力。少数老师以"没有问题"为由，企图回避研修，是最大的认识问题。研修制度的制定要严防这种现象发生。

"我没有问题！"研修组长检查组员问题描叙资料时，语文教师小熊生硬地辩驳道："真的找不到什么问题。要不你帮我查下。"

"这样吧！我水平也有限，我请几个人一起帮你看看。"

第二天一大早，研修组长请来领导小组的几个主要成员一起来到熊老师的班级。几节课观察下来，熊老师的课堂及其班级存在的问题十分明显。赵主任选择了其中最突出的问题"85%以上的学生握笔姿势错误"，交给了熊老师。

为了帮助老师发现问题，同时也为了避免过强的针对性，我们将这种全体行政在某一天集中深入一个班级，全程听课，全方位观察的"班级视导"纳入校研修制度。制度规定，校研修领导小组每学期将进行三轮"班级视导"，学期初地毯式地对所有班级进行"班级视导"，着重帮助教师找准研修问题；期中为随机抽查式"视导"，侧重于促进教师研修落实到教育教学行为上；期末为发现式"视导"，着力于帮助教师提炼研修成果。视导人员每次需将观察到的现象，较为全面地记录在视导表格中，及时反馈给老师作为第一手资料。

4. 归因客观，多指向教师自己

我们组织教师对问题现象进行归因分析，进一步提取真正的问题，并请来专家多次指导。专家一针见血地指出，教师们在80%以上的问题表述中都将问题归因为学生、家长、学区环境和教学条件。这种认识将蒙蔽教师的眼睛，使得我们无法发现真正的问题所在，更谈不上解决问题，改进教学。

三年级语文小周老师对班上学生不注重基础知识的现象分析道：

① 学生懒惰，不愿意花时间积累。

② 家长对学生学习没有要求，几乎不给学生报听写。

③ 家庭学习条件差，学生没地方学习。

这些因素固然存在，但是老师显然也忽视了更为重要的原因。汪校长和小周老师一起组织了一次单元听写，一起将听写错误进行了归类和分析，并且指导小周老师完成如下表格：

主要错误类型	例子及错误	教学改进
偏旁混淆	变幻（幼） 海底（低） 堆（推）城堡	形近字辨析
多少笔画	神（错写为"衣"字旁） 仰（加竖） 踩（少点）	强调重点笔画
结构错误	靠（包围结构）	字形结构指导
同音混淆	窃窃私（思、丝）语	强调词义，同音辨析
字形不清	李××同学的听写试卷	教师规范板书

面对表格，小周老师对自己的工作遗漏一目了然，自觉修改了归因分析：

① 教师在常规教学中忽视了基础知识的教学。

② 没有注重教授学生积累的方法和培养学生积累的习惯。

③ 教师没有注重与家长沟通，家长对学生学习没有要求，几乎不给学生报听写。

通过对几个具体问题描叙的分析指导，专家们手把手地教老师们多元地分析问题原因。在这一过程中，教师们不仅学会了如何抓住真实的问题，更增强了"多从自身找原因"的责任心——客观分析问题成因，多指向自己的教学实践，多问问自己应该做些什么、怎么做得更好。

集中深入一个班描叙问题的做法能比较容易地抓到真正的问题。针对具体问题现象的分析，可以较为容易地找到产生问题的原因。我们认识到具体的事件是最容易把握的，从它入手往往也是最有效的。研修制度建设要着力引导教师关注"具体"的教学事件，逐步培养"问题意识"。

二、经验型工作方式的破解及制度建设

"自修—反思"研修模式中最重要的载体是小组合作研修，最基础的则是教师的个体研修。我们将"学困生学习习惯培养"问题和一直开展研究的"当堂完成课堂作业习惯培养"问题整合为"学困生课堂作业习惯培养"，作为年度研修活动的阶段主题，明确了学困生转化的主阵地是课堂，使得"学困生学习习惯培养"问题研究更为具体，更易把握。为了扎实有效地开展研修活动，我们规范了教师学习、小组研修交流发言、学生个案跟踪研究和作

业专项管理等制度。我们还修订了教师研修档案袋，使之能方便记录和考核教师的各类研修活动表现。

1. 专题学习——多层次的学习型组织学习

学习他人的经验或寻求理论支撑可以让我们的研究实践少走弯路。同时，从经验型转向研修型工作方式，学习也是至关重要的一环。

我们将全校教师组织成四级学习组织：全校性的校级理论学习、青年教师陶行知教育理论学习、研修小组每次活动前的专题学习和教师个体自学。我们要求教师围绕"作业设计和管理""学困生教育"和"学习习惯培养"进行专题学习，每月自学笔记达3 000字，月底由校长室和教科室联合检查；要求教师学以致用，在小组活动中能"说得出来"，在教育教学工作中"演绎出来"。

课题领导小组组织全体教师学习了魏书生的《培养孩子良好的学习习惯》，推荐了书籍《大师谈儿童习惯培养》。青年教师陶行知教育理论学习小组挖掘了陶行知"四颗糖"的教育案例，引导教师们将之作为我们评价学困生、唤醒他们自我教育和自我管理的蓝本。

2. 个案跟踪——有效的教师个体研究

针对我校学困生多，部分教师不知从何下手的局面，我们组织了"大手拉小手"师生结对活动。每位教师每学期重点帮扶一名同学，力争出成效，使之成为"解剖麻雀"的案例。我们建议教师着重帮助学生培养学习习惯和树立学习信心。

六（3）班的小刘老师再次在小组研修时向同伴求援："张×又不做作业了，我真不知道该怎么办了。"大家都热情地给小刘出主意，但她都沮丧地摇头说："试过啊！都只能管几天。"

研修组长徐老师接过小刘的话说："能管几天就说明这些办法都有效啊！你就不停地换着用。"一句话说得大家都笑了。

小组交流后，徐老师跟踪了小刘老师对张×同学的辅导过程。她坦诚地指出："你对张同学的态度要温和些，毕竟他是个孩子，出现反复是很正常的事。作为教师，要有思想准备，我们的耐心、我们的态度不能反复。不要对学生忽冷忽热啊！"……

一个学期下来，个案跟踪研究取得了明显进展。张×老不做作业的毛病也得到有效校正；六（3）班这个以原私立学校学生为主的班级，语数合格率分别从41%、37%提高到84%和92%。配班的语数教师的经验就是用不同尺度要求学生，"不心急"，"不放弃"，从学习习惯抓起，坚持用"四颗糖"的评价鼓励学生一点一滴的努力和进步。

个案研究降低了研修难度，使得每位教师的研修有抓手、出成效。

3. 内容具体——规范的小组研修交流

我校课堂教学一直强调"一课一得"，为夯实学困生学习习惯问题研修，我们也将这段时间的"一得"重点放在"让学困生独立作业"上。然而，开始时小组研修总说不到学习习惯及作业上去，于是，我们规定"学困生是否会做，是否能当堂完成""作业设计是否合理""作业指导，学困生是否能接受"，成为每次教研说课、评课必议的话题。

2009年10月16日，各学科教师在计算机室，兴致勃勃地观摩了刘诚老师的科学开放课堂。"你们对月球的哪些知识感兴趣呢？""这条信息属于哪一类呢？"在刘老师深入浅出的引导下，学生们顺利地完成了网上信息的收集、处理和应用，制作出一个个精美的电子《月球卡》。

这是我校教师根据教学内容需要，自觉执教的第一节"学科与信息技术整合课"。这节课丰富了我校学生的作业形式，学生兴趣很高。令看课教师信服的是，由于教师的精心设计和每一重要环节的细致指导和示范，我们看不到明显的学生差异。这也正是学校开展"学困生作业习惯问题"研究的重要成果之一。

在我区教研员的指导下，研修交流发言进一步规范：

A. 引用观点必须介绍出处。

B. 发表观点必须针对具体的教育教学流程，即要描叙被评价的师生言行。

为了提高研训效果，我们给每节研讨课录像，用来比照教师的描叙，引入微格教学，真正做到让研修者"看清楚，听清楚，说清楚"。

4. 专项管理——规范的研修过程管理

为了进一步促进"学困生作业习惯问题"研修落到实处，教导处将每月第四周定为作业研究和开放管理周。首先对教师作业管理情况进行互查，重点对记录在档的学困生的作业情况进行统计，按照我校制定的作业管理标准打分。然后将检查结果最好、改进较大的个案进行现场学习，当场交流讨论，成为对"学困生作业习惯问题"的小组专题合作研究案例。

同时，我们坚持将"班级视导"作为校本研修的动态检测，重点观察教师的课堂预设对学困生学习习惯的培养，以及在课堂中对学困生的辅导情况。

我们深切地感受到整个研修活动的规范过程就是一个不断"具体化"的

过程——学习具体的专题，研究具体的学生，讨论具体的言行，管理具体的工作。这也是传统经验型工作方式破解过程和科学工作方式的构建过程。这种集中力量研究一个问题，并分阶段逐步解决问题的研修活动，我们称之为"化整为零式研修"。

三、成果整理追求完美的破解及制度建设

提到课题研究成果，大多数教师都会认为是高不可攀的事情，因而在成果整理时畏缩不前。我们根据"自修—反思"研修模式中成果的应有之意规定：

（1）研修成果可以是一篇教案、一节课、一篇实录、一个活动、一则故事，可以是一套得心应手的工作经验，也可以是其他可以展示出的任何形式。

（2）档案袋是最重要的研修过程资料和研修成果，我们提倡在研修过程积少成多，逐步建立和整理档案袋。

我们坚持每学期末对研修工作进行阶段小结，积少成多形成我校研修案例集、论文集和解决问题的校本策略集。每个教师都整理一学期来的问题研修档案袋，将初步形成的策略和一学期的实践点滴整理成论文、案例和公开课等形式的研修成果。

2009年元月，我们组织了"我和新进学生的故事"评比活动，让老师们通过活动，用教育教学叙事来整理"学困生学习习惯培养"问题研修的成果。一个个鲜活而感人的故事就是我校转化学困生的校本策略系列。其中广泛应用的策略有：

A. 用"四颗糖"评价策略鼓励学困生的点滴进步，有进步就是合格，学习习惯好就是优秀。

B. 尊重关心学困生，让学困生亲近老师。

C. 新授课的铺陈策略，让学困生提前掌握学习新课的必备知识。

D. 突出重点，精心设计，夯实知识形成的过程，让学困生跟得上。

E. 讲练结合，课堂作业分层设计或分层要求，让学困生集中精力掌握基础知识，当堂完成作业。

F. 组织"一帮一"学生活动，让学困生得到零距离帮助。

2010年3月，随着校本研修的不断深入，经过系统整理的《双环小学校本研修制度（试行）》出台。这标志着我校科研成果开始以制度形式固化，也标志着我校校本研修工作步入规范的成熟期。

清醒的问题意识、有效的行动研究模式、科学的工作态度加上严谨的制度

保障，构成了我校校本研修特色。我们将之归纳为公式：1+1+1+……＝∞。

同时，我们发现"∞"正好是校名"双环"的标志，这个公式正好也能概括在研修中构建的"科研型工作方式"，我们称之为"'双环'教育工作公式"：

"1"表示每项工作，工作的每个环节、细节；也指我们每个人，包括每个教师、每个学生及家长等。

"+"表示积累、重视和团结。

"……"表示坚持不懈。

"∞"是校名"双环"的标志，同时也表示我们的成绩、我们的学校、我们的目标。

"1+1+1+……"能成为"∞"表达了我们的信念：相信我们的学生，一点一滴地进步就能成人，成才；相信我们教师自身，一点一滴地改进，业务水平就会蒸蒸日上，质量就会不断提高；相信我们的学校一个问题一个问题地解决，就会越来越兴旺发达。因此，我们大力提倡"满怀信心地将'∞'化为'1+1+1+……'去落实"这种科学而踏实的工作方式。

附：武汉市硚口区双环小学校本研修制度（试行）

双环小学教师必须参与校本研修，各级研修活动纳入学校绩效考核。双环小学校本研修按"以问题为中心"的"自修—反思"式研修模式开展。在研修活动中践行"双环"教育工作公式"1+1+1+……＝∞"，突出学校构建"和谐校园"的特色。

一、教师每学期要重点研究一个问题，"化整为零"分阶段逐步解决问题。

1. 教师必须用文字和数据对问题现象进行描叙，用较为客观的叙事方式呈现问题。

2. 研修问题必须来自教育教学之中，越常见的问题就越有研究价值。

3. 校研修领导小组每学期将进行三轮"班级视导"，学期初着重帮助教师找准研修问题；期中校正"视导"，侧重于促进教师研修落实到教育教学行为上；期末为发现式"视导"，着力于帮助教师提炼研修成果。视导人员每次需将观察到的现象，较为全面地记录在视导表格中，及时反馈给老师作为第一手资料。

4. 归因客观全面，不能无视教师自身的问题。

二、教师要围绕研究问题自主开展专题学习，积极参加各级学习型组织学习。每月学习笔记要求达3 000字。鼓励教师学以致用，在小组活动中能

"说得出来"，在教育教学工作中"演绎出来"。

三、每位教师每学期重点帮扶一名同学，对帮扶对象进行个案跟踪。"不心急"，"不放弃"，从学习习惯抓起，坚持用"四颗糖"的评价鼓励学生一点一滴的努力和进步，力争出成效，使之成为"解剖麻雀"的案例。教师每月辅导不少于2次，要求规范填写个案跟踪表。

四、教师应积极参与小组研修交流。

1. 教师每学期要主持或主讲一次小组研修活动。

2. 教师每学期要上一节汇报课展示自己的研修情况。教师在集体备课的基础上开放课堂，课堂存在问题较大的要再上一次，直到教师能体现对研修问题的思考。

3. 教师每月必须参加3次小组研修活动。每次活动中要围绕研修主题发言。发表观点必须针对具体的教育教学流程，即要描叙被评价的师生言行。引用观点必须介绍出处。

五、教师每学期末要对研修工作进行阶段小结，整理个人研修成果。

1. 研修成果可以是一篇教案、一节课、一篇实录、一个活动、一则故事，可以是一套得心应手的工作经验，也可以是其他可以展示出的任何形式。

2. 档案袋是最重要的研修过程资料和研修成果，提倡在研修过程积少成多，逐步建立和整理档案袋。

六、研修组每月末和学期末进行研修专项检查、系统检查和评价教师研修工作。检查结果纳入月绩效考核。

校研修领导小组每学期将进行三轮"班级视导"，学期初查找式"视导"，着重帮助教师找准研修问题；期中校正"视导"，侧重于促进教师研修落实到教育教学行为上；期末为发现式"视导"，着力于帮助教师提炼研修成果。视导人员每次需将观察到的现象，较为全面地记录在视导表格中，及时反馈给老师和研修小组作为研修第一手资料和月绩效考核重要依据。

月考核总分10分，以上每条每次按1分计。扣分不封顶，扣完10分将继续扣。不可抗拒因素除外。

（原载《成才》2015年第6期）

以"自修—反思式校本研修模式"为抓手 引领教师专业成长

湖北省宜昌市西陵区明珠小学 潘淑红

我前期任职的宜昌市西陵区平湖小学地处城郊接合部，教师平均年龄达46岁，职业倦怠现象严重。如何激活教师工作热情与智慧，让师资力量这根学校的生命线更具生命活力呢？学校经过多方考察调研，发现潘海燕教授及其团队研发的"自修—反思式校本研修模式"较为符合学校实际，决定以实施此模式为抓手，促进教师成长，推动学校发展。

一、强化研修认识，激发教师自我实现的需要

（一）解决教师的认识问题，内化对教研工作的认同

教师们普遍认为搞课题研究太难、太深奥，是教育科研人员的事，不是我们平民老师所能做到的，课题研究离我甚远，我只要把书教好就行了。模糊的认识使教师们将教与研人为地分离开来。如何让教师在课题研究中认识自身的需要，主动参与课题研究，在研究中生长自己的价值观念？对此，学校领导多次召开动员大会，让教师明白：用昨天的知识，教今天的学生去适应明天的世界，远远满足不了优质教育的要求，教师要与时俱进；学习既是教师的权利也是教师的义务；教师追求自我实现、自我超越，不仅能赢得人们的尊重，同时也会使自己更加充满自信。

（二）认识自修—反思式校本培训模式，明白课题研究就在身边

学校将"自修—反思"课题研究的解读整理成学习资料，做到教师人手一册，使教师认识到"自修—反思"校本研修要落实"三化"：行为问题化，每天都要反思自己的行为，找到进一步改进的可能点；问题课题化，把教学、学生思想工作中遇到的问题，尤其是那些困惑的、关键的、自身素质最欠缺的问题设计为研究的课题，用科研的方法去解决；经验概念化，用自己的语言把亲身体验与感悟写下来，主要表现形式是写教育案例。实现"四

在":在组织中成长。努力把学校变成学习型组织,让教师受到潜移默化的影响。在反思中生成。在一些细枝末节处积攒自己的概念和命题。在合作中学会合作。在交往中形成自己的合作伙伴,兼容并蓄;在积累中质变。长期坚持,自成体系。做到"七即":教师即研究者、教室即研究室、教学活动即研究行为、学生个体即研究个案、教师群体即研究共同体、行为变化即成长的开始、教师成长即研究成果。

(三)学校领导由幕后走向台前,对教师进行培训

课题研究伊始,学校领导从教师心理健康角度进行了"美丽人生——维护教师心理健康"讲座,剖析教师心理健康问题,让教师知道如何进行心理健康维护,及时调整自己遇到问题时的心态,为开展课题研究打下基础。接着学校领导又对教师进行了"如何撰写教育教学案例"培训,为了让教师们听得明白,学得容易,学校领导还对两位教师的案例进行评析。最后学校领导又组织了"教育叙事研究""如何寻找自修—反思中的反思点"等培训。让教师明白在课题研究中,学校要干什么、怎么干,思路是怎样的,预期的主要成果是什么,教师要做什么、怎么做。教师在学习培训中感受到自己逐步走近课题研究,认识到"校园处处有课题"。

二、完善管理机制,确保课题研究顺利进行

(一)优化研修机构

在总课题组专家顾问的指导下,学校成立了以校长为组长的课题实验领导小组,全面组织策划,制定实验方案。教导处负责组织骨干组、学科组、年级组、专题组及个人等开展实验。

骨干组教师承担二级培训工作;学科组侧重研究教学问题;年级组侧重研究班级管理、学生问题等;专题组由教师自行组合研究感兴趣的专题;教师个体结合自身工作中难点、困惑展开思索;形成了专家顾问指导,领导小组策划,教导处执行,骨干组、学科组、年级组、专题组与教师个体独立操作又互相交叉的网络格局。

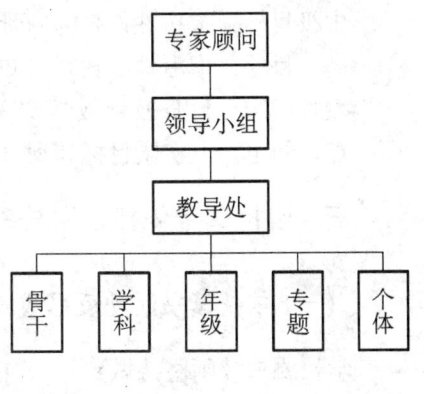

（二）落实各项保障

健全的保障机制是促进实验开展的前提。在校本研修中，学校做到"三个落实"：时间落实，在个人自行安排自修时间的基础上，每月保证两个周一下午为课题研究、自身提高的固定时间，倡导老师每天阅读自修半小时。经费落实，落实培训经费、奖励经费、购书经费、课题沙龙活动经费。培训落实，① 积极参加一级培训。组织领导及骨干教师赴老河口、武汉、长阳、岳阳、秭归等地参加培训，培训教师达半数以上。② 落实二级培训。骨干教师培训后及时组织对全校教师的校本培训。③ 重视专家培训。潘海燕教授多次亲临宜昌指导实验，召开座谈会，帮助教师解决疑难，并面批老师们的反思案例。

（三）进行有效指引

学校制定了《平湖小学课题方案》，引导教师从日常教学中的难点、疑点、热点问题入手，展开自修反思。通过学习讨论，教师们清楚认识到：自修的重点是结合实际，加强理论学习，提高自身的专业素养；反思的重点是善于发现工作中的问题，反思自身的教学行为，增强课程意识，探讨不能独立解决的难题……

学校统一印发了《教师"自修—反思"活动记录本》。其中包括反思记录说明、研究计划（目标、理论、步骤）、我的案例、我的思考与收获、分享交流、校长导航、专家审评等栏目。

制定个人规划：学校着眼于教师的最近发展区，引导每一位教师结合自身情况及愿望制定成长目标，调动教师的积极性，发挥其潜能。

学校把教师成长阶梯目标分为三级：

初级目标：指从初任教师向胜任教师成长的目标；

中级目标：指从胜任教师向骨干教师成长的目标；

高级目标：指由骨干教师向知名教师成长的目标。

教师们结合自身教育教学实际中亟待解决的问题，找准"自修—反思"研究点，制定个人实验目标计划。

三、坚持四个依托，引导教师在自修反思中成长

（一）依托读书活动反思成长

学校要求教师坚持做到每天自修半小时，每学期研读一本书，做好学习笔记，定期开展课题研究沙龙活动。

（二）依托课堂教学活动反思成长

学校把创建高效课堂活动和"自修—反思"校本研修有机地结合起来，要求教师做到课堂教学三次反思：课前反思、课中反思和课后反思。每学期组织一次优质课、优秀案例、论文评选活动，并将优秀文章推荐发表或参加各级案例、论文评比。

（三）依托教研组活动反思成长

一是制定阶段目标，教研组在课题研究组的统一安排下，组织教师根据自己在教育思想和教育行为中存在的薄弱环节，寻找出其中"最关键、最困惑、最有价值"的问题，定出学习计划及阶段时间内所要达到的目标。二是确立个人研究课题。教师们针对"最关键、最困惑、最有价值"的问题，先在教研组内进行交流，然后确定自己的研究课题，每个课题源于教师课堂问题的实际，做到了小而实。每个课题研究完成后，自己再重新选择新的课题。三是进行评教评学。学校安排示范课、常规课。课后，授课者与本组成员进行评课活动，老师们敞开心扉，解剖、解决教学中的问题，在合作、互助、互动的氛围中形成了良好的评教评学环境。

（四）依托教育案例铿锵前行

一是撰写教育案例催生新思想。课题研究主要以教师撰写的教育教学案例形式呈现出来，教师在"自修—反思"活动记录本上随时记录自己的教学教育生活，进行有效的教学反思和教学研究。三年时间，全校19名教师共撰写了随笔反思、案例故事300多篇，达20万字以上，其中20余篇教育案例、叙事、论文获全国奖项。二是互评互结进行思想交流。学校以教研组为单位，采取"换位思考、角色互换"的方式进行案例互评互结。教师以平等的身份、开放的心态参与其中，畅所欲言，做到资源共享、取长补短、互动发展、求异创新，实现教师"群体优化、个体优秀"的专业发展目标。

四、积累与提升，让校本研修成为一种享受

（一）"自修—反思"校本研修转变了教师的观念和行为

一是坚定了教师终身学习的信念。53岁崔老师写道："自参加了学校的'自修—反思'校本培训，恰似一声春雷，惊醒了混沌昏沉的我，启发了我对自己教学的思考：从教多年来，今天的我与昨天的我有什么两样？是否像

驴子拉磨一样每天画着同样的圆？工作是我谋生的手段还是我孜孜以求的事业？我好惭愧，也很自责和不安。自修反思培训让我明白：要消除职业倦怠症，要成长提高，就必须做一名研究型的教师。"二是教师们更加注重课堂教学的有效性。如案例《换种方式爱学生》《学生欠交作业的原因》《识字方法的创新研讨》《学生作业的设计与批改》。三是通过自修反思，教师树立了正确的"学生观""师生观"，改变了由过去的一出现问题就"责怪学生"到"反思自我"，再到"改变自我"。如老师们撰写的案例《带着爱心去上课》《把机会留给每个学生》《你的批评是对的》《他不是最差的》。

（二）"自修—反思"校本研修沉淀了教师的思想和智慧

教师们通过不断的自修、反思、实践、探究，体会到教书育人的快乐与成就，享受到事业成功的喜悦，绽放出智慧的火花。

叶老师的案例《锄头把的思考》告诉我们做任何事情"不怕慢，只怕站"。再难的事情，只要你去做，总是可以做好的；如果根本不去尝试，停在那里，怎么可能做完事情？何老师《"拆（CHE）吧子"与创新教育》，由一个爱接老师话茬的学生的变化，反思我们的教育；徐老师的《三厘米长的黄瓜》、唐老师的《由"鸡有4条腿"想到的》，阐明了数学离开了生活是难以学好的道理；林老师的《来一点偏爱》、魏老师的《偏远的学校，可爱的孩子》、刘老师的《让爱在事业中闪光》道出了对学困生更应关爱的最强音；张老师《磁带卡住了》一文体现出了教师的教学机智达到的特殊效果；美术杨老师围绕"如何记住学生的名字"这一课题，采用了大量的方法进行尝试，最终找到了最合适的方法就是"多关注学生，多接近学生"；乔老师的《换位思考》《驯兽师的雅号》提出教师不要一味从教师的角度去看问题，而应该换位思考学生的所作所为；王老师的《等待也是爱》阐述了学生成长不是一蹴而就的，需要教师耐心的等待与精心的呵护；方老师的《让学生也飞起来》带领学生主动探索宇宙的无穷奥秘，感受神七飞天的骄傲。

（三）"自修—反思"校本研修点燃了教师的工作激情

教师在经历中学习，在反思中进步，在研究中成熟，教师充满了工作激情，学校充满了活力。老骥伏枥，志在千里——老教师成为自修反思中的领跑人。在校本研修中，老教师迸发出极大的热情，积极投入到课题研究中。59岁的方老师对学校实施课题进行分析研究，提出建设性的意见，结合自己多年积累的经验，针对教师存在的教学偏差行为，面向全体教师进行了"浅议素质教育"的讲座，并围绕自定的课题"科学教学的有效性"开展一系列的研究，将自己探究的结果运用到课堂中进行实践与反思。方老师还主动请缨参加了区教育局的科学优质课竞赛，迄今还保持着参赛年龄最长的选手纪录；撰写的论文案例也获得全国一、二等奖。

58岁的叶老师写道：我校举行了校本研修活动之一——说课比赛。学校领导邀请老教师当评委，我是其中的一员。我非常感谢领导对我的信任，因而，从比赛的序幕一拉开，我就聚精会神地聆听每位选手的说课，公正地给每位选手评分。王老师说的是《荷叶圆圆》这一课。她一上场，我就被她亲自制作的多媒体课件吸引住了，再加上她那丰富的肢体语言与流利的普通话，让我感到大开眼界。通过这次活动，我深深感到这些教师是一支不可低估的后备力量，今天平小没有专家型的老师，但比赛仍然精彩、完美。长江后浪推前浪，一浪更比一浪高。我相信不久，平湖小学一定会涌现出一些专家型的教师。

53岁的老教师乔金玉在《教"综合性学习"有感》一文中写道：拜读学生的文章，说实在的，我有些愧疚，平时只是完成任务而已，为养家糊口而已，没想到却给学生留下了美好回忆。可惜，我的教学生涯快结束了，若有来世，我还要当教师！

桐花万里丹山路，雏凤清于老凤声——中青年教师成为自修反思中的逐浪人。老教师的引领对中青年教师的成长起到了促进作用，自修反思校本培训成为中青年教师成长的摇篮。张老师写道：在我校的"自修—反思式"校本培训活动开展期间，我既经历了"山重水复疑无路"的困惑，也体验了"柳暗花明又一村"的喜悦。王老师写道：作为一名一线教师，要全面适应新课程，只有在改革的过程中不断学习，积极探索，勇于实践，才能不断提高自身的道德水平、教学能力、整体素质。我愿意用"自修—反思"这一培训模式实现当一名优秀教师的愿望。教研主任杨老师，坚持每天写教育日记，记下自己的感悟，记录学校自修反思校本培训实验过程中的点点滴滴，厚厚的教育日记成了她快速成长的最好印证。

（原载《成才》2015年第10期）

自修—反思式校本研修模式的行动框架

湖北省驻香港部队秭归希望小学　谭晓霞

2006年3月，我们有幸结识了潘海燕先生，加入他的"自修—反思式校本研修模式"课题实验研究中来。经过十余年的实验研究，驻香港部队秭归希望小学以"生本"课堂教学改革为载体，不断地审视自己，不断地改进和完善，逐步形成了以学期为周期，以"自我诊断—培训研磨—同伴互助—反思拓展"为框架的"自修—反思式校本研修模式"。我们的做法是：

一、选对路子，让课题研究为课改实验"保驾护航"

"用课题研究解决课程改革中的问题，让课程改革促进课题研究的深入"是我校教科研一贯坚持的原则。作为新课程倡导的教研方式，"自修—反思"式校本研修实验课题提供了一条"为了学校、基于学校、在学校中"的校本教研的特色道路。在课改实验中我校充分发挥她"为了教学、在教学中、通过教学"的特质，让她为课改实验"保驾护航"。学校把每个星期一的上午定为集体备课日，分教研组开展集体备课活动，集体研讨本周的教学目标，相互交流本周的教学策略；每月的双周三下午定为课题研究日，分学科集体开展研究活动，探讨教育教学中的困惑，分享各自的读书学习收获，碰撞反思后的个性体验。通过这些活动，教师不断检验自己的教学行为，拷问自己的教学思想，提高自己的教学技艺，其参与教学研究的主动性和创造性得以提升。如语文课例《掌声》的磨合便是一例。试教后，大家七嘴八舌议论开来：有的说，课堂的脉络结构应考虑到单元的训练主题的落实，设计成一条清晰的主线；有的说，教学环节的起承转合不能提前预设，应该根据学生适时地生成，使各环节浑然一体；有的说，课堂的激励评价应及时、客观，充分调动学生的学习积极性。在集体智慧的帮助下，该课被推荐为全县送教下乡的语文课，为三个乡镇送去了语文常态课的范例。

二、迈开步子，让课题研究不断丰富校本研修的内涵

新课程实施需要专家的引领。为了充分发挥校本研修在促进教师专业成

长和学校内涵发展中的积极作用，我们不放过每一次让老师们外出学习的机会：去长阳借鉴他人课题实验的先进经验；去孝感感受专家的前沿引领；还借助兄弟学校聘请专家授课的机会，所有实验教师都去聆听潘海燕等教授的学术报告，感受教研论坛上吹来的清新之风。除此之外，我们还请县教育科研信息中心的老师到校实地指导，感受专家的细节牵引。

学校的"土专家"更是我们利用的最优资源。根据我们老师迫切之所需，校长向长春做了"生本课堂评价标准"的理论讲座，教科室组织开展"网络混合式课例研究"培训，微机老师也做了"信息技术与学科整合"的报告。

三、搭建台子，让各类校本活动为实验增加内驱力

"立足校本，开展课题研究"的教研活动就是教师成长的一个平台。为进一步提升教师的反思能力，实现理论和实践的有效结合，我校每学期以生本课堂教学研究为突破口，开展了课题研究活动。

1. 开展"享受读书快乐"活动

教师只有通过不断的学习才能吸收新的教育理念，才能适应现代教育发展的需要。我们组织学习了郭思乐教授的《教育走向生本》及魏书生的《我是这样做教师的》等理论著作。学校开展了"营造书香校园，享受读书快乐"的教师读书活动，对教师的读书不仅提出了时间的要求和量的要求，而且提出了质的要求。学期结束，学校举行了教师读书笔记展览会，评选优秀读书笔记。如姜从玲老师撰写的读书体会《"生"若安好，便是晴天》，王亮老师撰写的《行走在生本课堂的路上》获得学校读书征文一等奖。

2. 开展"教育教学大家谈"活动

课题组开展以具体、真实的课堂为对象，抓住课堂中的"小现象"，突出课改中的"真问题"的活动。

3. 开展"同课研究"活动

课题组注重对课堂教学的行动研究，指导老师们在"教"中"研"，在"研"中"教"，学会在研究中发现问题、解决问题，为此课题组组织实验教师开展"同课研究"活动。以备课组、教研组为主阵地，通过授、说、评为教师提供了展示的舞台，各位教师在活动中都能踊跃参与、积极探讨，受益匪浅。

在研究如何上好一堂课的环节上，我们学校建立了同伴互助机制，以教研组为单位，构建了"三人五步"磨课法。这是基于学校每个年级三个班额

的实际情况提出的互助式教研方式，即同年级同学科的三位教师就一节课通过"研、讲、评、比、展"五个步骤完成教学实践的过程。"三人五步"磨课，让每一位参与磨课的教师都受益匪浅。

4. 开展"教研组课改论坛"活动

每组讨论一个有针对性的话题，如"以读为本，优化阅读教学过程""追求实与活的语文教学""自主课堂教学模式探讨"等。这样的"教研组课改论坛"活动凝聚了各实验小组的集体智慧，充分展示了实验教师的教学风采和精神面貌，也折射出了课题研究的氛围和团队精神。

5. 开展"聚焦课堂"和"教学开放周"同步活动

敞开大门，欢迎社区人士和家长到校观摩指导，让他们更多地了解我校的校本研训活动，了解我们的实验教师的教学魅力，向社会折射我校的校本特色。

6. 开展"教学叙事"活动

教学中时刻都会遇到一些点滴小事，如果我们关注它们，反思每一个细节，将能更深入地了解学生，更好地促进教学工作。每学期，学校都以"自修—反思式"课题研究为载体，开展了教学叙事活动。活动中老师们做到了用心去感受孩子的童心，用孩子的眼光去读懂孩子的行为，用包容的心去对待孩子的过错，用亲和的心态去探知孩子的想法，用发展的态度去面对孩子的成长。

总之，自修—反思式校本研修实验研究就像一股春风，吹走了课堂中陈旧的灰尘，吹拂着教师的心田，让我们每一位师生都感受到她的温暖，让我们从中获益，也深切体会到了她的魅力。

"关山初度尘未洗，策马扬鞭再奋蹄。"课题研究工作不可停滞，纵使我校的"生本课堂"校本研究工作有了一些欣喜，但我们仍感到任务之艰巨。在今后的教研教改工作中，我们将坚守"一切为学生着想，为每一个学生谋出路、谋未来、谋幸福"的思想，勇于超越自我，坚定不移地聚焦"生本"课堂，致力于学生发展、教师发展和学校发展。

(原载《成才》2016年第8期)

在学习与反思中成长
——花坪小学校本研修活动侧记

湖北省长阳县龙舟坪镇花坪小学　向春艳

教师是学校"第一资源",是学校发展的关键因素。因此,培养和造就每一个教师,发掘教师的潜力,关注教师的专业发展状态是推动学校发展的首要任务。我校从2001年起,在潘海燕教授"自主生长式教师专业发展理论与实践研究"课题引领下,以"自修—反思式校本研修模式"的探索为主线,引导教师实现了身份的革命——放下教师"架子",走下讲台,先当学生,再当教师。

先当学生,就是要学会专业化学习,教师专业化学习的基本方式是校本学习(研修)。近几年,学校尝试以教育叙事交流与教师读书分享活动为路径,走教师专业发展自主成长之路,改变了教师的学习方式,进而也改变了成长方式、教学方式,收到了意想不到的良好效果。

一、专业化学习——教师专业发展的首要途径

学校对教师的培养目标是打造敬业型、活力型、研究型、骨干型、专家型教师团队。要想实现这一目标,首要途径就是让老师们学会专业化学习。一是充分发挥市级学科带头人、各级骨干教师、课改专家的示范和引领作用。让他们带头上研修课;给老师们做专业发展的培训讲座;担任读书活动的组织者、管理者或核心发言人,带头读好书,以带动全校形成浓厚的读书氛围。二是丰富研修组的职能,把过去教研组单纯的教育教学研究延伸成为提升教师素养、提高教育质量的组级活动。组员的读书成效如何,成为衡量研修质量的重要依据。三是改进原来教研、培训的分离状态,确保读书时间。学校要求各研修组每周开展一次集中研修活动,或听课、评课,或读书交流,或上网查找教育教学资料。为了便于落实,学校将研修组的活动排上课表,并规定节次,计入工作量。四是创造性地进行集体研备,上传电子教案,形成教学资源库。这种大胆改革,目的是有效地利用教育教学资源,让教师从烦琐的工作中解脱出来,把精力用到改革教育教学方法、思考教育教学问题、反思教育教学行为上来。

经过不断努力，教师素养得到了全方位的提高。从老师们所写的文章就可以看出，一是质量高，好多老师都能写一篇优美的教育散文或教育叙事；二是数量多，我校仅有三十来位教师，文章已编成了几十本专集。

二、教育叙事——草根经验的智慧提升

教育叙事就是"讲教育故事"。它要求教师以合理有效的方式解决自己在教室或其他场所发生的教育问题，然后将自己怎样遇到、解决这个问题的整个过程"叙述"出来。教育叙事特别适合于教师。因为教师的教育活动是平凡的，同时也是丰富多彩的，而这些点滴的细节构成了教师充实的职业生涯，但这些"点滴"并不会自然成为学习资源，只有经过反思的经验才是教师的自我财富。如果一个教师仅仅满足于获得经验，而不对其做深入的思考，那么即使有几十年的教育教学经验，也许只会是一年工作的几十次重复。作为管理者，要引导教师善于从经验反思中吸取教益，并提供平台让他们把自己在教育活动中的真切体验记录下来，把反思成果呈现出来。于是，便产生了《爱，令他自信》《关爱从细节开始》《我被学生投诉了》《小天才变形记》《特别的爱给特别的你》《花开很美，等待花开更美》等优秀叙事性案例，这些案例都是教师不断完善、变革自身教育教学行为的叙述与反思。尤其是一篇名为《蝴蝶》的教育叙事性案例，让人看到了教师用心育人的生动情景，更让人在倾听或品读中自觉反思自我行为。让我们一起欣赏这篇美文吧：

蝴蝶轻扇彩翼，翩然起舞，轻盈地徜徉于花间，成为春天里一道迷人的风景线。可是，大家眼里的胡蝶却一点也不美丽：个头矮矮的，身材胖胖的，做事拖拖拉拉的；成绩不算好，书写潦草，有时还不交作业。教了她半年多语文课，这不起眼的小女孩在我心中还真没留下什么深刻的印象。直到有一天，一篇日记让我对她刮目相看……

那天空堂，我一如既往地批改学生的日记，改到胡蝶的日记时，只见她写了家里有三朵玫瑰，她把三朵玫瑰全带到学校来，插在她们小组的花钵里。写得依旧是那么短小，那么平淡，在我心里依旧没留下什么深刻的印象。后来，我又看到一篇关于三朵玫瑰花的日记，那是和胡蝶一个组的刘怡璐写的。她在日记中写道："早上，胡蝶带了三支玫瑰花，插在她们小组的花钵里，同学们都非常喜欢，几个男同学围在窗台前赏花，闻香。可是当大家知道这花是胡蝶带来的后，却一哄而散，教室里的胡蝶也由高兴变得落寞。"落寞的眼神刺痛了刘怡璐，她把这事记在了日记里，记下了她的不平，记下了她的不解。落寞的眼神也刺痛了我，原来，胡蝶把三朵玫瑰花带到学

校来是要和大家分享的,她不计较过去大家对她的态度,她只想让同学和她一起分享美,多淳朴的孩子啊!于是,我在班上念了刘怡璐的日记,我想让大家知道,我们班有这么愿意分享的同学。

之后,我开始留意这个不起眼的小女孩了,她还是那样不急不缓,有时手里拿着书本或作业,有时是一幅未完成的十字绣;在小组学习时我发现她也爱发言,神态是那么平和;日记还是写得不长,但书写明显是认真了,日记质量比过去高了。直到上周的某节语文课,她上台展示,没想到她竟然是她们组的中心发言人。我心中着实为她捏了把汗:怕她怯场——语文课上,她可从来都没主持过展示啊!可没让我想到的是,她依然是那么不急不缓,依旧是那么平和,落落大方,整个过程干净利落。她的表现也赢得了同学们的掌声,她还是一如既往地面带微笑,可是我看得出来,她很开心。学习《卖火柴的小女孩》时,她在日记里为小女孩写了一首小诗,小诗里流露出她对小女孩的同情,表达了对小女孩的关爱。在展示评价补充质疑时,我看到了她想举却没有举起的小手,我想,还是不太自信吧。于是,我让她展示了她写的小诗,她还是那么不急不缓,却读得感情充沛。她又一次赢得了同学们的掌声。

从同学们的掌声中,我看到了他们对胡蝶的认同,我看到了胡蝶的努力,我相信,总有一天,胡蝶也会轻扇彩翼,翩然起舞,如蝴蝶般轻盈地徜徉于花间,成为春天里一道迷人的风景线。

真实的案例存于我们的课堂内外、师生之间,深刻的反思源于我们对教育的热爱、对生本的关注。案例促使我们反思,反思又优化我们的教育教学。这就是教育叙事,一种能打动人心的校本研修模式。老师们在育人的同时修己,在成事中成人,在焕发学生生命活力的同时焕发自己的生命活力,真切地享受教师职业内在的尊严与欢乐,从而让教师能感受到职业的责任感、成就感和幸福感。这无不归功于教育叙事研究。2005年,学校的教育叙事经验在吉林省召开的全国项目会上进行了交流。十多年过去了,我们的教育叙事研修依旧充满活力,培养了一批批优秀的老师,惠利了上千的学生,也成就了我们的学校。十年,如果按一学期一次交流,一次30篇文章,一篇文章1 500字计算,我们在十年里原创了600多篇教育故事,高达90万的文字真情流淌。花小教师享受着教育叙事,也成就于教育叙事,十年里,教师在国家省市县各级发表文章300余篇,各级获奖文章400多篇。

三、教师读书交流——名家智慧的精神反刍

春日的一个下午,学生离校,校园里顿时安静下来,学校大会议室里却

弥漫着浓浓的书香气息，老师们正手捧教育名著专心阅读。

54岁的曾平是一个典型的慈母型教师，她在拜读了李镇西老师的著作之后，用优美的文笔写了一篇《为了梦中的那枝桃花》。在文章中，她讲述了一个动人的故事：古时候欧洲的一位国王，把自己从阿尔卑斯山采下来的一枝桃花作为最高奖赏献给了自己的老师。最后，曾老师深情地写道："李老师的书很值得一读，我会认真地去读，去用心倾听花开的声音。我相信我梦中的那枝桃花不仅仅是一枝，而是一束，甚至是一片桃林。"其实，曾老师在三十多年的教学生涯中，每一天都在聆听花开的声音，是在与李镇西老师的对话中，曾老师才有了自我价值的发现，更让她一次次感受到做一名教师的喜悦。

舒晓珍老师这样解读"李镇西的人格魅力"：李镇西的最大魅力源于他有一颗不老的童心。他认为教师应"做有童心的教育者"。正因为如此，他能和学生一起去郊游、捉迷藏、堆雪人、打雪仗；他能够放下"师道尊严"的架子，和学生一起躺在雪地上，用人体摆成"一班"的艺术字；他能与学生忽略年龄的界限，拉近彼此距离，走进彼此的心灵。因为童心，他所有的教育教学行为无不充满了浓浓的浪漫情怀。李镇西的魅力还源于他爱学生，他认为"爱只能在爱中去培养"，"教育的过程应该是充满人情味的过程"，"爱心是教育的前提，但不是教育的全部，更不是教育的最高境界"。虽然，我们也常口口声声爱学生，但是，有多少人真正做到这一点呢？有多少打着"爱"的旗号，却在伤害学生的心灵的事例呢？又有多少教师像李镇西那样真正地走进了学生的心灵？我很惭愧！

李毅老师读书的体验更深刻：读到《蓝天下的学校》《我们到劳动的世界旅行》《我们欣赏大自然的音乐》《冬季活动和欢乐》这几个小故事时，我分明看到了苏霍姆林斯基带着孩子们在蓝天下游戏，在田野间奔跑，在树林里倾听，这里才是孩子们最为快乐的课堂。我忽然觉得，做苏霍姆林斯基的学生是一件多么幸福的事情呀！再看看我自己，每一节课几乎都是把孩子们关在教室里，让他们端端正正地坐好，记下每一句我强调的话语。同样我的学生们也学到了知识，但他们并不快乐，为什么我就不能和苏霍姆林斯基一样让孩子们快乐呢？因为我怕，怕教室外的世界抢走了我的威严；因为我懒，懒得去精心地准备和策划，因为我没有真正地去关心孩子们需要什么、想要以什么样的方式学习。我一边为故事中的苏霍姆林斯基所打动，也一面为自己汗颜。

另外，教师还根据自己的认知水平、兴趣爱好确立了各自的学习"专题"。有的读了崔相录的《研究中学习》，想到要保护学生的好奇心，激发学生的探究意识；有的读了卢梭的《爱弥尔》，想到要做一个受学生信赖，令学生难忘的教师；有的读了黄全愈的《家庭教育在美国》，想到"望子成人"比"望子成龙"更重要；有的读了李镇西的《走进心灵》，想到了教师应该如何"向学生学习"……

读老师们的文章，那一字字一句句，带着教育大师们的思想精华，充满了对教育事业的挚爱与真情；那一篇篇深刻的自我反思，说出的是困惑，道出的是不足，在反思中，老师的灵魂得到了一次又一次的升华；那一个个全新的教育理念，是自身教育实践活动与教育大家理论的碰撞火花；那一个个鲜活的育人案例，走近的是学生，沟通的是心灵，交流的是情感。

教师读书活动是我们学校一轮不落的太阳，读书交流是全体教师一道独特的精神大餐。这是我校为打造"书香校园"而开展的活动之一。学校要求每个教师每学期读一本教育名著，并联系实际完成不少于4篇读书心得，每学期在学校进行一次分享。为促进读书活动的有序开展，一是创设优雅的读书环境，提供读书条件。学校建起了温馨怡人的教师书吧，清雅舒适的阅读环境、各类图书、多样茶饮……让人觉得原来读书绝不再是悬梁刺股的悲壮，同样有闲适愉悦的享受。二是营造宽松的读书氛围，让教师养成边读书边反思的习惯，把自己的所思所想、所感所悟表达出来。三是搭建分享交流的平台——花小微讲堂。人人都可以走上台，或分享自己的教育故事，或畅谈自己的读书感悟。这个活动推出以后，立即引起了老师们的兴趣，有的几乎是一口气读完2万多字的著作。学校制作了"静待花开"读书文集将优秀读书心得展示出来，学校网站收录教师优秀作品150余篇。读书交流，让老师们在书海中畅游，让书香在校园中弥漫。

四、书香校园建设——教师专业发展的推进器

开展教师读书活动，营造书香校园，给老师们带来的收获是丰硕的。其中之一就是老师对学生的爱心倍增，对教育事业更加热爱，真正把教育事业当成了自己终身的追求，不断地反思自己的教育教学思想和行为。正如李春霞老师所写的：花坪小学是一个大花园，其中有绚烂的木槿、娇艳的玫瑰、纯洁的百合、芬芳的蜡梅，也有朴素得连名字都叫不出来的野花、倔强得连花都算不上的狗尾巴草，他们都有开放的理由，也都有自己与众不同的美丽。我愿作这花园的守望者，用自己的爱去唤起学生的爱，用自己的心去静静地等待每一朵花的精彩绽放！

由心灵的反思到教育教学行为的改变，是老师们最大的收获。唐昌翠老师这样感悟道：对学生进行个别教育时，要根据学生的具体情况，采取相应措施。对于品德后进生，特别是班主任，也要善于发现他们身上的积极因素，也许这积极因素对于很多人来讲不屑一顾，但这也是他总体中的"闪光点"。班主任要善于发现捕捉这一"闪光点"，尽管有时还蒙着一层淡淡的灰尘，轻轻地拂去，调动它，利用它，让其闪亮起来，它将会成为学生克服自身消极因素的内部动力，成功改变学生自身道德面貌的"星星之光"。真的，教学是一门艺术，它需要我们不断地探索，不断地追求。

教师在教育叙事研究中，在与名家对话中，在与同伴互助中跨越式地发展着、成长着。学校先后产生了一大批自己的名师：省级骨干教师1人，市级学科带头人2名，宜昌杰出校长1人，县、镇级骨干教师（班主任）11人，入选县级培训专家团队2人；80%的教师在各级上过公开课、示范课；100%的教师的论文能在各级发表或获奖。教师的发展促进着学校的发展，学校近几年荣获各类集体奖励108项。

近几年，学校接受了来自省内外多个兄弟单位的学习与观摩，他们的共同感觉是处处能感受到教师成长的氛围！来自咸宁市嘉鱼县的老师们观摩了教师的教育叙事后，由衷感叹：这样的研修方式让人震撼！来校挂职干部肖远新主任在聆听我校读书交流后写道："花坪小学是我梦中的花园，是一个能听见花开的地方。走进花坪小学正好赶上教师读书活动。读老师们的文章，如在春风的沐浴中欣赏一曲曲优雅的音乐，让人情不自禁地陶醉，让人不由自主地附和……"

开展教师读书、叙事活动，营造书香校园是学校"书香、花韵"的办学特色之体现。今后，我们将坚持立足于自主生长式教师专业发展理论，让群书伴教师同行，让学习助教师成长，让书香溢满校园，让生命闪耀光彩。

（原载《成才》2016年第10期）

自修—反思式校本研修模式的构建与运行

湖南省岳阳市东方红小学　李坚坚

一、问题的提出

教师专业化发展，可以由"他主发展"，即通过学校和培训院校、教科研机构有目的、有计划地对教师进行专业化培养，也可以靠教师的自主学习、反思来自我发展。尽管二者可以相辅相成，但教师专业化发展的最终成功，还是依赖于自主发展。别人的培养只是条件，真正的提高还靠自己。当我们在研究学校各种研修模式的时候，放在第一位的是要研究教师的自主学习和同伴互助。这是学校整个教研工作和教师专业发展的基础，是教师成长、成熟、成就的决定因素。

由潘海燕教授及其团队根据自主生长式教师专业发展理论所倡导的"自修—反思式校本研修模式"，实质上是一种研究性学习的方式。它面向全体教师，不必把教师集中到学校以外的某个培训机构，不受时间、地点、经费的限制，教师可以在自己的工作岗位上，在真实的教育教学情景中进行反思性学习。教师在自我进修、自主学习的基础上，以自己的教育教学活动为思考对象，对自己的行为、决策及由此产生的结果进行审视和分析，用教育科学研究的方式，主动地获取知识，应用所学的知识解决教学实际问题，提高参与者的自我觉察水平来促进能力的发展。其特点是每位教师都要带着问题学习，在学习过程中认识到自己教学活动的不足，觉察到自己以前没有注意到的不良教育教学习惯以及它所带来的消极后果，从而寻找新思想与新策略并解决面临的问题。

自修—反思式校本研修并不排斥学校其他的研修形式，相反，我们提倡自修—反思式校本研修与其他教研形式有机结合。值得注意的是，在开展的各种培训活动中，多少年来，我们十分重视外在因素对教师研修的影响，而忽略对教师自身潜能的开发。即学校在开展的各种培训活动中，首先应该考虑如何引导教师去认识、发展自己，在自己身上找到自己。

二、我们的做法

几年来,我们本着务本求实的原则,对自修—反思式校本研修模式进行探索和实践,建构了"自修—反思—实践—交流—评价—提升"的操作模式。这是一种教师乐于接受的、有效的研修模式,为我校教师研修工作开辟了一个新局面。

(一)建"问题库",确定研究目标

自修—反思式校本研修模式的起点应该是教育教学问题。这个阶段主要是通过"反思",找到自身在教育教学中需要解决的诸多问题,学校根据各学科特点,开展学生、教师问卷调查及访谈,核心内容是"我喜欢和不喜欢的课堂""教育教学中存在的问题和困惑",梳理调查中暴露的问题,收集针对性强、共性的一些问题,建立教师"问题库"和学校"问题库"。我们鼓励教师按照自身的实际需要确定学习内容,将问题形成多个子课题,确保教师科学地制定出个人成长的阶段性目标(即研究的子课题)。如面对美术课学生经常忘记带课本或美术工具这一问题,李老师制定了"加强美术课堂作业本的管理""如何有效解决学生上课美术工具配备问题"等具体实际的小课题。并定期就这些疑难问题开展"集体会诊""答疑解难"等活动,"如何让作文教学真正落到实处"等问题就是在"集体会诊"活动中得以解决。将"问题库"中的问题逐一解决,并去发现新的问题,教师们就是在这种解决问题的过程中提高了自我。

(二)创新自修活动方式

围绕目标,教师根据自己的情况选择性地学习。可以借阅书籍阅读,可以在网络中查阅分享,可以聆听专家的视频讲座。在读书活动中进行经典摘抄、经典背诵、写批注、写书评、写读后感等自修活动。每期举办一次"教师优秀读书笔记"评比。"自修"是解决教师自身教学问题的有效方法,也是校本研修的主要形式。

(三)"反思"是核心

在整个"自修—反思"过程中,"反思"是贯穿每个环节的。如何让反思成为教师的一种习惯,是我们特别重视的。我们通过组织教师学习、讨论,使教师认识到反思是教师专业成长的需要,学校明确要求每个教师必须写教学后记、教学随笔、案例,并作为常规教学检查的内容之一,对其中优

秀者予以表扬，通过各种途径推广示范；老师们每两周上交一篇教学反思或者教学案例，并已形成了一种自觉行为。老师们的一课一反思多次在全体教师会上得到表扬和肯定，在教后记的基础上，鼓励教师对自己的教学反思进行理论总结，写出教研文章。每学期结集了《教师教学反思集》《优秀教学案例集》《我讲我的课程故事》等文本，促进教师在反思中发展。

（四）"交流"是关键

交流是手段也是途径，只有通过交流，才能使教师勇于阐述自己的思想、观点，让他们的思想火花在交流中碰撞，在交流中升华。为此，我们经常给教师提供交流的平台，大家同处于一个平等的参与地位，没有高低对错之分，非常放松和自由。开展交流活动，为教师专业成长插上双翼。

1. 同伴互动

在自主解决不了的前提下，呼唤合作，充分利用组内资源，组成导师团，利用集体智慧来解决问题。开展"青蓝工程""名星工程"，实行老新帮带，教师们在指导他人中成长。教师间的互动，带来的是学校整体水平的提高。

2. 集体交流

学校开展了"《于永正文集》读书报告会""教师最值得阅读的一本书""与经典亲密接触""读书·工作·成长"等主题读书活动。我们先后以"怎样让课堂活而不乱""漫话'组织教学'""面向全体教好书，育好人"等几个主题举行过论坛。教师读书已成为习惯，学校的学习风气已经形成，"书香校园"已经基本打造。程五霞老师被评为岳阳楼区十佳学习型教师，学校被评为学习型学校。

3. 网络交流

网络让教师有了话语权，平时在集体讨论中，大家面对面，难免有拘束和不真实的一面，而网络交流不受人数、时间、空间、内容、方式的限制，针对性强，可直接有效地解决教师在教育教学中的具体问题。我们要求40岁以下的老师必须参加教育局及校园网上的教育论坛，"林子""夜舞蔷薇""静馨香""蝶舞兰馨""玻璃心""伊人""梅雨"等网名活跃在论坛上，特别是"林子"和"夜舞蔷薇"的个人随笔专栏，办得热热闹闹，红红火火，给教师们创造了拓宽视野、探讨交流、收集信息、互相学习的空间，为教师们设立了施展才华的平台。同时，博客是教师的档案袋，保存了老师们发表的教学设计、教学反思、教学案例、教育叙事、经验总结、评论、意见和困惑解答等。

（五）评价应多元

1. 教师自评

一是学期末，教师整理一期记录在《校本研修手册》中"我的学习、我的目标、我成功的教学设计、教学闪光点、教学启示、教学遗憾、点滴录、我的成绩"等内容，根据自定目标回顾自己的教学历程，让其发现参加校本培训前后的不同之处，进行自我反思评价，及时了解和掌握培训过程中的状况，进而明确努力的方向。二是在全校范围内展示自己的《校本研修手册》，在交流中，发现自己的优势，找出自己与别人的差距，在比较中找准自己的最佳发展方向，从而顺利实现教师的自我评价。

2. 教师互评

学校以备课组为单位组织教师互评，打破了以往流于形式、互相恭维、不肯讲真话的局面。在自评的基础上，根据教师自选的发展目标，教师之间相互评议，看其选取的目标是否适合教师发展，同时，可帮助其调整发展目标，取长补短。

3. 专家审评

一是指导教师合理制订目标。学期初，课题组组织人员检查教师选择目标情况，及早发现教师在制订目标时的问题，并组织课题组人员对教师所定目标进行讲评与指导，帮助教师分析自身的优势及缺陷，指导教师将自修与反思结合起来，目标没有定好的要重新再定，定好为止。二是对成果进行评价和推荐。采取翻阅教师的《校本研修手册》，查看学习笔记、分析教师撰写的教学体会和教育科研论文、观摩教师的课堂表现、进行问卷调查、召开座谈会、实行小组评议和校外专家评议，甚至考试等形式来进行综合评价。对教师是否达到目标予以认定，对教师的发展方向提出建设性意见。

（六）建立研修运行机制

为了保障"自修—反思"成为教师日常工作中的自觉行为，制度保障至关重要。一是建立了教师学习制度。要求教师不断学习教育教学理论，用学习来让教师开阔视野，拓展思维空间，提高审视和分析问题的能力。二是建立教师反思制度。要求教师先从撰写教学后记开始，并将此纳入教师的常规管理，再要求教师每月整理出有价值的反思案例。三是建立优秀后记、案例评选制度。每学期，学校对所有教师的教学后记和反思案例进行一次评选，并把评选结果纳入教师的年度考核，以此调动教师的积极性。四是建立教师反思交流制度。以课题成员为主，分学科一月一次针对教师的反思心得、案例以及课题实验中的问题进行交流探讨，以达到信息整合，资源共享，让教师在交流探讨中共同成长。五是建立优秀校本研修手册评比方案。

三、我们的收获

通过学校"自修—反思"校本研修活动的扎实开展，我们感到自修—反思校本研修活动推动了学校的教育教学工作，有效地促进了教育科研的常规化，全面地提高了教师素质，造就了一批名师，助推了学习型学校的创建，提升了学校办学品位。

（一）自修—反思活动，助推学习型学校的创建

通过自修反思活动，全体教师养成了爱读书、读好书、多读书的习惯，教师的学习意识明显增强。学校营造了人人学习、终身学习的良好氛围，极大地助推学校"学习型学校"的建设，为学校长远发展打下坚实的基础。学校的学习风气已经形成，"书香校园"基本打造。近年来，我校程五霞、樊文胜两位教师被评为岳阳楼区十佳学习型教师，课题组成员张进老师获得"岳阳市优秀藏书家庭"的光荣称号，我校被评为学习型学校，语文教研组、数学教研组、综合教研组均被评为岳阳楼区"课改先进集体"。

（二）进一步完善了一系列行之有效的校本研修制度

在课题研究中，学校不仅修订完善了相关管理制度，而且新增了不少行之有效的活动制度和规则。这些制度和规则的形成，既是学校领导层的意见，更是广大教职工集体智慧的结晶，是在自修—反思课题研究和实践中，为实现教师进步和学校发展，大家共同探讨的结果，从而使学校的教育教学及其他日常工作更趋正常化、制度化、有效性。主要有《东方红小学目标管理制度》《东方红小学教师一日工作常规》《东方红小学教师绩效考核方案》《教师例会制度》《东方红小学教师校本研修制度》《教师继续教育制度》《听评课制度》《教师学习制度》《成果奖励制度》《小学生日常行为规范》《星级班队评比制度》《路队管理制度》等。

制度的有效落实和执行，带来了学校常态管理的规范、学生行为的文明、校容校貌的良好改观、教育教研的浓厚氛围，学校呈现出蓬勃的发展势头。

(三) 营造了良好教学研究氛围

全校教师人人参与自修—反思,人人有科研课题,学校形成了"比、学、赶、帮、超"的教研氛围。研训反思结合培训活动,充分发挥了教师的集体智慧和才能,促进了教师之间集思广益,优势互补,提高了教师的整体教学素质和教学研究水平;缩小了同年级不同班级的教学成绩的差距,大面积地提高了学校教学质量;增强了教师的合作意识和能力,营造了良好的教学研究氛围。

(原载《成才》2017 年第 11 期)

建立基于自主生长式教师专业发展的校本研修制度

湖北省武汉市光谷第九小学　李明菊　张　茜

无论一次校本研修活动策划得多么有价值，组织得多么细致，如果没有制度做支撑，再有意义的活动也只是一次活动而已，仅仅昙花一现，很难持续下去，也很难真正促使教师自主发展。因此，教师专业自主发展必须要有科学民主的校本研修制度做保障。

潘海燕教授提出的自主生长式教师专业发展理论指导下的校本研修制度，倡导的不是写出来的文本条文或是生硬的规定，而是真正激发教师的研究热情和工作学习的内驱力，为教师的教育教学和自主发展提供有力的支持和足够的成长空间。基于此，笔者认为建立基于自主生长式教师专业发展的校本研修制度，应该从以下几方面着手。

一、明确自主生长式教师专业发展校本研修的组织要素

我校校本研修的组织要素主要由六个角色要素组成：校长、校本研修的导师组、课程管理中心、教师发展中心、教研组、教师。校长是校本研修的领导者、指导者，也是校本研修实施的关键。校长的思想与领导艺术直接决定着校本研修的管理与开发。校本研修的学习内容选择、过程组织与实施、资源开发与利用、教师个人自主发展的评估与指导等都是一个复杂的系统工程，要高效实施必须要有校本研修导师组的引领。学校的课程管理中心和教师发展中心管理校本研修日常事务性工作，并指导与组织研修活动，促进全体教师整体协调发展。教研组是构建教师学习共同体的基本组织，在教师专业自主发展中起着重要作用。在校本研修中，教师的专业自主生长，依赖于学校的有效管理，依赖于制度的落实，更依靠教师自己由自我概念到自我管理。自主生长式教师专业发展理论下的管理不是限制教师的多元化，而是需要更好地理解和适应每一个教师个体的多元化和个体差异，充分尊重，并努力提高教师的自我管理意识和水平，促使校本研修制度的落实。学校要在自主生长式教师专业发展理论指导下，协调好校本研修这六个角色要素，发挥其最大作用。

二、基于自主生长式教师专业发展的视角，创建与之相适应的系列校本研修制度

潘海燕教授的自主生长式教师专业发展理论强调，教师参与各种专业发展活动，都不应以学生的身份、接受者的角色来参加，应该是以主动参与者、自主发展设计者、合作研究者的心态来做。也就是，教师是校本研修的主体，在校本研修的整个过程中是能动的，是起主导作用的。我们在进行教师专业引领时，要充分尊重教师个人的话语权，促使其主动发展。

基于自主生长式教师专业发展的视角，创建与之相适应的系列校本研修制度，以此来保障校本研修持续高效开展，不仅是学校内涵与品质发展的必然要求，也是教师专业发展的重要条件之一。建设基于自主生长式教师专业发展的校本研修制度，一方面要对以前的制度进行梳理、修改、完善与传承，另一方面要适应新的发展探索与创新研修制度，为校本研修的顺利进行提供制度保障和支持。自主生长式教师专业发展理论改进了学校的制度建设，指导学校向更高的目标，向更有品质的学校迈进。

建立基于自主生长式教师专业发展的校本研修制度，能够在学校组织内营造出一种"工作即学习""教学即研究""研修即生长"的学习氛围，自然而然增强了教师研修的主动性和积极性，进而能激发教师的创造力，促进教师主动审视自己，觉察自己，发现自己，主动获取学习的机会与平台，主动解决教育教学中的实际问题，主动改变与提高自己，从而促进教师自我自主地发展。

基于自主生长式教师专业发展的校本研修制度，就是要求学校依据现阶段教师专业发展进程，面向全体教师，以教师认可的方式，以解决学校实际问题入手，从对学校的发展的重要方面着力，出台一些能够促进教师自主生长的校本研修管理制度，使其成为全体教师共同的意愿和精神追求；以一种无形的力量，对学校校本研修中的每一个成员产生正能量作用；以潜在的规范影响着每一个教师的行为，悄悄地改变着每一个教师的行走方式，感召着每一个教师的心灵，使全体教师努力成为更好的自己，全身心投入研修，从而促进全体教师的专业发展。

（一）制定校长是校本研修第一责任人的制度

制度是一种资源，要想充分利用，发挥其最大价值，也不是一件简单的事情。制度设计不到位，就会严重阻碍教师的自主发展，影响学校的持续发展。校长作为校本研修的第一责任人，就会使学校设计校本研修活动更具有

合法性,就会使校本研修活动取得教师最大限度的同意和认可,就会促进相关系列活动与制度落地。

校长是校本研修第一责任人的制度,主要包括:校长要做欣赏型领导,积极倡导欣赏、肯定、对话和合作;以每一位教师现有的经验与状态作为发展起点,充分发现与尊重每一位教师的优势和潜力,精心进行校本研修设计;努力为每一位教师提供发展机会,致力于实现学校共同的愿景。校长更加关注全员参与和以人为本,致力于发现学校团体和教师个人潜能优势。校长着力营造一种学习氛围,创造一个适宜的环境,把教师的内在的创造潜能诱导出来。自深入探究自主生长式教师专业发展以来,我校王校长提出"让九小滋养人,让九小成就人"。这样的领导思想所彰显的理念,对于积极、正向的校本研修制度设计以及制度有效性发挥将起到有力的促进作用。

(二)制定校本研修内在激励制度

制定校本研修内在激励制度,首先,学校制定详细的规章制度,明确校本研修中各个学科教研组的职责和任务,为每一位教师自主成长和形成教研组学习共同体提供常态的制度保障;明确教研组组长及每一个组员研修的职责和任务,要求每周定时开展组内或者组外的研修活动,强调人人参与、人人交流的主动发展模式,促进教师间交流共享,共同生发问题,共同解决问题。其次,学校将小专题研究、校际交流、同课异构、教研协同、自主生长式课堂和团队竞赛等活动,授权教研组承担,指导教研组组长精心周密地安排活动,发挥每一位组员的作用,激励大家共同参与,正如潘海燕教授强调的"将教师的工作场所变成教师的学习场所、合作场所、研究场所,使教师自身的思想、观念、行为始终处于一种追求创新的境界"。学校通过对这些常态的相关活动的过程管理,了解教研组及每一位教师的努力程度。在此基础上,学期末鼓励教师个人和教研组申报优秀教师和优秀教研组,激发教师内在潜力,促使其主动成长。

(三)制定校本研修目标成长制度

制定校本研修目标成长制度,是指学校基于自主生长式教师专业发展,引导每一位教师明确自己的发展目标、成长方向,坚持梦想,勇往直前。学校建立以下制度:(1)建立自主生长式教师五级阶梯式成长台阶。教师依据自身教学水平,进行自我分析与评估,明确"我是谁""我该怎样发展",正确分析自己是属于"模仿型教师、成长型教师、成熟型教师、能手型教师、研究型教师",这五种类型中的哪一种,并依据每一种类型教师的标准制定自己的个人自主生长式三年发展规划，特别强调规划中自己的发展目标要清晰、准确，发展愿景描述要简洁明了，个人发展期望也要明确表述，如期望学校给予怎样的支持与帮助。这样学校就十分清楚每一个教师自主生长的方向与意愿，及时提供必要的帮助，也为校本研修菜单式设计提供了支撑。(2)建立教师个人自主成长档案。教师个人自主成长档案包括五大系统：一是教师基本情况；二是发展目标；三是达成目标记录；四是文集汇总；五是成果记录。通过这五大系统制度管理，帮助教师整理和记录教师自主发展过程，并且逐步内化到教师个人意识里，成为一种习惯，是一种实实在在的有利于教师发展的制度建设。(3)建立自主生长式教师工作手册。手册包括计划、总结、理论学习内容、专业技能内容、教学实践与研究、教学观课评课、课题研究等，记载教师常态化的教育教学工作，促使教师更多地表达自己的思考和发现，并记录自己的成长，见证自己的改变与进步。

(四)制定校本研修自修—反思制度

教师的自主发展离不开自我反思，制定校本研修自修—反思制度，就是让教师的自我反思成为一种习惯，长期坚持，书写教师自己的精彩。教师如果缺乏反思意识和自主更新的能力，还是用昨天的知识教授今天的学生，还期望他们去面对明天的未来，这种局面将是多么可怕。潘海燕教授从2003年至今，一直在80余所学校致力于"自修—反思式校本研修模式"的实验研究，也积累了厚实的理论与实际经验，成果颇丰。潘教授指出："教师把听到的做出来，把做好了的写出来，真正让教师自主生长自己的教育思想，形成个人教育理论，从而促进教师的成长，推动教育的进步。"我校教师自2015年以来，坚持撰写反思近两个学期，周周出一期教师反思简报，每学期汇集教师反思文集，在组内交流反思。周周写，人人写，坚持写，自然而然形成了一种制度，一种文化，从而营造出良好的研修氛围。

(五)制定校本研修有效评价制度

建立校本研修有效评价制度，就是要在校本研修中，对教师自主研修的过程、态度和结果进行有效的评价。要制定校本研修评价制度，首先，要明确评价的内容。我们制定的评价内容包括教师自我管理情况、教师主动发展情况、教师的知识能力进步水平、教师的工作成绩、教师的工作手册填写情况等方面。其次，根据评价的内容再来制定具体的评价制度。通过一定的量化考核，确定教师个体的成长进程。同时，依据各个教研组定期制定考核内容和标准，对教师日常发展进行评价，教师学科教学成绩、论文、科研成果等均纳入评价的主要内容。通过制定以上有利于"自主生长式教师专业发展"的评价体系制度，力求有效地发挥评价的激励、导向、改进等功能，有利于学校对基于自主生长式教师专业发展的校本研修制度做出适当的调控与完善，逐步创建科学民主的现代校本研修制度，创设有利于教师专业自主发展的环境，使学校能够更好地组织校本研修，更好地引导教师自主成长。

基于自主生长式教师专业发展的校本研修制度是一种健康向上的学校文化，我们要用这样的校本研修制度引领教师的自主发展，用教师的专业自主发展引领学生的自主生长，从而推动学校的可持续发展。

（原载《成才》2016 年第 8 期）

自修—反思式校本研修引领薄弱学校整体改进

湖北省长阳县津洋口小学　詹爱萍

我校作为民族贫困地区的一所普通乡镇中心小学，共有 74 名教师，其中部分教师为民办教师转正而来，教师的专业发展任务艰巨。我们知道，教师是一种反思性的职业，所有教师都是在反思中成长。教师只有不断反思，才能不断优化自己的教学行为与教学艺术。而潘海燕教授及其团队研发的"自修—反思式校本研修模式"正是把这一特点实践化。近年来，我们以人为本，关注教师的专业发展，以提高教师的业务能力、理论水平为重点，以"自修—反思式校本研修模式"的实施为抓手，走教师自主生长式发展之路，让每位教师根据学校要求和自身教育教学实际确定自我成才目标，寻找相应的教育理念指导自己，在自修和实践中不断反思，不断调整，促进教师和学校共同发展。我们的主要做法有：

一、目标规划，引领专业发展

我们以团队文化为凝聚力，确立了"育乐学进取的阳光少年，塑睿智豁达的教师团队"的办学目标，制定了《津洋口小学教师中长期发展规划》，并推出了阶梯式的发展目标，形成了"合格教师—校骨干教师—镇骨干教师—县骨干教师—市学科带头人—专家型教师"的教师发展之路。让每一位教师根据自身起点和愿景制定五年发展规划，建立了与发展目标相匹配的激励机制。在启动规划之前，我们利用校级校本研修时间，观看了北师大肖川教授的"教师的幸福生活及专业发展"讲座。校长以"良好生涯，规划在先"为题进行了人生规划、职业规划的培训，拟定了《津洋口小学教师个人发展五年规划表》，然后引导教师认真思考，从 25 个方面，慎重地对今后五年教师职业人生进行了全面的规划，让每位教师的发展有了短期和长期目标。每年新调进的教师在第一个月内需补充制定规划，鼓励老师们提前完成五年规划，进入下一个新的五年规划实施。实践证明，我们确定的教师发展之路成效显著，一批青年教师快速成长，一批学科骨干脱颖而出。规划的制定和落实，让教师发展有目标，有方向，教师更是在实施规划的过程中品尝到了成功的乐趣，享受到了职业的幸福。

二、多元培训，适应发展需求

随着课程改革的深入，社会、学校、学生、课程对教师的要求越来越高，教师自身发展的内需越来越强。我们在充分调研的基础上，丰富了培训内容。

1. 扎实推进远程培训

组织成立了远程非学历培训工作领导小组，校长为组长，副校长任副组长，教导主任、中层干部、网管员、研修组长、年段组长等为成员，加强网上培训工作的组织与管理。副校长负责组织教师开展网上学习，并将学习情况与教师培训工作考核挂钩，进一步落实了工作责任，形成了分管校长抓学习规划、办公组长抓学习落实、研修组长抓学习解疑、教师自觉参与的学习自修格局。

2. 骨干教师培训向深层次推进

在充分发挥骨干引领作用的同时，积极抓住国家级骨干教师脱岗置换的培训机会，先后派出3名教师前往华东师范大学、荆楚理工学院进行了为期两月的学习培训，与专家零距离接触，观摩一线教师示范课，为培训者教育科学理论注入了源头活水，带来了心智的启迪和情感的熏陶。

3. 加强干部队伍培训

坚持一月一次的班子集体学习制度，从学校自身实际出发，力求学一次解决一个问题或困惑，校长还每月向班子成员推荐一篇文章供自学。同时，一名校长、一名教导主任、一名研修组长还分别参加了市县级组织的教育干部培训。通过组织培训，提高了干部的思想政治素质和业务工作能力，能积极适应新形势的发展要求，大力改进领导方式和工作方法，提高了解决实际问题的工作能力。

4. 重视基本功培训

一口流利的普通话，一笔好字，娴熟的现代技术操作技能，一贯是学校对教师的要求和期待。每日一练、每日一读、每人一机给教师练习基本功搭建了平台。师生"同练笔，共诵读"活动在我校开展得热火朝天。

5. 开展自主生长式教师专业发展理论培训

以《教师专业成长报告册》为抓手，认真学习潘海燕教授及其团队关于"自主生长式教师专业发展理论"的论述，将"自修—反思式校本研修模式"各环节具体化，认真听评课，参加学科组研修，开展自我反思，每期完成4

篇高质量的反思性论文和教育教学案例,并作为教师成长记录整理成集。

6. 读书交流,提高自身素养

学校继续深化坚持多年的"读精品,品名著"的读书活动,并鼓励教师随机记下自己的读书心得。为确保教师读书效果,做到了三落实:时间落实,每周一课外活动为全体师生共同读书时间;书籍落实,教师人手订阅一种学习资料,学校为每个研修组、办公室订阅3种以上杂志,图书室、电子期刊随时供教师阅览;交流落实,每周四在读书频道中开辟了"教师读书的故事"专栏,每次由一位教师向全校师生讲述自己读书的故事、收获,深受师生喜爱。津洋口小学"三学苑教育网台"为教师搭建了更为广阔的交流空间。教师通过读书,无论是在理论上还是在实践中都受益匪浅。老师们把学到的新理念运用到教学实践中,使我校的教育教学质量得到提高,教师的自身素质也在不断地提升。

三、研修突破,实现团队共赢

(一)以优质资源为依托,拓宽研修渠道

近年来,我校通过不断尝试,不断积累,不断总结,充分利用各种优质资源,初步探索出以下研修形式,并初具雏形,初显成效。

1. 专业引领下的探究式研修

理论指导下的业务研究才是有深度的研究。学校每年举行"走近名师"活动,请或网上聆听知名特级教师和教育专家上示范课、做学术报告,为教师解决观念层面的问题,先后观看了钱志亮的讲座"有效课堂从哪儿来"、窦桂梅的"做一名快乐的教师"和"为生命奠基";通过请教研员进校,深入研修组活动和课堂,现场指导提供专业技术的援助,为教师解决技术层面的问题;通过成立课题实验研究组,对草根课题或立项课题进行专题研究,培养教师的探究精神和创新能力。充分发挥本校专家、骨干教师的作用,由他们定期在研修组内组织岗位自培、案例研讨或进行辅导讲座。

2. 反思内省下的自主式研修

教师的工作性质决定了具有教师自身的研究和反思才能触及教学实践的本身。我们强调校本教研中应充分发挥教师个人的主观能动性,注重培养教师独立参与意识,坚持在实践中反思,在反思中实践。

教后阶段反思。要求教师在每节课后写出教后记,审视课前预设与课堂生成之间的过程与效果。

同行观察中反思。广开听评课的渠道，对同行教学分析与评议，参照与比较，学他人思自己，以此促使自己进步。

培训与学习中反思。引导教师在培训或学习中养成一边学一边思的习惯，形成对教学工作的独立性思考和创造性见解。

专家指导中学会反思。在接受专家的指导中不断更新教学观念，改善教学行为，提高教学业务水平。

3. 同伴互助下的合作式研修

我们提倡教师在校本研修中张扬个性，开放自己，加强教师之间的研讨与切磋、交流与协作，彼此支持，共享经验。

（1）领导与教师间的研修——以定期反思、真诚对话为主要形式，实现学习促管理，管理促学习的良性互动。

（2）教师与教师间的研修——以教学反思、课例交流、个案分析、研讨课、示范课、教学大赛等为主要载体，实现教师间横向交流、思维碰撞，智慧再生、资源共享。

（3）教师与学生间研修——以课堂教学关注每一个学生为出发点，以"精心设计，精心施工"为宗旨，以课堂教学"精彩高效"为目标，在课堂上师生间实现"互动＋体验"的学习；课下构建多种形式的师生沟通的平台，广开师生间沟通的渠道，促进师生间的真诚交流，让每位教师都感受到工作的美丽。

（4）教师与家长之间的研修——利用家长学校培训、家校联系薄、家访等形式来实现教师、家长一线，家庭、学校教育一体，从而促进教师与家长的相互学习，使工作更有效。

（5）网络研修——现代网络，打破了人与人之间的时空限制。学校每个研修组实现了学科组资源共享，既实现了办公现代化，又实现了教师学习讨论的快捷化。

（6）联谊研修——多年来对周边学校进行对口帮扶，派出骨干教师援教，并定期组织开展学校管理、教学研修等交流活动，平衡教育资源，加强城乡学校联系。

4. 集体智慧下的专题式研修

根据教学进度，分学科按年级组有计划、集体化、专题化地开展备课、听课、评课、理论研讨等活动。首先，在学期初制订相应计划，确定开课教师、评课教师、研究专题，以专题引领教师进行自主学习，为下阶段的讨论做充分准备。其次，通过备课组的说课活动，由指定的教师对即将要进行的教学内容，在个人备课的基础上对教学目的、重难点及其处理方式、选择的教学方法、课堂活动设计等进行全面的阐述，然后全组老师展开讨论，各抒己见，形成共识。再次，组织教师对示范课、研讨课进行观摩，召开主评与讨论相结合的评课会，激发教师教学"反思"热情，培养教师教学创新意识，提高教师教学研究能力。最后，围绕专题针对性地开展理论学习。由各学科的名师或骨干教师提出富有创意的教学构想或理论框架，引发全体组员进行讨论，使教师在交流与合作中沟通情感，锻炼能力，提高理论修养。这种学习活动的特点是自主与协作相结合，充分利用集体的智慧实现共同学习、共同进步。

5. 动态研究下的课题式研修

课题研究能凸显办学特色、提升办学品位。我校以课题组为单位开展校本研修活动。近几年来，我校语文组的省级课题"小学语文阅读课堂教学有效性评价"，市级英语课题"任务型教学研究"、数学课题"计算教学有效性教学策略研究"都已经申报结题。省级语文课题"经典诵读与师生语文素养提升研究"正在积极的研究之中。除此之外，我校坚持开展"小课题"研究，以课堂教学中的问题解决为出发点，以教学案例和教育随笔为表现形式，立足于教师自身的实际需要，立足于解决课堂教学中的问题和困惑，抓住"小而散"，求得"大而实"，积淀教师丰厚的课堂文化素养，增强教师的理论思辨和实践反思能力，着力提高课堂教学效率，促进教师专业化成长。通过课题研究与教学研究相结合、课题研究与自修反思相结合，以课题研究促进教学改革，助推自主生长。

（二）以课堂为生长点，深化研修内涵

课堂是教育教学的主渠道，也是教育研究场所与教师成长发展的场所。

1. "自主约课"，自我提升

我校首创的自主约课活动已经开展三年多，不仅可以发挥团队协作、资源共享的作用，重要的是激发了教师勤于学习、乐于研究、善于反思、敢于创新的意识。开学初，教导处对全体教师提出了"人人参与课堂，细节打磨活动"的要求，以"自主约课"的形式开展。每年的九月初，是新调进教师的约课时间，全体班子成员参加听评课活动，接着一线教师掀起了轰轰烈烈自主约课的热潮，"学校监控、研修组备案、月末检查"的管理运行机制仅仅是制度约束，潜心研修、自我提升已经成为教师的自觉行为。

2. 一人参赛，全员受益

以"一课多研"的形式打磨教学细节的研修活动在我校是风起云涌。近

年来，我校有多个学科参加镇、县、市级教学比赛，学校紧紧抓住机遇，以研修组为单位共同打磨这些学科，研修团队对这些课的"录、听、评、议、改"往往达10多次。在收获成功喜悦的同时，更是组内全体教师教学技能的又一次提升和展示。

3. 课堂回放，反思促行

俗话说"当局者迷，旁观者清"。为让老师做"明白人"，为真正达到课堂高效，也为每一位教师有一个审视自我的过程，我们每期为老师录下一节课，供自己反思比较，找出课堂中的薄弱环节，形成新的理念，改进课堂教学。

4. 敢于突破，挑战自我

多年来我们先后采取过上教师自主选题的课、上围绕课题研究的课，同年级教师上同一内容的课、同一教师上不同内容的课、同一教师一课多研等形式。我们还推出上大家都认定最难上的课型的教学活动，鼓励一批老师挑战自我，突破自我。通过这些课的研究、打磨，一批教学能手脱颖而出。

（三）以整体提升为宗旨，实现团队共赢

一花独放不是春，百花齐放春满园。教师专业素质提高是一个全员的工作，一项长期的工作，我们在培养学科研修领军人物的同时，更注重了教师团队整体素质的提升。随着"自修—反思"研修工作的深入开展，"博学之，勤教之，深研之"已成为全校教师共同追求的境界。在这种体系的浸润中，我们也逐渐培养了一支研究型的教师团队。

1. 研究型教师团队逐步形成

我校涌现出一批在省、市范围内有一定知名度的骨干教师、学科带头人。目前，我校有4名教师参加国家级培训，各级骨干教师18人，各级骨干班主任3人，近50人次在县级及以上上竞赛课、示范课、研究课，其中1人获"中国好课堂"数学优质课比赛一等奖。

2. 以校本研修为主导，教育科研成果显著

我校多项课题已经顺利结题，开发的校本课程被评为省级优秀校本课程。多位教师撰写的多篇论文反思、案例在各级刊物发表或获奖。

津洋口小学是一方广阔的天地、开放的平台，在这块沃土上，每位教师都在自修—反思式的校本研修中，追寻智慧与真情共生的专业成长！

（原载《成才》2015年第8期）

自修—反思式校本研修模式引领下
特色学校建设研究

湖北省武汉市洪山区卓刀泉小学　李运河　管　斌

楚才小学地处光谷腹地，位于洪山区与东湖开发区交界处，周边是进城务工人员集中居住地，流动花朵已成为教育主体，办学特色不明显。学校针对此实际情况，提出了"尊重教育"的办学理念，大力打造"尊重教育"品牌。为此，学校向湖北省教育科学规划办申报"尊重教育的实践研究"课题并获得了批准立项。其目的是通过课题研究进一步明确学校发展的方向和目标，形成学校的办学特色，把学校的办学质量和水平推上一个新台阶。但苦于没有"抓手"，课题一直没有启动。后来偶然了解了自主生长式教师专业发展理论，学校决定引进"自修—反思"校本研修模式的理论与方法来做"尊重教育的实践研究"课题。

一、我们的主要做法

1. 以尊重的理念为核心，设计研究手册

我们结合学校实际，精心设计了体现我校特色的《尊重教育的实践研究手册》，引导教师践行尊重理念，观察尊重现象，反思尊重行为，总结尊重经验。《报告册》开篇为"尊重教育的实践研究"开题报告精髓，添加了尊重教育子课题研究方案，充实了教师互动环节。通过这样的完善，我校的"自修—反思"校本研修的方向性更明确，操作性更明晰，更具特色，彰显了生机与活力，有效地践行了"人人享受教育"的理想。

2. 以尊重的问题为话题，确定目标

为突显尊重特色，解决有关问题，营造尊重氛围，我们着力引导教师以尊重为核心，确立自己研究的子课题，解决教育教学中的尊重问题。

（1）将"尊重"的疑惑，引入目标中。"自修—反思"校本研修模式的起点应该是教育教学问题。把这些问题作为自己的研究目标，通过自修、案例分析、行为反思、教师互动这一系列的研究活动，去解决问题，并去发现

新的问题。在实施"尊重教育"的过程中，老师们常常产生许多疑惑，例如：尊重学生如何把握批评的"度"？把课堂交给学生，我们应该做什么？面对蛮横无理的家长，我也应该尊重吗？如何营造充满活力的课堂？这些问题都来自教师在践行尊重理念时产生的困惑，把这些困惑作为目标，再进行实际问题的分析和研究，既巩固了理论知识，又解决了实际问题，起到了提高教师教学水平、教研能力的作用。

（2）将尊重课题的子课题，引入目标中。"自修—反思"校本研修与学校现有省级课题"尊重教育的实践研究"有机整合，二者融为一体。把研究的重心置于具体的教学情境之中，把具体教学情境之中的各类问题以一个小课题提出来，由学校总课题组传递，校本教研组放大，教师个人具体落实。（见右图）

例如：语文组根据学校总课题制定了构建尊重、高效的语文课堂子课题，低年级组老师根据这一子课题，确定了如何引导学生趣味识字的目标；中年级老师确定了如何引导学生趣味阅读的目标；高年级老师确定了如何提高学生习作兴趣的目标。这样，围绕课题确定目标更具实效性，深化教师专业化发展和学校发展的内涵，增强办学实力，提升办学品位。

3. 以尊重的故事为蓝本，撰写案例

"自修—反思"校本研修要求教师对照自选发展目标，采取积极的行动，在有了一定的感受和体验的基础上进行自我评价、自我总结，即写反思案例。我们要求教师根据自己选定的目标，从自己的实际教学工作中记录身边的故事、反思自己的教学行为，在一些细枝末节处不断积攒自己的概念和命题。课题实验经历了从一开始老师们被动式应付任务，到主动积极撰写，并逐步形成了善于思考、勤于笔耕的好习惯。一个个真实的教学故事，一篇篇感人的心得体会，一本本珍贵的反思记录，凝聚着老师们的汗水和心血，沉淀着老师们的思想和智慧。

郝仁红老师的案例——《宽容与尊重》，讲述了一个学生从"打架天才"转变为老师的小帮手的典型案例，告诉我们"要尽量多地要求一个人，也要尽可能地尊重一个人"的道理。

董幼明老师的案例——《尊重身边的人，换位思考》，用一个学生和老师之间的小故事告诉我们，尊重他人，首先要自重。

高凤香老师的案例——《教育——爱与尊重》，让我们感受到爱学生的最高境界，那就是用尊重的态度去宽容、去等待。

李崇老师的案例——《教育从尊重开始》，让我们学会了用尊重的眼光看待学生，看待他人。

邓春丽老师的案例——《尊重学生与教学生尊重他人》，以理性的思想，为我们讲述了尊重与宽容之间的微妙关系，表达了宽容不等于纵容的教育观点。

程孝容老师的案例——《尊重生活，快乐工作》，以感性的语言，与我们畅谈了生活中的尊重、工作中的快乐。

这些老师所讲的关于尊重的故事，以及教学中的典型案例，给所有老师带来启迪。

4. 以尊重的内涵为目标，促进互动

"自修—反思"式校本研修强调在教师自评自结的基础上，以合作学习小组为单位进行互评。教师互动重在信息交流、信息整合、信息收集、信息输导，达到优势互补、资源共享、相互促进、相互借鉴、共同提高的目的。我校从两个层面进行教师互动环节：

(1) 组内互动。"自修—反思"式校本研修模式采用反思、互评、研讨、交流、对话、分享等方式，教师在解决问题的对话和交流中，获得自己的认识、理解，形成自己的理论，从而实现新的专业成长。而备课组是学校教学管理、教师教学研究最基础的前沿组织，是促进教师专业发展、开展教学交流的重要平台，是年级组、教研组工作的最佳结合点，发挥着教学研究和培训的职能，也是教师专业化成长的重要途径。因此，我校把两者结合起来，通过备课组的活动为教师的互评、研讨、交流、对话提供平台和氛围，让教师们抒发自己的尊重感言，聆听他人的合理建议，实现了教育研讨和教师专业成长相结合的功能。

(2) 组际互动。"自修—反思"重要的环节就是同伴互助，通过教师互动进行相互学习与交流。学习他人新的教学收获，学习他人新的教学理念，学习他人新的教学策略，同时，也为同伴拨开云雾，指点迷津。在共同的交流学习中享受学习的快乐，享受成功的幸福。因此，我们扩大教师互动交流面，在全校设立"楚才畅坛"，营造"畅坛文化"。我们将"同伴互助"这一环节立体化，运用"楚才畅谈"的形式，互动交流，形成良好的文化氛围，夯实教师人文底蕴，展现我校"自修—反思"的特色。

5. 以尊重的对话为原则，展现导评

"自修—反思"校本研修强调校长或专家的导评，在开展导评时，要求校长履行对学习者学习效果的检测职能。通读、浏览教师自评自结与教师互评的材料，既是在为准确导评打下基础，同时又是在促进教师的自修和反思。因此校长在"自修—反思"研修模式实施过程中的导评，不应是冷冰冰的审视和裁判，而是热诚的关注和关怀；不应是指令性的要求，而是协商式的交流和沟通；也不应是魔鬼画符的诊断单，而应是促进提高的心灵桥，不断激励教师向更高一级的目标奋斗。结合我校的特点，校长导评具有如下特点：

（1）校长是受训者。校长是一个学校的组织者和管理者。在"自修—反思"研修模式的实施过程中，校长不仅是组织者、参与者，也是反思者，他也会对学校的办学思想、办学理念、奋斗目标、长远规划、短期目标的实现和学校可持续发展等问题进行反思。在反思中，无论是作为社会人，还是从校长职务要求来看，校长的水平都在不断提高，这样就增强了校长的核心领导作用。例如，我校校长坚持参加"自修—反思"校本研修，他与全体教师一起自修、一起反思，参与教师互动，这不仅提高了校长的领导行为，也极大地调动了教师的参与意识，促进了该课题研究的良性推进。

（2）校长是孵化器。作为"自修—反思"校本研修的组织者，校长还肩负着引领的职责，他必须成为中青年骨干教师成熟和发展的孵化器，不断营造良好的氛围，带领大家推进课题研究，落实办学思想。他要像培养优秀学生一样培养优秀教师，要让更多的教师深入到模式中来，使优秀教师走上前台，充分发挥榜样示范和引领作用。

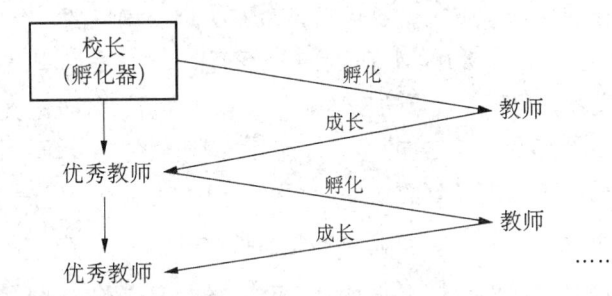

```
校长          孵化
(孵化器) ─────────→ 教师
    │     成长
    ↓
优秀教师 ─────────→ 教师
          孵化
          成长
优秀教师                ……
```

例如我校在开展"楚才畅坛"活动时，教师们"滔滔宣讲尊重心得，娓娓畅谈研究感受"后，校长都要参与畅坛，以睿智的语言启迪老师们的智慧，以饱满的激情鼓舞老师们的斗志，以赞赏的笑容给予老师们的热情。校长的引领有利推进校本研修，使之更加立足于实际，立足于学科，立足于日常。

二、实施的效果——闪烁尊重的光芒

1. 构建了尊重校园文化内涵，夯实了人文底蕴

在体现"尊重"特色的"自修—反思"校本研修中，教师作为主体，自身的研究、同伴的交流、教学思想的形成，都是教师自我价值的体现，使得教师有思想、有激情，自身被学校尊重、被同伴尊重、被自己尊重，真正体

现了"人人享受教育"的理想。"自修—反思"校本研修除了个体的研究行为外,合作是不可或缺的方式,在实现自我价值的基础上,教师更愿意与同伴交流,参与到备课组的活动中,学校形成了良好的教研氛围。在这种氛围中,尊重的思想得以升华,尊重的行为得以践行,尊重的个体得以彰显。校园处在"尊重和美"的气氛中,人人享受着教育的幸福。这些工作都使课题研究落到了实处,为课题结题做了很厚实的准备工作。

2. 促进了备课组建设,成就了一批教师

教师互动是"自修—反思"校本研修的重要环节。首先,在互动中,备课组的目标更明确,活动更落实,教师参与性更高,有力促进了备课组的建设。我校体育组被评为武汉市优秀备课组,语文组、数学组均被评为洪山区优秀备课组。其次,培训主体是全体教师,广大教师真正学有所得,学以致用。教师的教育理念也发生了深刻变化,终身教育理念已经初步形成,他们深切地认识到,终身教育不仅是教育改革与发展的需要,也是自身发展、自身生存的需要,教师的教学能力得到显著提高。我校体育老师邓春丽执教的体育课《并脚跳短绳》获教育部录像课二等奖、十四城市研讨课一等奖、十四城市展示课一等奖;余亚萍老师的《人物剪纸》获武汉市劳动竞赛课一等奖;李春林老师执教的队会《让我们微笑吧》就是以尊重教育为理念构思的,获区比赛一等奖,并在区展示。此外,教师的科研意识、科研能力有了显著提高。广大教师结合教育教学实践,撰写了大量的教学随感、案例分析、科研论文。《尊重点燃学生学习生活的热情》《心灵的碰撞才能开放和谐之花》《尊重让课堂充满活力》这一篇篇闪现尊重光辉的文章,不正展现了教师教育生命的绽放吗?

3. 提升了学校科研水平,提高了办学品位

学校以"自修—反思"校本研修为抓手,努力把校本培训与学校的办学理念、"尊重教育的实践研究"课题整合起来,把广大教师的思想和行动统一到课题研究目标上来,把智慧和力量凝聚到课题研究任务上来,学会了做课题。目前已经形成了"学校有课题、人人都参与"的局面。学校统筹各方面的力量,深化课题研究,基本形成了"尊重"品牌,提升了学校的办学品位,提高了家长的认可度。

古人云:"独乐乐,与人乐乐,孰乐?不若与人。与少乐乐,与众乐乐,孰乐?不若与众。""自修—反思"校本研修旨在自修中生长,在反思中研究,在互动中成长。愿我们借助这个模式,借助这个平台,同修、同思、同乐,共同享受教育的快乐与幸福。

(原载《成才》2017年第10期)

自主生长式校本研修制度建设探索

湖北省武汉市光谷第九小学　张　茜

武汉市光谷第九小学开展的"自主生长式教师专业发展校本研修制度建设研究"课题，在湖北第二师范学院潘海燕教授的"自主生长式教师专业发展理论"指导下，旨在通过我校自主生长式校本研修制度建设，让自主生长式教师专业发展理论深入每位教师的日常教育教学工作中，激发每位教师教育潜能，促其专业发展。从2016年开题至今，课题研究取得了初步进展，学校形成了以制度为保障，课题为引领，活动为载体，发展为目标的教师自主生长式发展格局。

一、校本研修管理制度让校本研修活动有章可循

学校在自主生长式教师专业发展校本研修制度建设中，引进了最能体现自主生长式教师专业发展理论的"自修—反思"式校本研修模式，学校根据其基本主张，即要求教师在日常的教学活动中，对自己的行为、决策以及由此产生的结果进行审视和分析，主动地获取知识、应用知识、解决教师实际问题，通过提高教师的自我觉察水平，让教师把听到的做出来，把做到的写出来，初步培养教师积累事例经验的习惯，建立起了一整套规范化、系统化的操作体系，即自定目标—案例反思—同伴互助—专业导评—成果整理，让"自修—反思"式校本研修模式在学校落地生根。

实践表明，教师的培养和成长，教师的参与和创新，教师的才能得到充分发挥、人性得到完善发展，都需要校长带领全校教师共同参与，激发教师的主人翁意识和工作责任感，埋下教师自主生长的种子。为此，学校制定的《武汉市光谷第九小学校本研修管理制度》，从学校发展的总目标上提出，校长作为第一责任人，要随时参与到各级各类校本研修中，参与到各种活动中，发现、鼓励、欣赏、肯定每一位老师的进步，指导、督促每一次活动。

在实施"自修—反思"式校本研修模式过程中，学校最开始实行的是周反思。在发放教师问卷调查后，有教师建议能否将周反思改为半月反思，比如有的教师在思考一个问题的时候，往往在周反思中没有很好的思考，也没

有很多时间去尝试；还有的教师在开始完成反思的时候，往往找不到问题点、思考点，因此，反思基本上是"×××反思"。根据教师们问卷提出的意见，学校在原反思制度的基础上，结合"自修—反思"式校本研修模式实施的实际经验，制定出《武汉市光谷第九小学教师自主生长专业发展反思制度》。

采取半月反思制，虽然时间多了，但对反思的要求更高了。在组内活动和学校培训相结合的学习下，教师们逐渐从每天的教育教学工作中，发现了需要深入思考的问题或现象，如宋老师在上一年级的语文课时，为了让孩子们在识字教学中感受到童趣，将故事融入整节课，《讲好故事上好课》是她对《九色鹿》执教后的反思；朱老师针对学生订正不及时、容易反复订正的现象，让学生也开展错题反思，写了《在反思中订正，在订正中提高》；马老师的英语课活泼生动，寓教于乐，但如何提高学生活动的有效性呢？马老师展开教学实践，并积极总结反思，《浅论小学英语课上学生活动的有效性》应运而生。

当学校把老师们写的反思编印成册，发到老师们手上时，老师们不仅仅看到了自己的自修反思文章印成了铅字，还阅读了其他老师的文章，对比自己的经验学习其他老师的做法，思考整合出此类问题的类经验。为了让老师们的思考更加有深度，学校在2017年下半年又提出建立每月教师"互动"一次的制度。

二、"五级台阶成长"制度为教师成长提供方位

我校是开发区一所年轻的学校，学校教师平均年龄33岁，每年新进教师多达一二十人，教师的成长是我校亟须解决的问题。如何激活老师的内在动能，唤醒自我成长的力量呢？我校针对全体教师现状，制定《武汉市光谷第九小学自主生长式教师五级台阶成长制度》，教师们根据自己实际教学能力进行自我分析和评估，知道"我是谁？我现在是什么状态？我希望的是什么状态？我该如何发展？"确定教师成长"五级台阶"，分别是模仿型教师（五年内教龄教师）、成长型教师（五到十年教龄教师）、成熟型教师（十到十五年教龄教师）、能手型教师（十五到二十年教龄教师）、研究型教师（二十年以上教龄教师）。教师根据自己的实际情况，制定三年发展规划，学校要求教师在规划中对自己的发展目标描述清晰、准确，发展愿景表达简洁明了，自己在发展中希望学校给予怎样的支持和帮助。教师们首先自身有发展的愿望，也就有了成长的动力；其次，学校整合教师们自主生长的方向和意愿，有针对性地提供必要的帮助，使教师发展有目标，实现有途径。

教师明确自己的成长台阶后，如何将自己的成长与工作相结合呢？学校

组织年级组长、教研组长开展座谈，听取了老师们的意见，将教师成长与日常的教育教学相结合，让老师们在教研活动中发展，在组内研讨中成长。学校制定出《武汉市光谷第九小学年级组、教研组双向校本研修制度》，将学校的学科活动分解到教研组，学校的其他活动分解到年级组，使组内管理更有序，教师们更加明确自己需要解决的问题可以在年级组、教研组内得到相应的解决。每个年级组、教研组都有各个台阶的教师，如中数组在筹备一次展示课过程中，并没有将任务直接分配给某一位教师，而是召集组内所有的教师都参与教研活动，共同确定课题，解读教材，分析教学目标如何达成，教学过程如何层次清晰，每一个环节需要解决什么问题，充分预设学生课堂反应情况。这些经历是需要有着多年教龄的成熟型教师以及能手型教师才能充分考虑，组内的新教师在活动中亲身体验如何备好一节课，对他们的成长有着很好的促进作用。我校实行的研训结合、教学实践、反思提炼、风格打造，将培训和教研相结合，渗透到日常的年级组、教研组活动开展中，老师们将所获运用到自己的教学实践中，感悟呈现出的效果，分析成败原因，找到自己反思的问题点，深入思考，提炼出解决办法，最终使教师形成自己的教学风格。

为加快青年教师成长，建设可持续发展的教师梯队，学校立足青蓝工程，建立师徒帮扶制度，让市优青、区学带、校骨干等工作经验丰富、业务能力突出的老师成为"师傅"。学校不仅要求师傅对青年教师在班级管理、课堂教学、课题研究、论文撰写等方面进行扎实有效的传帮带，同时，更加注重对徒弟的自主能力的培养，力求徒弟对自我成长能有正确认知，并能根据这个认知确定成长目标，向着该目标持续努力。学校还制定了青年成长中心培养制度，学校根据现状，成立三个青年成长中心（语文、数学、班主任），在导师的引领下，将日常活动、研训课程、课题研究融为一体。不求面面俱到，只求小而实在、真正有效。在青年成长中心里，不仅年轻老师得到了培养，导师也在一次次培训中，总结自己的教学经验，提炼自己的教学主张，思考自己的教学方向，达到了青年教师与导师共成长的目标。

为了更好地提升教师的专业发展，学校除了充分利用本校的优秀教师资源，还聘请武汉市语文、数学特级教师每周来校指导，对语文、数学老师开展为期一天的集中培训。老师们通过听课议课、集中报告、集体备课、专题教研等活动，将日常教学中遇到的困惑、难处在此畅所欲言。活动中特级教师充分鼓励老师们多开口、多发言，把自己想到的说出来，营造了学术研讨的良好氛围。一次次的听课议课，一次次的表达教学观点，教师们的课堂发生了静悄悄的变化。此外，学校还经常邀请外聘专家小组的各位专家以及国家、省、市知名教育专家来校做辅导报告，最大限度地利用专家资源，打开教师视野，解放教师心灵。同时，学校还把老师"送出去"，有计划地分批组织教师到杭州、南京、北京等地参加国家级培训，接受高层次、全方位的系统培训。

学校充分为青年教师搭建学习成长平台，与湖北第二师范学院刘晶晶博士团队合作，探究职前职后教师发展的路径，以新入职的教师如何从模仿型教师这一台阶发展到成长型教师为切入口，通过这个路径的探寻，让老师在发展上有了初步的规划，知道自己现阶段该做什么、可以做什么，而不是一味地当"学生"，从而在教师成长的第一台阶也有成长的目标。我校2017年新入职的杨老师，通过参与"同课异构"活动，采取独立备课—组内交流—汇报说课—展示上课—同伴评议的方式，经历了一次教学研究过程，对杨老师本人来说，无疑是一次专业成长的指导和提高，对其他参与老师来说，也是一次获益匪浅的培训。通过这样的活动开展，新入职的老师明确成长方向，有了发展的动力，为激活教师自主生长提供了良好的沃土。后阶段，学校也将研究教师各台阶成长路径，为不同台阶的老师提供更加有操作性的成长模式。

正是在这样的学习制度下，教师们的教育理念得到了及时更新，观念在转变，认识在深入，成长在继续。

三、有效评价制度关注教师发展程度

校本研修是以工作岗位为课堂、以教师在教育教学中涌现的问题为研究对象、以改善教师的教育教学行为为目标，集教师学习、工作、研究三位一体的运作体系和制度体系，它的终极目标是促进教师的专业发展，打造学校的日常研究生活，使学校成为研究性学习型组织。校本研修的质量与成效如何，教师是否在其中得到了发展与成长，取决于学校检查督导与反馈评价工作开展得是否科学合理。

为此，学校制定了《武汉市光谷第九小学校本研修评价激励制度》，确定学校层面调控、部门具体检查、年级组和教研组辅助督导的三级管理制度。如学校狠抓教研组集体备课质量，由课程管理中心检查记录，及时反馈教师在集体备课中出现的问题，同时检查督导，将结果与教师的评价挂钩，借此提高教师认真参与校本研修的积极性。校本研修的评价主要包括两类：一是对学校和部门组织的校本研修工作所做的综合性评价；二是对教师所做的发展性学业评价。评价的核心是对校本研修有效性所进行的评估和考量。通过评估可以比较辨别出学校在校本研修组织层面的优点和不足，看出实际的研修效果，更好地引导教师自主成长。

（原载《成才》2018年第5期）

让自主生长成为教师专业发展的常态
——一次校本研修活动引发的思考

湖北省武汉市青山区钢花小学　李井年

一、案例回放

那是一个冬日的下午，因教导主任外出开会，她分管包干的三年级语文集体备课，需要让我临时参与。学校正在开展"四段"研讨，根据各个教研组申报的安排，需要在选定授课内容后，进行第一阶段的集体备课，同时抽签决定授课教师，我准备了纸签来到三年级办公室。

来到办公室，教研组的五位老师都在，但因后面的一节课调课有困难，老师们难以集中研讨，李老师提出下班后再来进行集体备课，可以先抽签确定授课人员，教研组长胡老师自告奋勇地说："这个课我来上吧！"不愧是"党代表"，做事情就是积极主动。我说："前面几个教研组，都是按照要求和程序操作的，今后学校都会采取这个方法开展研讨，还是抽签决定人选比较合适。"于是，大家聚了过来，抽签结果却颇具戏剧性，最后抽签的胡老师还是成就了她的"夙愿"。

下班后，做完清校检查，已经 5:40 了。时值隆冬，天色渐黑，我再次来到三年级办公室，发现五位老师正围坐在电脑边研讨和修改每个教学环节，为这节课的"精彩呈现"出谋献策。我仔细聆听着，并提出了自己的一些看法，不知不觉中，又过了半个多小时，看着他们还意犹未尽，我不便打断，只得小声问李老师："不早了，你们还要多长时间？"她说："还有几个地方要斟酌，估计还得一会儿。"我跟几位老师说："大家抓紧时间，早点搞完早回家吧！"老师们应和了一声，就继续开始讨论起来。

走出办公楼，一阵寒风迎面袭来，室外已是灯火阑珊。回想刚才办公室里的那一幕，不禁让人感受到浓浓的暖意，有这样一个充满激情的教师团队，我们的发展之路一定会越走越宽广。

作为市高效课堂建设样本校，钢花小学尝试通过年组互动研讨课，增强教研组内部管理和活力，推进集体备课研讨的有效开展，构建"体验教学模式",在学校研讨展示环节中,学校的骨干教师、青年教师纷纷被教研组"力推"出阵,较好地展现了个人的教学魅力。但也有部分教师,只忙碌于自己的"三分责任田",不主动参与各项研讨活动,更不愿在学校或上一层面展现自身课堂教学,久而久之,变成了"啃老族",教学水平和质量难有起色。于是,学校采取了"四段"研讨教研模式,逐月安排各教研组开展研讨课。围绕模式的构建,教师们在搜集资料、自我思考初备、集体备课研讨的基础上,抽签确定授课教师,授课后同教研组教师说课、评课,让每位教师均有锻炼和展示的机会。

二、我的思考

当踏进校园,孩子们清脆的问好无法舒展你的双眉;当走进教室,同学们琅琅的书声已难以激起你心灵的共鸣;当端坐于办公桌前,对于学校委派的任务消极参与;当我们的课堂不再饱含激情……我们的年轻心态正在退潮,也一定染上了"职业倦怠症"。在当今社会背景下,教师的职业倦怠,是一个不可回避的话题。如何给教师"解困",让他们在每一个平凡的一天,焕发出青春与活力,自主生长,体验职业的幸福,是我们管理者必须思考和改进的话题。

教师的专业化发展是理想与现实、理论与实践转化的过程,需要有效化解职业倦怠,转变教育观念和行为。管理者,应该努力调动教师们的内在需求,把学习、研究、行动、思考、总结融为一体,促进教师主动的、持续性的发展,提高教师的专业水平。

钢花小学遵循"以人为本"的理念,于2003年开始探索实施"体验式校本培训",即基于教师的需求,以教学实际为立足点,教师通过教学实践和学习获得初步体验,然后在培训组织者的指导下,通过参与式合作活动,与其他教师共同交流、分享个人体验并提升认识。2008年开始,学校以潘海燕教师提出的"自修—反思式校本研修模式"为形式,通过教师们自我反思、发现问题,利用自修自研、同伴互助、专业引领等途径,形成解决问题策略,并在教育教学实践中改进提升。

三、在实施过程中,我校采取以下举措

(一)自我诊断,查漏纠偏"谋问题"

自我反思是使教师时刻处于良性发展状态的基本行为,需要通过学习来实现。学校采取推荐书目、集中学习、撰写心得等形式,组织教师学习新课

标，了解有关高效课堂评价标准，使教师提高认知水平，并不断地反思和超越。

学校定期组织教师对照高效课堂评价标准，进行自我分析和诊断，反思自己的教学行为，进行教学情况自查，对个人课堂现状进行全面分析和反思，总结自己成功的经验，查找教学中存在的问题，剖析课堂教学中存在的低效行为，如教学目标不明确、学情把握不到位、教学语言琐碎、问题指向不明、体验探究活动效度低、学生参与不积极、小组合作形式化、评价方式单一、教学节奏松散等问题，学校在整理罗列后，形成课堂低效问题单，并逐一予以归因分析，提出切实可行的改进措施，明确教师个人及备课组年度的研修方向。

（二）专题研究，以小见大"接地气"

教学即研究，问题即课题，教科研要摆脱理论与实践脱节的供需矛盾，应做到"虚"与"实"相结合。教学过程就是研究过程，教学成果就是研究成果，真正实现从实践中来、到实践中去，解决教学中的实际问题。

学校以"自修—反思"研修模式，将教师的教学研究和日常教学实践有机联系，采取小专题行动研究方式，从课堂教学的基本要素出发，研修专题定位于"小"而"专"，内容选择系列化、专题化。如数学学科"提高学生计算的准确性"，语文学科"白板技术在作文讲评中的应用"，英语学科"提高学生英语阅读能力"等课题，采取个人或教研组立项的形式，让教师研修活动聚焦于课堂教学及课后反思，聚焦于对学生学习能力培养的分析，在自身的教育教学行为之中，对存在的问题和困惑进行研究，增强自己的行为智慧。教研组或学校对小专题的研究情况随时跟进指导，每学期进行一次小专题成果交流活动，让大家集思广益，共享经验。

（三）四段研讨，互帮互学"聚人气"

为提升教师课堂教学水平，加强教研组集体备课的针对性，每学期初，学校教导处根据学科的特点，选择不同的课型，由教研组申报研讨内容，采取"个人初备—集中研讨—抽签授课—听评反思"四段形式，逐月安排教研组开展研讨课。教师们围绕高效课堂模式建模、研模，在搜集资料、自我思考初备、集体备课研讨的基础上，随机抽签确定授课教师；授课后同教研组教师说课、评课，并结合高效课堂评价表，边听课，边分析，从单位时间内教学活动、教学目标达成度、学生参与面及状态、练习的有效性、评价方式等方面，综合评判课堂教学；授课教师及时调整后，进行再次实践。学校确保教师们在一个学年中均有一至两次校内交流展示的机会。通过一个完整的研讨、授课、听评过程，教师们撰写教学案例素材更为翔实，内容也更有操作性和理论性。

习惯成自然。四段研讨形式在实施初期采取了自上而下的形式推进，或许有些"强制性"，但通过这个平台，教师们在研修过程中，获取了集体的智慧。感受了课堂主阵地的成果后，就成为教师们的"内需"，促使他们化被动为主动，乐于参与到这种研修过程中。大家在这种"众人拾柴火焰高"的积极氛围中，有效提升了课堂教学能力。

（四）提炼策略，转化成果"取真经"

活动、体验、感悟是教师自主成长的三个核心要素。在高效课堂建设全面推进，尤其是在教育云、微课等信息技术与学科深度融合的背景下，教学方法和手段变革，使得一些教师难以适从。如何实现教师们从"座上客"到"实践者"？必须以点带面、提炼策略、积蓄能量。

学校把研究与实践紧密地结合起来，每节常规课课后，教师们都会及时撰写课后反思。反思内容不求面面俱到，但要有侧重，总结得失、发现问题、探寻方法；每次教学研究都以"五个一"的形式来落实，即一份教学设计、一节课堂实录、一份教学案例及反思、一个多媒体课件、一个互动点评，通过教研QQ群，及时参与评课反思，并上传资料。通过理论学习、专题研究、课例呈现、交流反思等方式，学校已经初步构建了体验式"五步"教学高效课堂模式，并总结出"自学—引导""问题—解决""情景—体验"等教学策略。这种研修一旦成为工作常态和工作方式，教师们就能走上更高层面，对教育教学从感性认识升华为理性认识，使教师的教学行为发生根本性变革。

专业化自主生长式发展，教师们并不缺乏激情，缺少的是"不待扬鞭自奋蹄"的氛围和机制，缺少的是实现愿景的助推剂。其实，每位教师都有一双隐形的翅膀，只要有自主生长的动力，就会在专业素养及能力上得到发展和提升，为其后续发展提供不竭动力。

（原载《成才》2016年第2期）

中篇二
自主生长课堂课例研修模式实施案例

以课题研究为载体，提高教师的科研素质
——自修—反思式校本研修模式在我校的运用

湖北省武汉市东西湖区吴家山第一小学　张家斌

一、自修—反思式校本研修模式的主要思想

自修—反思式校本研修模式是指在校本管理原则下，在校长及培训者的指导下，以教师的自主学习、合作学习为主，以教师自己的教育教学活动过程为思考对象，对自己的行为、决策以及由此产生的结果进行审视和分析，用教育科学研究的方式，主动地获取基础知识、应用知识，解决教师实际问题，通过提高教师的自我觉察水平来促进综合能力发展。此外，通过把教师的工作场所变成教师的学习场所、成长场所，达到改变教师的学习方式、工作方式、研究方式、发展方式，让教师生长自己的教育思想的目标。

自修—反思式校本研修的主要方法就是行动研究。行动研究旨在提高教师的实践智慧、自我反思意识和调节行动能力，并以解决问题、取得成效为最终目标，也就是它重在改变和生成，而不是说明。

二、学校的主要做法

2003年11月，我们参与了潘海燕教授主持的自修—反思式校本研修模式实验研究工作。根据总课题的设计，我们尝试开展了用自修—反思式校本研修模式提高教师科研素质的系列实验活动。

我们学校是一所有着四十多年历史的老校，位于吴家山中心地带，办学历史较长，文化积淀较深。通过多年的努力，学校办学水平及教师队伍建设都取得了一定的成绩，是一所基础相对较好的学校。我们从本校环境、条件、教师的素质等实际出发，从本校在省、市或区所处的位置出发，在潘海燕教授的指导下，认真学习，仔细研究，创造性地运用"自修—反思"式校本研修模式，找出一条适合自己学校发展的道路、适合自己学校的校本研修模式，办出自己的特色和风格，树立自己的形象。

学校历来十分重视教科研工作，在参与潘教授的自修—反思式校本研修

模式实验研究课题研究之前，学校已申报武汉市教育学会课题"课程与课堂教学参与性研究"、武汉市素质教育专项课题"利用社区资源，提高科学素质"、武汉市教育"十五"规划重点课题"小学生素质发展性评价研究"等，同时部分教师还有市、区个人课题、微型课题。结合学校现状，在潘教授的指导下，我们明确了"借课题做课题"的研究思路，即以学校及个人课题为载体，以"自修—反思"式校本研修模式的理论作技术支撑，在做课题过程中提高教师科研素质。

我们首先树立"教而不研则浅，研而不教则虚"的观念，在开展教育教学研究活动中，把教师的培训内容与教研教改有机地结合起来，以研促学，研学互助，解决研非所学、学非所研的实际问题。鼓励教师结合自己在实践中的具体情况运用理论知识做出多角度、多层次的分析，提出改进和提高的方案，总结研究成果。

1. 教师自选个人课题

教师根据自己的发展水平，确定不同目标（个人课题）。一方面，学校鼓励教师根据个人特点及所长，选择参与学校课题研究。人人有课题，个个做研究。如在"课程与课堂教学参与性研究"课题实施中，除课题组成员外，我们还提出了"四个100%"的研究策略：100%的教师参与各学科课堂教学评价标准的制定；100%的教师根据学科标准撰写课堂教学设计；100%的教师撰写教学反思；100%的教师根据评价标准撰写教学评议，达到全员参与研究的目的。另一方面，学校专门为教师设校级"个人课题"。

2. 案例撰写

教师根据个人自选"小课题"，积极尝试，进行实证研究，在学校真实的环境中开展教育科研，如学会选题、设计研究方案、撰写教学个案、开展调查研究、行动研究等。有了一定的感受后，撰写"课题故事"（案例）。根据课题特点及需要，结合专家建议，学习、掌握相关现代教育理念，指导课题研究，提高自身素质，促进学校学习型组织的建设。

3. 教师互动

研究前交流、研究中碰撞、研究后小结，重在信息交流与整合，博采众长，补己之短。通过这种形式，建立起教师合作机制。除教研组、备课组这些传统平台外，从2003年开始，学校开设了"教科研沙龙"，这是专为教师们科研活动搭设的交流平台，教师在这里开展跨学科、跨年级、跨课题的交流与研讨，目前已开展若干次。

4. 校长与专家导评

校长组织导评小组对教师是否达到阶段发展目标给予评定，为教师个人发展指方向。校长在导评过程中也在不断地吸收教师中精粹的教育思想，整合教师资源，收集教师信息，以教师的发展来推动学校的发展，把教师的发展与学校的发展统一起来，努力使学校成为教师终身学习的场所和专业成长的摇篮。学校组织各级专家对自评、互评、导评工作进行指导，从专家的角度对教师的目标制定、学习过程、研究成果做出审核、认定、评价、指导，使教师的学习能力、专业能力、理论水平、自我认识和自我觉察水平得到提高。

5. 成果整理

根据不同课题研究内容及不同阶段重点，征集并整理教师课例、案例、反思、论文，推介在省、市、区、校刊物发表并汇编成册，使教师获得自信、感受成功。（数据：《校园采风》《东西湖教育》《成才》《湖北教育》《教师继续教育》等刊物）

三、具体案例

以"课程与课堂教学参与性研究"课题的研究过程为例：

1. 理论先导，转变观念

有什么样的教育思想，就会有什么样的课堂教学评价观；有什么样的课堂教学评价观，就会有什么样的教学行为。为此，我们在构建新的课堂教学评价标准之前，以学习来提高，以交流来巩固，通过大量的、多形式的学习转变思想观念。例如学习了《走进新课程》《新课程中教师行为的变化》《新课程与评价改革》各学科新课程标准；还有小学生心理学以及部分教育报纸杂志上的相关文章；邀请肖川博士等知名专家学者举办专题讲座；参加各级各类新课改的通识性培训；召开校内专题研讨会，交流心得，写阅读札记等，为教师们下一步参与课堂教学评价标准的拟定，扫清思想障碍、奠定理论基础。

2. 集体讨论，拟定初稿

在理论学习（尤其是听了一些专家的报告）后，大家也激动了一阵，但还是感到无从下手、无法操作。于是我们组织教师广泛地开展听、评一节课的活动。现场听课，观看一些课堂教学实录，运用前期掌握的一些理论，思考一些问题，如现行评课标准与你理解的新课程的要求有哪些不同？同一节课中的同一事实，不同的人评价意见为什么不一致？为实施新课程，课堂教学评价标准应做哪些调整？使教师进入"行为问题化"的状况，并定期组织交流。对新的课堂教学评价标准的制定，我们坚持采取自下而上的归纳实证，全员参与，形成草案后，努力实现问题课题化。再结合专家意见集体修改，自上而下地演绎。我们认为这样形成的课堂教学评价标准易于被教师接受，并能够转化为教师内在的指导性评价标准。

通过一段时间的听、评、交流，教师们对旧的课堂教学评价标准的弊端有了充分的认识，对新标准的制订形成了一些理性思考，并逐步达成共识。我们就通过多种形式引导教师带着这些问题参与课题的研究，积极尝试，有教师认为：关注学生在课堂教学中的表现应成为课堂教学评价的主要内容，包括学生在课堂上师生互动、自主探究、合作学习中的行为表现、参与热情、情感体验和探究、思考的过程等等，即关注学生的学习状态。通过了解学生在课堂上是如何讨论、如何交流、如何合作、如何思考、如何获取新知及其过程等学生的行为表现，评价课堂教学的成败。关注教师的行为，也是关注教师如何促进学生的学习；关注教师如何组织并促进学生的讨论；教师如何评价和激励学生的学习、热情和探究的兴趣等，以此来评价教师的课堂行为表现对学生的"学"的价值。后来我们明确提出了"以学论教、教为了促进学"的口号。

在此基础上，我们通过"教科研沙龙"、教研组研讨等形式，依据基本理念和上述认识，初步拟定了课堂教学评价标准草案。

3. 实践验证，反复修改

为了逐步完善课堂教学评价标准，并充分发挥其功能，学校采取措施，组织教师学习、使用，发现问题，及时修改，逐步完善。

注重"还"字，把课堂还给学生。让课堂焕发生命活力。草案出台后，全面开展了一次"授—说—评"的教学研讨活动。在课堂教学实践中检验新标准的科学性与可操作性，在研讨中不断完善评课标准。老师们在课堂教学中注重了"五还"，即还"时间"（每节课有充足的时间让学生主动学习，要为学生的知识建构提供充足的时间保障）；还"空间"（教师要为学生的知识建构提供空间上的便利，允许学生自由地选择学习伙伴及根据需要变动位置）；还"工具"（教会学生学习的方法）；还"提问权"（让学生在预习、独立思考的基础上提出自己想问的各种问题）；还"评价权"（包括自评和他评，发表感受等）。"五还"对解放学生、活跃课堂起到了推动作用，学生的学习积极性、对课堂的情感态度发生了积极的变化。面对"活"起来的课堂，教师们又产生许多新的问题和困惑，如面对学生提出的各种问题和意见，教师该怎么办？时间还给了学生，教学进度完不成怎么办？如何使课堂既"热闹"又"有序"？等等。问题的提出，反映了教师们在积极地感受和思考改变了的课堂，这是十分可喜的，但是不及时解决或处理不当，教师的积极性会受影响，甚至可能重回过去的老路，这就提出一个我们怎样帮助教师的问题。

注重"思"字，努力培养"专家型"教师。针对前期出现的问题，为进一步坚定改革的信念，鼓励教师做"研究型"教师，学校在继续加强理论学习和课堂实践的同时，于今年初，组织教师对课堂教学评价标准又一次进行了修订。根据学校课堂教学评价标准，于今年暑期对课前教学设计进行了研究。写好教学设计，是一堂好课诞生的前提。过去教师备课往往"只见教材不见学生"，"以学论教"的课堂教学评价理念要求教师更多地关注学生，在教学设计中要体现设计理念，对学情的预测和分析，对学生学习活动形式的设计，并要有课后的反思。由此，我们推出了由教师们集体参与制订的《吴家山第一小学课堂教学设计手册》。"反思"是研究型教师的最重要的特征之一，我们要求教师加强课后反思研究，结合自己在教学中的真实体验写反思，通过不断捕捉、判断和重组课堂教学中的从学生那里涌现出来的各种各样的信息，推进教学过程在具体情境中的动态生成，积极使用学校的课堂教学评价标准听评课，使教师每天进行的教学实践都成为研究性的改革实践。

回顾评价标准制定的过程，也许我们最大的收获，并不仅是课堂教学评价标准的形成，也不仅是课堂教学设计手册的制定，整个过程应该说同时也是一个校本培训、校本教研的过程，促进教师发展的过程。在研制的过程中，我们的教师与专家对话、与文本对话，在实践中反思，在反思中生成，在合作中学会合作，在积累中进步，教师的专业素养、理论水平、研究的能力有了一定的提高，教学行为、教学方式发生着可喜的变化，教师们感受到自己作为研究者、创造者的尊严与快乐。

四、收获与体会

通过近两年的实践，我校大多数教师在培训中掌握了科研方法，并能生动自如地运用到教学中，既提高工作业绩，又提高自身素养，一批科研型教师成为学校的宝贵财富。教师自主学习能力增强了，反思习惯形成了，教师合作机制建立起来了，学习型组织的水准提升了，人力资源激活了；教师会说了，会写了，精神面貌改变了，行为习惯改变了，促进了新课程的实施，促进了学生的发展，促进了教学质量的提高。因此，我校实施自修—反思式校本研修模式的过程，实际上也是促进学校校本研修制度建立的过程。

（原载《成才》2015年第11期）

提升自我经验的敏感性：中小学教师科研成长第一步

湖北省孝感市玉泉小学　周爱华

以前，我总觉得写论文是一件十分难的事情。每次要写论文了，我总是翻阅大量的书籍，试图从中找一些新鲜的名词，把它们重新排列组合，然后找几个教学中的例子补充进去就大功告成了。但写完之后一片迷茫，这样做到底为什么？对自己的教学有利吗？对自己的成长有利吗？我不禁汗颜……

自从参加了潘海燕教授指导下的"自主生长式教师专业发展理论与实践研究"实验工作以后，我就努力让我的课堂教学往"自主生长课堂"上靠，即在充分发挥学生主体作用的前提下，让教师在课堂上充分应用自己已有的教育思想，并生成新的教育思想。我每天以自己的教育教学活动为思考对象，对自己所做出的行为、决策及由此所产生的结果进行审视和分析，把自己在教育教学实际工作中的所思、所想、所做、所得等看起来是点滴的、零散的东西，凭借自己的认识与经验，自我整合起来。于是，在平时的教学中，我不再把上课当成一种负担，而是把它当成一项课题去研究，去思考，去探索。慢慢地，我浮躁的心平静下来了。

一次在教学三年级语文课文《荷花》时，为了使荷花这一表象在学生头脑中建立起来，我播放了一段悠扬的古筝乐曲，让学生闭上眼睛，随着音乐去自由畅想。乐曲听完，学生已完全沉醉其中。一学生说："我看见了荷花在绿圆盘中冒出来，炫耀着自己的美姿呢！"一学生说："我仿佛就是一朵荷花，与满池的荷花一起翩翩起舞，散发出迷人的清香。"一学生说："这美妙的音乐让我陶醉，我想说，此曲只应天上有，人间哪得几回闻？"这下激起了千层浪，又有学生说："老师，我想到另外一句诗：接天莲叶无穷碧，映日荷花别样红。"还有一学生说："我也想说一句诗：欲把荷花比西子，淡妆浓抹总相宜。"……我不禁被学生精彩的发言震惊了。课后，我进行了认真的反思，是什么让学生的思维如此活跃呢？带着这个疑惑，我翻阅了一些教育理论书籍。苏霍姆林斯基说过："美与活生生的思维，如同太阳与花儿一样，要有机地联系在一起。"李吉林老师也说过："在孩子的眼里，山啊，水啊，星星月亮啊，都是活的，会跑也会飞，会说也会唱。"而音乐是一种抒情功能极强的艺术形式，它像文学一样，也有自己丰富的语言、鲜明的形象、广远的意境。在语文教学中，选取与教材语言具有一致情感相似性的音乐，把音乐与文学两者结合起来，作用于学生的听觉和视觉，以引起学生的想象。凭借音乐的形象和语言，学生可产生情感体验，激起类似的想象和联想，心驰而神往之。噢！这难道不是音乐激发了学生的想象，想象又赋予了学生灵性吗？

我想，如果能在语文课上给学生插上想象的翅膀，让他们自由地徜徉在语文的海洋中，以情悟情，以心契心，在他们进入无我之境后，去拨动学生情感之弦，那么必将使之与作者、文本产生情感的共鸣，在语文对话中得到精神的滋养，从而享受生命的愉悦。

那么，如何引导学生去大胆地想象，让语文课生机盎然呢？从此，我注意做个有心人，积极主动搜集这方面的资料，在教学中有的放矢地使用，没想到取得了一些意想不到的效果：

如《中彩那天》课文所描述的场景、内容与学生现实生活相差甚远。教学时，我深情朗读课文，让学生闭眼想象：你仿佛看到怎样的一幅画面？当听到"生活很拮据"时，学生想象到全家六口人全靠父亲一点微薄的工资度日，吃的是粗面包，穿的是破烂的衣服，该买的东西不能及时买；当听到"父亲梦寐以求的是能有一辆属于自己的汽车"，学生想象到父亲爱车如痴，连做梦时都喊到有辆自己的汽车；当听到"我几次都想上车与父亲分享这幸福的时刻，都被他赶了下来"，想象到"我"的欣喜若狂与父亲的心事重重。学生根据语言文字的描述和现有的生活经验去发挥想象，拉近了学生与文本的距离，与文本进行心灵对话，以构建理解的桥梁。

朗读有"声"，画面有"形"，想象有"境"。以"形"对学生的感官发生作用，"声""形"又激起"情"，学生才有可能由此进入文本描写的意境之中。在学习《翠鸟》这课时，我让学生自己选择最感兴趣的句子读一读，说说看到了怎样的画面？学生读完第一自然段时，想象到翠鸟的鲜艳颜色与漂亮外形；学生读到小鱼这句时，想象到了小鱼的机灵、调皮，想象到它在与翠鸟捉迷藏；学生读到翠鸟捉鱼这句时，想象到它如利箭，特别是读到"只有苇秆还在摇晃，水波还在荡漾……"这句时，学生头脑中出现了翠鸟疾飞后，苇秆轻轻摇晃，水波微微荡漾的情景，就在这一瞬间，那可爱的小精灵已飞得无影无踪。通过想象，不仅使翠鸟漂亮的静态外形在头脑中扎下了根，而且使得翠鸟机灵、敏捷、轻盈的动态形象在学生心中立了起来。

想象，使课堂中出现了一个个活灵活现的形象、一幕幕色彩缤纷的生活场景、一回回波澜起伏的故事情节、一幅幅情景交融的审美意境。这就是语文的存在。

在教学《爬天都峰》时，课文主要讲了"我"是怎样爬天都峰的，没有直接告诉我们老爷爷是怎样爬天都峰的。这时，我就引导学生进行大胆合理的想象。学生想象到老爷爷可能手拄拐杖，可能手脚并用地向上爬，还有可能"我"在前拉，爸爸在后推，共同奋力向峰顶爬去。这时，学生不仅感受到爬天都峰的艰辛与不易，而且在其大胆的想象中，创新之花时时闪现，人性之美也在熠熠生辉。又如在《中彩那天》的教学中，理解"为什么说只要诚实、讲信用，就等于有了一大笔财富"是文本的难点。于是，我设计了奔驰汽车开走后全家围坐在一起温馨幸福的情境，并让学生想象：如果你就是这个家庭中的一员，会怎么想，又会说些什么？这样促使学生带着角色转换的真切感受理解课文，很自然地加深了内心体验，化难为易，既理解了课文内容，又给学生罩上了一层情感色彩。

一学期过去了，我惊喜地发现，学生在课堂上常常激情飞扬、活力四射、妙语连珠。他们满心期待着我能一次又一次给他们插上想象的翅膀，带领他们自由自在地遨游在语文的天地中。我自己也感觉到上课越来越得心应手了，那些用心良苦的"预设"少了，真情流露的自然"生成"多了。

又到了该写论文的时候了，这次，我没有搜肠刮肚地去找资料，绞尽脑汁地想名词，而是把这些实例、反思有效地整合起来，写成了一篇朴实无华的文章《让语文课插上想象的翅膀》。学校领导和老师看了都大加赞赏，并推荐到市参评，获得一等奖的好成绩，后又被作为优秀论文赴省参评，也获得了一等奖。

这一切都得益于"自主生长式教师专业发展理论"对我的启示。教师的发展是学生有效成长的前提，我想，我们每个一线教师都应以反思和解决教育教学工作中的实际问题为基本点，在学中教，在教中学，踏踏实实地走好我们成长的每一步。

（原载《成才》2015 年第 6 期）

在反思案例中成长

湖北省武汉市硚口区长丰小学　许　涛

基于马斯洛的需求层次理论，我们认为每一位教师都应该有成长和实现自我的需要，这是教师专业发展的理论基础。关于教师专业发展，美国心理学家波斯纳曾提出了一个广为人知的公式："成长＝经验＋反思"。潘海燕教授根据自己长期的理论和实践研究，提出了"自主生长式教师专业发展理论"，即让教师自主生成并应用自己的思想。基本流程为：从亲身体验中获得"事例经验"——在系列事例经验中整合"类经验"——通过"类经验"的整理，形成自己的理论体系——在课堂里应用自己的教育思想。

教学案例之所以能促进教师的专业发展，是因为这一过程很好地容纳了经验和反思这两种成分，能很好地将两者结合起来。教学案例是教师教育思想生长的载体，是教师交流互动的平台。在教师专业成长的路上，案例积累着鲜活的"事例经验"，推演归纳着打上个体标识的"类经验"，形成着具有鲜明个性的"教育思想"。这条路看似漫长，却是极其有效的捷径。

一个好的教学案例往往折射出教师智慧和思想的光芒。对于教师来说，教学案例是经验，是教训，是阶梯，是镜子，具有"小故事，大智慧"的功效。它是未来教学工作的有效借鉴，会使我们减少失误，提高成效，更有把握地走向成功。同时教学案例的撰写也使研究者经常处于一种反思状态，这对于一个教师专业成长是非常有帮助的。

我们认为一个自主生长的教师对教学应具备这样的"眼光"——用理想的眼光看现实的教学，用发展的眼光看过去的教学，用遗憾的眼光看成功的教学，用辩证的眼光看失败的教学，用陌生的眼光看熟悉的教学。

教学案例应该从哪里着手，又如何实施呢？下面我谈几个策略并援引具体案例作为阐释。

一、以问题为导向

首先，教师应从"问题"出发，案例首先要考虑这个案例想反映和解决的是什么问题。它通常应关系到课堂教学的核心理念、常见问题、困扰事件,或者是课程改革中迫切需要解决的问题。其次,教师要坚持以问题为导向的"行动—反思—再行动—再反思"的螺旋上升的研究轨迹,善于反思教学的成功之点、失误之点、创意之点、后续之点。

【案例1】

对课前预习的思考

姜 瑜

在我们进行"40+40"课堂教学模式前(注:"40+40"是武汉市长丰小学语文课堂教学模式),就意识到要想一节课上完一篇课文,必须建立在预习扎实、充分、有效的基础上才能展开教学。于是我们把预习分两部分进行:一是基础,二是课文内容。

基础部分就是对生字词的自学,能正确、流利地朗读课文,标自然段,查不理解的生字词,并且自主完成"课堂作业"的基础巩固的部分题目。

所谓"书读百变,其义自现",我们会把课文内容方面的预习留在第二天,也就是让学生再多读几遍课文,在有一定认识的基础上,思考课文的主要内容、表达的情感、对课文的体会,以及尝试着做做课后习题。

起初,我们让学生用铅笔把这些预习作业写在书上,写生字做在家庭作业本上。逐渐发现,学生的预习要有反馈,才能做到以学定教。如果写在书上就不方便老师了解更具体、更实际的预习情况,因为我们不清楚应该基于怎样的已知去展开高效的教学,容易形成学生会的重复讲,学生不会的没讲透的弊端。于是我们又逐步完善了预习单。

现在的预习单在某些部分做了更细致的调整。生字部分提出了"易错字写两遍",是为了让学生学字有重点,提醒自己学的生字中有哪些地方是容易忽略的,这样的思考是为了让学生养成一个良好的自我提醒的习惯。生字组词方面,要求学生组三个不同的词,或组两个四字词语,帮助学生积累词汇。抄写出喜欢的句子,其实是为了试探学生,看看有哪些句子容易引起学生的兴趣,对学生的预习有个初步的认识。

课文内容方面主要修改了质疑部分。我们希望学生养成拿到一篇文章,能找到值得探究的语文学习点,如果他们能较好地找到学习点,说明他们对课文有了一定的理解和感悟,也是让学生自己寻找学习的目标,提高他们在课堂上学习的动力。我们在解释这个题目的时候就教学生可以从内容、情感、表达方法上去找问题。原以为学生不会找问题,甚至会草率了事，结果实践证明绝大部分学生能提出很有价值的问题，也正是课堂上我们重点学习的内容。第一次做这个题目时，我班只有6个同学有问题，一种是问题表述不清，一种是不知所云。但经过一段时间的练习后，学生越来越有自己的思想了，有些问题还能提醒我们老师补充课外资料辅助教学呢。在实际教学中，我们有时会引入预习单中学生的问题；有时会指出某些问题的提出者的学生名字；有时在学完一部分进行小结时，会让提出问题的这个学生进行答题，这样大大激发了学生的上课兴趣。

总之，预习单的使用有助于学生更好地学习课文，变"要我学"为"我要学"，使学生主动研究课文，思考问题；而对于学困生来说，也从一定程度上教给了他们学习的方法，让学习更有针对性、目标性。

二、以行动为主体

以行动为主体，通俗点讲就是"我讲我的教育故事"，同时教师对教学赋予了"我"，这是一种接地气、受欢迎的案例呈现方式。加拿大教育学者马克思·范梅南说："讲的解说故事是十分有益的，因为它让我们懂得怎样去看待一次经历或一件事情，怎样在这些事情中获得具有教育意义的理解，还可以获得适当的处理方式。"通过记录一次成功或失败的教学经历，经过反思帮助我们摸索规律，总结经验，从而提升教育教学水平。我以为"我讲我的教育故事"应该成为教师案例最普遍、最有效的存在。

【案例2】

语言的魅力

左红霞

教学语言是教师与学生沟通的桥梁，是教师向学生传授知识的基本手段，是"现代教学技艺"中"教的技艺"的一个方面。在教学中，我们必须要重视教师语言的技艺。今天，我们学习的《数星星的孩子》一课，我就从课堂教学中的主导性出发，结合自身在教学实践中的教学经验，较好地运用了"教学语言的技艺"。开课伊始，我用抒情的话语描述着夜空中的美丽，将学生的学习兴趣调动起来。在学生读通读顺了课文后，我再引导学生通过读来感悟、理解。在第一段的教学中，我用清晰、流畅、甜美的语言描述着：满天的星星像无数珍珠撒在碧玉盘里，一个孩子，静静地坐在院子里，仰着头，数着天上的星星……这种抒情的语调描述着这么一幅静美的图画，学生的激情被点燃，他们自觉地读了起来。为了让学生读得声情并茂，得到更好的情感体验，我再次渲染情境，配上音乐进行范读，幽美的画面，抒情的语言，轻柔的音乐，一下子把学生带到一个如诗如画的境界里，张衡因善于观察天空中的美而对天文产生了浓厚的兴趣，深深地吸引、打动着学生。在学习后面祖孙三人的对话中，奶奶的慈爱、小张衡的专注、爷爷的鼓励与指点，我叙述时的音调随着情感而高低变化，学生则通过角色朗读体验这些情感。在总结全文激发学生探索热情时，我则运用了炽热而富有激情的语言去感染学生，点燃他们的激情之火。一节课下来，我们依托文字，通过富有感染力的语言，让作者、教者、学者的情感得到强烈的共鸣。

语言在课堂教学中有着特殊的魅力，语言富有感染力，就意味着收获，意味着超越。在今后的教学中，我要认真研究教师教学语言的技艺，既发展自己的专业素养，又让学生受益。

三、以观点为统领

以观点为统领有点类似于写小论文了，就是将"事例经验"归纳提升为"类经验"的尝试。对于案例所反映的主题和内容，包括教学的指导思想、过程、结果，对其利弊得失，作者要有一定的看法和分析，即自己的观点。在这个观点的统领下组织材料，"现身说法"，理论联系实际论证自己的观点。这里的案例就不能只是提出问题，它必须提出解决问题的主要思路、具体措施，并包含着解决问题的详细过程，这应该是这类案例写作的重点。

【案例3】

大胆取舍，有效整合——精讲的关键

郑 芳

"40+40"从广义范围上讲就是科学调配语文阅读课中两个课时的关系，即第一个40：精讲——先学后教，精读精析，确保一节课讲完教材主体内容；第二个40：精练——练读练写，精练精测，确保一节课围绕教材主体内容进行相应的语文训练活动和课文延伸学习。"40+40"的课堂教学模式核心就是要以学生为主体，革新课堂结构和流程，精讲精练，让学生在充分"习得"中拥有更多"历练"的时间和空间。

"40+40"的课堂对教师的备课提出了更高的要求，它要求教师深入研读文本，找准文章段与段之间的内在联系，深入把握作者的写作目的。在充分做好学情预设后，在文章的重点、难点、语言文字训练点处做足文章，大胆取舍，精心整合文本后进行高效设计。由于常年扎根高

段语文教学，我深刻地认识到，要想有效精讲，就必须转变观念，有舍有得，有效整合教材内容，使学习目标更贴近学生。如教学《花脸》这一课，以往我是按照喜欢花脸—买"关公"花脸—戴花脸表演的顺序展开教学的，可发现课文内容不够集中，学生对作者喜爱花脸的思想感情并不能很好地理解。于是，当我又一次执教这篇课文时，我将内容整合为一个核心、两个分支问题，即"我"为什么喜欢关公花脸，主要是因为关公花脸样子独特，给我带来了无穷的乐趣。仔细思量了一番，"无穷的乐趣"则将买"关公"花脸、戴花脸表演这两方面的内容涵盖了进去。如此一来，作者对花脸的喜爱之情跃然纸上，学生了然于胸。

再如第15课《魅力》按照等待演出、观看演出、演出结束的顺序记叙了卡佳整个看戏的过程。课堂上，我以"魅力"展开话题，引导学生重点探讨观看演出时卡佳的动作、语言、神情，以此感受文学作品产生的巨大魅力，其余两部分略讲或不讲。所以，精讲是否能有效落实，实质上可以归纳为教师研读教材、取舍教材、整合教材的能力。为此，我们必须通过不断地实践、反思，再实践、再反思，逐步提高自己的教学水平。

引导教师在"行走"中改变行走方式，当自主生长式教师专业发展理论植根于教育教学的丰沃土壤，当案例反思成为我们的一种态度、一种生活方式、一种习惯，新的教育思想、伟大的教育家将离我们不再遥远。

（原载《成才》2015年第7期）

以自主生长理念为引领，
为课题研究提供抓手

湖南省岳阳市第九中学 任 畅

我校在 2006~2010 年间，参加了潘海燕教授主持的"教师自修—反思式校本研修实验研究"课题研究，并取得了超乎预料的成绩。近几年，为了让潘海燕教授及其团队提倡的自主生长理念在我校落地生根，我们积极创造条件与程序，为教师开展其他教研课题研究提供"抓手"，以此来进一步规范与优化教研课题研究程序与研究内容，丰富教师体验，促进教师在自主学习与合作研修中解决实际问题，自主生长自己的教育教学思想。我们的做法如下：

一、提供教研课题研究抓手，规范教师研究程序

我为老师们提供的研究"抓手"是"自修卡＋导研案"。意在用《教研主题导研案》来规范课题研究的程序，使每次活动有主题、有目标、有内容、有研究、有结果，最终指向问题的解决。用《教研主题（问题）自修卡》来促使教师在活动前对问题进行深入思考、学习，做到有备而来，避免空手赶集。旨在采用"自修卡＋导研案"来构筑"研究场"，浸染置身其中的每一个人，以改变其思维方式和行为方式，进而构筑团队的"思"与"行"。

具体程序分三步：

1. 独学自修

由学科或课题组长组织组员通过研究讨论，确定研究主题或问题（问题源于学科教学实际需求），并下发《教研主题（问题）自修卡》。每位教师针对研讨主题开展"独学"活动，对问题进行深入思考，查找资料，认真填写《教研主题（问题）自修卡》，为下一步的交流做好准备。此环节时间为 1~2 周。

2. 互学交流

在教师个体自主学习、思考的基础上，利用教研活动时间开展"互学"

交流。每位教师依据已有经验及独学自修环节所形成的观点，自觉阐释做法，提供案例，传递思想，合作完成《教研主题导研案》。此环节时间为1~2节课。

3. 成果呈现与展示

教师按照"导研案"上拟定的教研成果展示形式积极准备，既分工又合作。展示的形式不一，可以制作微教研PPT或微视频展示，可以用小论文或案例的形式展示，还可以直接用课堂教学的形式展示对某个问题的解决，以促使教师新思想、新观念在案例的场景中得到内化。此环节时间为1~2周。学校提供展示平台，由组长确定并申报成果展示时间，教研处组织专门人员验收，并形成微教研案例或视频。

二、充分认识抓手功能，促使研究落地生根

只有让老师们充分认识到"抓手"的特点与功能，才利于在实施过程中，诱导内在创造潜能，学会自主"行走"，促进自主"生长"，使教研课题研究真正"沉下去""扎下根"。

在教研课题实施与培训过程中，我要求教师充分认识"自修卡＋导研案"研修方式的如下特点及主要功能：

1. 目标导向——解决教学实际问题

自主生长式教师专业发展理论强调"问题即课题"。"自修卡＋导研案"强化了教师的问题意识，引导教师关注教育教学情境中的实际问题；以问题为主轴来架构研修内容，以问题为中心来组织培训资源，确立研究主题，真正做到了"研"为"教"服务，实现了"教、研、训"一体化，避免了研究的随意性与盲目性。同时，教研目标由"个性化问题展示"向"解决共性化问题"转变，使研究活动有了更深沉的涵盖力。

2. 任务驱动——增强教师研究意识

每位教师都需要针对研究问题进行"独学"自修，填写"主题自修卡"。自修卡的设置，能促使教师在阅读的情境中思考，在思考的状态下阅读。每位教师都有任务及具体分工，体现了以人为本、教师教研的主体地位。在实施过程中，由于"面子观念"，大多数教师会被任务驱使，开展学习、思考与研究。久而久之，研究意识得以增强，研究状态得以提升，研究习惯得以形成。教师在教研活动过程中不由自主地扮演了"主动参与者、自主发展设计者、合作研究者"的研究角色，教师的研修行为有了更深厚的影响力。

3. 成果激励——激活教研内在动力

成果展示环节既是对集体研究成果的展示,更是对教研活动质量的评价,它指向问题的解决,在实施过程中既激活了教师内在的潜能,又促进了教研共同体的形成以及团队的建设。教研方式由被动、单一、静态呈现向自主、多元、可持续性发展转变,使教研活动有了更强大的生命力。

总之,采用"自修卡+导研案"这个研究"抓手",整个研究过程既有自主学习,又有互动交流;既有个人思考,又有合作碰撞;既尊重已有经验,又关注学习所得;既注重解决实际问题,又注重经验的总结;既关注教师个人专业的发展,又推进了教师教研团队的建设。采用"自修卡+导研案"这个研究"抓手",我校自修—反思课题研究更务实、更高效!

(原载《成才》2016年第6期)

自主生长课堂之课例研究

湖北省长阳县第一高级中学　郭荷香

一、问题生成

像《烛之武退秦师》这样的老课文，实在没有什么好办法让课堂焕发新的活力。传统课堂要么重讲文言知识，要么重分析烛之武的劝说策略，体味古人高超的论辩技巧，但这样的课堂极容易死板，极容易落入老师的说教之中。

怎样才能让我的课堂有所改变呢？

我校一直在进行"自修—反思式校本研修"与打造"自主生长课堂"，"问题即课题"的理念深入我心，再加上从2013年开始，我主持申报了省级课题"高中语文'还课堂与学生'策略研究"，于是我决定将这篇课文、课堂阵地、课堂话语权、课堂评判权统统"还给学生"，希望在学生年轻自由的思想里面能汲取到成长的力量，希望这堂课能让我们"教学相长"，是一堂真正意义上的"自主生长课堂"。

二、精彩课堂

在质疑环节，有一个同学说道：我怎么觉得秦伯没有主见？晋侯讨伐郑国，原因是"以其无礼于晋，且贰于楚也"，这与秦国本无关系，秦伯却屯兵围郑，可烛之武又用简短的几句话让他言听计从，背叛了秦晋联盟。秦伯之变何其速也？似乎一点主见也没有。

一石激起千层浪，同学们议论纷纷，举手如云，似乎都有话要说。在后面的课堂上，学生们运用前面"三读"的积累进行了层层设疑和剖析：

1. 纵观历史，秦伯没有主见吗？

同学们借助已经阅读积累的背景知识剖析了秦伯其人：秦伯，即秦穆公，春秋五霸之一，具有雄才大略，非常重视人才，其任内获得了百里奚、蹇叔、丕豹、公孙支等贤臣的辅佐，有九方皋相马、羊皮换贤等故事。周襄王时出兵攻打蜀国和其他位于函谷关以西的国家，开地千里，因而周襄王任命他为西方诸侯之伯，遂称霸西戎。他在秦国历史上是一位有作为的君主，在位期间，内修国政，外图霸业，统一了今甘肃、宁夏等地，开始了秦国的崛起。这样一位有着雄心大志的君王怎么会没有主见呢。

有了对秦穆公生平背景的了解以及对人物性格的共识，同学们开始探讨秦穆公所作所为的合理性。

2. 秦穆公为什么会帮晋侯？

学生相互间交流了很多历史背景知识：晋公子出亡、秦穆公帮助晋文公夺位、结为"秦晋之好"等等，秦晋之间是旧恩，是强强联合，自然同学们也就理解了"秦军汜南"的合理性。

3. 烛之武说了什么？

同学们回归文本剖析烛之武游说之词的五层含义：灭郑对秦无利（若亡郑而有益于君，敢以烦执事。越国以鄙远，君知其难也）；灭郑有利于晋（焉用亡郑以陪邻）；晋强对秦产生威胁（邻之厚，君之薄也。既东封郑、又欲肆其西封，若不阙秦，将焉取之？阙秦以利晋，唯君图之）；存郑有利于秦（若舍郑以为东道主，行李之往来，共其乏困，君亦无所害）；晋言而无信，野心大（且君尝为晋君赐矣；许君焦、瑕，朝济而夕设版焉，君之所知也。夫晋，何厌之有）。

4. 烛之武怎么就能瓦解如此不一般的秦晋关系呢？

课后练习有吕祖谦在《东莱左传博议》中的一段评论秦穆公退兵的文字："天下之事以利而合者，亦必以利而离。秦、晋连兵而伐郑，郑将亡矣。烛之武出说秦穆公，立谈之间存郑于将亡，不惟退秦师，而又得秦置戍而去，何移之速也！烛之武一言使秦穆背晋亲郑，弃强援、附弱国；弃旧恩、召新怨；弃成功、犯危难。非利害深中秦穆之心，讵能若是乎？秦穆之于晋，相与之久也，相信之深也，相结之厚也，一怵于烛之武之利，弃晋如涕唾，亦何有于郑乎？他日利有大于烛之武者，吾知秦穆必翻然从之矣！"

同学们首先是翻译了这段话，找出这段观点的核心是"利害深中秦穆之心"，在国家利益面前，秦穆公毫不犹豫地用"利"来权衡自己的抉择。

学生利用自己的阅读与思考，借助这样一个课堂临时生成的问题，经过层层剖析，把传统课堂上老师本应该讲的问题基本上都弄清楚了。更重要的是这些思考和剖析全都由学生自己完成，老师在这个课堂上只是起到了组织课堂的作用。

三、共同生长

正是因为这一"还"带给了学生深度思考,在课堂上临时生成一些问题,让课堂呈现出异彩纷呈的一幕幕。这堂课不仅是带给学生探究,更重要的是带给老师思考,带给老师收获与成长:

1. 教学观念的更新

我们经常发现高中课堂死气沉沉,许多人认为高中生是"准成年人"了,不急于表达了、不爱出风头了,看来,其实并非这样。如果我们的课堂真正做到民主,做到学生是课堂的主人,学生是学习的主人,学生有真正的话语权,学生又何尝不愿意讲话呢?现在的学生知识面广,头脑灵活,如果我们的老师把思考的权利交给学生,让学生充分地进行智慧的碰撞,我们的课堂又何愁不精彩呢?

同样,如果老师们能把身边的问题当作课题来研究,又何愁找不到问题的答案呢?老师的专业成长在这样的研究中是不是可以轻松地完成呢?

自主生长课堂带来的精彩纷呈,让我更加坚定地认为:老师应该把课堂时间还给学生,让学生在自主学习中成为课堂的主人;把课堂上学生的主体地位还给学生,学生由观众、听众转变为舞台主宰;把学生的话语权、评判权、学习的智慧还给学生,让学生在探究的过程中有所领悟,有所发现,有所成长;把学生学习的伙伴、自学的乐趣、自学的权利、自学的过程还给学生,学生在学习中懂得交流、懂得沟通、懂得分享。

2. 教学策略的变化

这节课后,我们将课题实验中的文言文课堂按照"三文阅读"法进行:一读"文字",读通文字,翻译课文,弄清楚句读;二读"文章",弄清文章理路,把握故事情节,进行人物、语言、篇章技法等鉴赏;三读"文化",阅读背景资料,体会人文之光,感受历史的厚重,发现文章中的美……这"三读"活动由学生在课堂上独立完成,最后一个环节则是相互质疑答疑,或者交换阅读心得、阅读收获等。这样的课堂策略改变了文言文老师一讲到底,学生昏昏欲睡的局面,学生在发现中收获学习的快乐,在碰撞中生长智慧。

3. 教学智慧的生长

自主生长课堂是极考验老师的教学智慧的,而这样的考验和挑战又正好促进了老师的自修反思。时下,很多人认为"医生越老越值钱,而老师却正好相反"。是的,老师工作得越久,与自己工作对象的年龄差距越大,代沟越深，知识越老化。老师的工作对象是青春的、充满活力的、富有思想的，而老师越老，与学生的沟壑越深。

怎样让老师永葆职业的青春？怎样让老师紧跟时代的步伐？怎样让老师永远能与年轻的思想同步？唯有不断地学习、研究！这堂课上正因为我"还课堂与学生"了，所以巧妙地应对了课堂临时生成带来的挑战，而且巧妙地引导学生在接受挑战的同时完成了课堂学习任务，培养了学生自主研究的能力，这样，我也懂得了"还"的意义和价值，懂得了"还"的智慧和技巧。

由此看来，真正的自主生长课堂，不仅是学生成长的乐园，也是教师专业发展的阶梯。

（原载《成才》2015年第9期）

引导教师深耕课堂　促进教师自我建构

湖北省武汉市光谷第九小学　王彩云　李明菊

"教育即生长。"在"互联网＋教育"时代，一个善于自学的教师，有自主生长能力的教师一定会胜出，反之，就会落败，甚至会被淘汰。因为一切教育本质都是自我教育，一切发展本质都是自主生长。

2014年9月，在自主生长式教师专业发展理论的创立者、湖北第二师范学院潘海燕教授的引领下，我们依托"自修—反思式校本研修模式"，引导教师共同关注课堂，研究课堂，以课堂变革为抓手，以改变教师的"行走"方式为表达形式，助推教师专业自我建构，让每一位教师阳光、自信、主动地成长。

一、课堂诊察，主动发现问题，让教师自我觉察教学的水平逐步提升

课堂是教育教学的主渠道，也是教育研究与教师成长发展的关键场所。每学期初我们开展校行政进课堂活动，旨在全面了解教师的课堂状况，全面审视和分析教师的课堂教学。我们通过"望、闻、问、切"，为教师课堂"把脉"，和教师一起寻找课堂教学中存在的突出问题及薄弱环节，回归教学之本，关注教师自己现有的经验及水平，尊重教师的发展起点，让教师真切地感受到"我的课堂该如何发展"，敢于亮出我的问题，这样的"诊察"便是"治本"。

学期初，校领导班子会利用两周的时间，依次走进教师们的常规课堂，地毯式地对全校教师的课堂及教师的教学状态进行观察与分析，为实施有效的"量体裁衣"式校本研修提供依据。如本学期通过调研，我们发现青年教师个人素质好，有激情，求上进，但是教材解读方法、课堂规范意识、教学调控机智、教法策略选择等亟待学习；中年教师课堂教学扎实，有新思想，但是所教学生的学习方式还需进一步转变；老年教师扎根课堂，孜孜不倦，但是教学的活力需要进一步激发，宝贵的经验需要传承。在活动过程中，以及活动结束后，我们推心置腹地跟老师们交流感受、交换意见，围绕课堂教

学，围绕学生的成长，共想对策，共同生发出下一步解决问题的途径。在主动进行校内诊察的同时，我们还借助共同体学校教学视导机会，请区教育发展研究院的专家对新进教师的课堂进行观察、指导、引领，极大地促进了教师的专业成长。

二、特色研修，着力解决问题，让教师始终处于一种追求创新的状态

通过走进课堂，了解课堂状况，我们针对问题，制定有针对性的、有特色的校本研修行动计划，践行最佳自我发展路径，着力解决问题，创建平台，组建团队，优化组织，开发资源，致力于把教师的工作场变成学习场、合作场、研究场，形成一种强大的气场，促使教师自省自觉，悄然蜕变，让教师始终处于一种追求创新的状态，唤醒其内在的潜力。

（一）导师引领，指导青年教师成长，将"活动＋课程＋课题"研修融为一体

学校自 2014 年成立了语文、数学、班主任三个青年教师成长中心以来，通过两年的培训，学校青年教师快速成长。本学期三个中心在导师的引领下，将日常活动、研训课程、课题研究融为一体，其中课程开设不求面面俱到，只求小而实在，真正有效。如语文研训中心一学期就围绕"识字写字教学"学习相关理论、案例、模式等。数学研训中心根据开学初学校的课堂诊察反馈情况开展了"问题式"微研究。中心成员们根据自己的课堂主动开展"小学数学课堂听课习惯""小学数学课堂学生二次订正怎样更有效""如何培养学生的数学思维"等小专题开展研究，最后一次课程大家以微课、微视频的方式交流分享了自己一学期的研究进程。朴实、真实的微研究带给我们别样的感受。

（二）立足课堂，践行"四段式"学科整合教师培训模式，让教师学会智慧行走

依据我校实情，学校组建了语文、美术、体育三个由骨干引领的强势学科课堂观察团。每一个小组观察员由多学科、多层次人员组成，不仅仅局限于本学科、本年组，而是实现跨学科、跨年段、多维度整合，凝聚更多教师的力量与智慧，真正促进教师改变。如语文观察团八名成员，由两名数学组长、六名语文青年教师参加，其中四名为刚参加工作的青年教师。观察团建立了自己的群，平时进行线上线下的学习交流。语文重点以省级课题"群读

类学、自主课程"实验为抓手，以课例研究为主轴，实施"课堂展示＋课堂观察＋课堂思辨＋课堂重构"的四段式研修模式。我校骨干教师李峥老师在区教育发展研究院刘萍老师的指导下执教了一节群读类学实验课《留住精彩——场面描写》，在磨课的过程中，观察团成员进入课堂，站在语文群读类学课程实验的角度，从"教师的教、学生的学、课堂文化、课程性质"这四个维度进行观课，结合前期研训的相关理论，形成自己的感受。最精彩、最锻炼教师的是每次观课后 20 至 40 分钟"红方"和"蓝方"的课堂思辨，辩手们由胆怯变得自信，由不知所措变得滔滔不绝，由不知道怎样去看课到能理智地分析一节课，由不熟悉群读类学课程之精髓到 8 位观察员自己能独立创编群读类学三年级上册 8 个单元的课程。更重要的是，语文群读类学课程实验的思想静悄悄地改变着我校语文教师的课堂，不少教师自发地在自己的课堂实践。最后李峥老师的这节课在区里、市里成功展示，并获好评。美术学科以《有趣的拼图》为例，探究如何在课堂上体现我校办学思想中的"创""合""美"，如何促进学生生动活泼地发展。围绕此课例、此思想，美术观察团成员进行了"一课一席谈"思辨活动。这节课在本学期参加的湖北省黄鹤美育节优质课大赛中取得了优异的成绩。体育学科以我校特色课程《羽毛球正手挑》为例，实施了"教坛三人行"思辨活动，促使体育教师也理性地思考与行走。校本研修带给我们的变化与惊喜，创新与成绩，让教师获得了自信，学会了改变，感受到了成功。

（三）教研协同，依托高校智力资源，丰富学校薄弱学科课堂教学

在本学期初的教学"诊察"中，我们发现我校学生于三年级开设英语，学习现行的教材，要想追求课堂高效，还有一定的差距：孩子们底子薄，兴趣不太浓厚，家长重视的程度不够。针对此问题，本学期，我们与湖北第二师范学院外国语学院合作，在低年段尝试开设了英语兴趣课程。11 月每周四的下午，二师英语系学生与我校英语教师一起执教英语兴趣课程，重在激发孩子们学习英语的欲望，创设一种英语学习的情境。12 月，英语系的老师和学生还来到学校参与英语组的专题教研活动，共同研讨下学期低年段英语兴趣课程开发的问题。除此之外，我们还与二师开展了慕课课题研究活动，依托高校资源，教研协同，协作共赢。

（四）充分信任，打造教研组长团队，努力提升学校教研的核心竞争力

我们以指导教师写好每课的"二次教学设计"和每周的"周反思"为内

容，对教研组长进行培训，要求教研组长去组织与落实，让其逐步学会带领本组教师对课堂赋予"我"的解说，生长出"我"的新教育思想。

对于"二次教学设计"，我们采取的范式是"阶梯式"，其基本元素为"起点、台阶一、台阶二、台阶三、终点、亮点、不足"。我们强调课堂教学的起点是，教师要了解学生学习的起点，从学生疑惑处铺展教学；我们注重教学的台阶是，教师要清楚自己的教学是如何带着学生一步步向上"攀登""生长"；我们更要求教师授课完毕后深度思考教学的"终点"，即再回到开课前看这节课的目标达成度，看学生的学，学生从进入课堂到走出课堂，是学有所获，还是一无所获。在此基础上，我们要求教学人员坚持撰写每周反思，每周学校将反思编辑成简报，在群里共享。起初有些艰难，现在，老师们在教研组长的督促下渐渐养成了主动撰写反思的习惯，如本学期教师撰写反思700余篇。这些体现了教师个人思想的文章是最珍贵的。

三、常态检晒，共同生发问题，让教师发现并感受更好的自己

每周一、二、三的下午，分别为语文、英语、数学、综合学科的常态教研活动的检晒，校行政全部蹲点到教研组，参与研究。每周每位组员轮流执教研讨课，每个教研组以课例研究为主线，一次聚焦一节课，深入探讨，及时上传研讨照片到群里共享。每月集中进行《教师工作手册》、粉笔字、钢笔字等常规检晒，组与组之间，教师与教师之间加强交流，互查互评，并在专设的"点赞台"上"点赞"，留下彼此欣赏的痕迹，感受到同伴真诚鼓励，老师们倍感亲切，无比幸福。每学期的最后一个月，我们举行全能杯自主生长式教师专业发展课堂教学竞赛活动，检晒全体教学人员的课堂。第一周组长筹备，第二周人人晒课，第三周推荐选手参加校级比赛，第四周聚焦校级赛这一节课，从"教学新主张、教学设计框架、教学得与失、教研体会"这四个方面进行团队研课过程展示。此项活动，我们充分感受到了青年教师的拔节生长！如本次活动中，科学教师杨蓉执教完竞赛课后，当天便修改了教案，并投了稿，同时为自己制定了专业发展的三年成长规划。她深有感触地说道："我要找机会多上课，积极展示，发现不足和缺陷，及时充电改进。多请教、多投稿、多上课，让自己的教育教学水平不断提高，为孩子们带来科学的乐趣。我相信：只要用心，就有收获。即使只是学校的一节课内比教学，我也愿意花十二分力气，这会让我成长更快、更好。"

未来，我们将更执着于课堂，自主发展！更深耕于课堂，自主生长！

（原载《成才》2016年第3期）

嬗变课堂：邂逅自主生长的美丽
——《认识整时》课例研修

湖北省武汉市新洲区邾城街中心小学　张　敏
湖北省武汉市新洲区教师培训中心　杜新红

我参加湖北第二师范学院潘海燕教授的自主生长课堂实验已有三年。三年来，在新洲区教师培训中心杜新红老师的指导下，我不断在课堂教学中尝试总结，慢慢学会了自我反思，学会了倾听交流，更学会了将理论与实践结合，我的课堂在自主生长中有了质的变化。下面谈谈我三次执教《认识整时》的得失。

第一次教学：静态设计　我让学生在模具上拨弄时钟

《认识整时》是人教版一年级的数学课程，这节课的教学目的是通过创设的生活情境培养学生的观察能力，让学生知道钟面上有时针、分针、12个数、12大格，并学会认识整时；帮助学生初步建立时间概念，理解时针与分针转动的规律，培养学生遵守时间的好习惯。

记得去年执教这节课时，我特地用"时钟"谜语激兴导入："我有个好朋友，会跑没有腿，会响没有嘴，它会告诉我，什么时候起、什么时候睡，请你猜猜看，我这个好朋友是谁？"然后按照我的预定教学设计"猜谜语""找朋友""小明的一天"，把时钟的认识与现实有趣的情境结合起来，借助已有的生活经验，唤起学生的学习兴趣，积极探究学习，让学生在有趣情境中认识时间、珍惜时间，养成良好的作息习惯。在"认识钟面和整时"这一环节中，我通过同桌合作学习的形式，让学生拿出钟面模型，看一看、指一指、说一说、认一认、拨一拨，为学生创设动手实践、自主探索、合作学习的机会。最后，安排学生"拨一个你最喜欢的整时，并说说这个时候你在做什么"的环节，把数学和生活紧密联系起来，让学生体验"生活数学"，课堂兴致盎然。

整堂课下来，环环相扣，我感觉学生学习积极性高，课堂气氛活跃，不觉得哪里有不妥之处。在观课议课的过程中，观课老师一致认为这节课讲得很好，我也有点飘飘然。最后杜老师和我交流时首先问我两个问题：（1）学生生活中接触到的时钟是模型吗？（2）时钟的时针和分针是静止的吗？接着杜老师在肯定我课堂上成功之处外，指出我这节课教学设计中最大的不足就是"静态课堂设计"。

我认真反思，这节课我从一个静止的钟面引入，围绕着一个固定的模型教学。看上去是一节热热闹闹的数学课，其实是机械、静态、程式化的。我们常说数学来源于生活，数学教学要注重情境性思维，但在实际课堂中，我们往往忽略了情境性。生活中的钟面是动态的，而在我的教学中，钟面是静止的。如何将钟面的动态性引入这节课堂呢？我开始重新思考。

第二次教学：动态思维　我让学生在课堂上观察时钟

前不久，我又要执教这节课，为了将我的课堂由静态设计走向动态生成，我不再设计"猜谜语"这一环节，而是直接和学生进行"开火车数字接龙"游戏：学生顺序报数，5个5个相加，12个学生就加到60，然后又循环训练。这样利用游戏方式动态地渗入钟面上的12个大格，每大格有5小格，一共有60小格的教学。虽然偶尔有学生回答慢一点或者说错，但这不要紧，关键是他们都在积极思考，逻辑思维得到训练。在"认识钟面和整时"环节时，我不再出示静止的钟面模型，而是利用微课视频让学生观察快速转动的分针和时针，让学生明白时间是不断变化的，具象感知了钟表是运动的，懂得了整时只是一天中的某一瞬间，明白了时刻意义，为学生今后的学习打下铺垫。最后我又让学生观察自己带来的时钟，看看时针、分针、秒针转动的大致规律。学生很认真地观察，课堂上秒针分针滴答滴答，虽然这时课堂非常寂静，但我从学生凝视关注的不同神态中感觉到了求知探究的欲望。

这节课的观课议课过程中，我也交流了我的看法：静态钟面会让学生产生疑惑，为什么我家里的钟面，是在不停地走动着，而不是时针指着数字几，分针永远指着12呢？动态钟面，让学生懂得时间是运动的，整时其实是一个瞬间，分针时针都在运动，分针走得快，时针走得慢。在动态的观察中，学生很快能区分出时针分针，这比让学生背记时针、分针的特征更能加深印象，课堂效果更好。杜老师给予了这节课充分的肯定和褒扬，指出课堂教学的核心就是思维训练，教学本质就是教思维。思维训练有连续性和阶段性特点，让学生在解决一个问题的时候，同时能对下一个问题的生成要有留白和思考，思维训练不是句号的结束，而应该是问号的开始。

一堂课如果有了好的教育活动设计，才能让师生有好的教学感悟，就会产生好的教学思想或教学观念，这就是自主生长课堂理论与实践的抓手。杜老师又对我提出新的要求，这节课能否在教学设计上更独特，在课堂展示上更加开放，更加适合小学低年级学生的心理特征，进一步促进师生、课堂、教材的共同生长。我又陷入深深的思考。

第三次教学：独特共生，我让学生在操场上扮演时钟

小学低年级学生个性较强，喜欢表现。我突然想到如果让学生扮演时钟，活动更独特，效果会更好。于是我和同事在操场上画了1个直径5米的圆圈，分成12大格，每个大格旁按顺序放一张标有数字1—12的纸片，然后将同年级另外一个班学生引到操场上，我按照"说—看—演—做"的教学设计进行教学。在演时钟的环节，选择12名学生站在圆圈大格位置上，同时手里拿着有数字的纸片，面向圆心站立。一位学生在圆圈外扮演分针，一位学生在圆心处扮演时针，要求时针学生伸出左手，指着圆圈边的学生转动，口里要说："我是时针，从1转到3。"这时分针学生边绕圆圈顺时针跑边说："我是分针，跑2圈。"说对跑对的学生才能休息，由场外学生替换参与。为了减轻分针学生体力，要求时针学生每次转动不能超过3大格。出乎意料，这次教学活动设计深得学生的喜爱，学生们边运动、边思考、边呼喊、边改正，学生成了学习的真正主人，我成了场外的指导者、参与者、合作者，这节课活动气氛高涨，教学效果非常好。学生个体的经验是不同的，学生习得知识的感悟也是不同的，传统静态的教学设计导致学生个体认识的普通僵化，缺乏生命活力，缺乏起码的独立性和能动性，使学生成为被动接受知识的"容器"。自主生长课堂强调师生的独特个体经验，关注师生不同的教育感悟，激发师生不断地创新探索，展示课堂高效共生的新思想。不仅如此，这次活动还带动了全校学生参加，每天课余总有学生在圆圈周围演练，学校领导也高度重视，特地又在校园的东南边空地上画了两个时钟，供全校学生课余游戏。

三次《认识整时》课堂教学，三次小小的反思和改进，凸显了自主生长课堂的内涵和特征，让教学时空从传统封闭的单一走向开放互动的多元，让学习内容从静态的提供转变为动态的展现，让教学方式从偏重复制讲授切换到注重发现探究，每一次课堂改进都充满生长的气息。

叶澜教授曾说："课堂应是向未知方向挺进的旅程，随时都有可能发现意外的通道和美丽的图案，而不是一切都必须遵循固定线路而没有激情的行程。"我用自主生长理论引领我的教学，让学生的个性得到张扬，思维的火花得到绽放，更让我的数学课堂因充满生命激情而精彩，因自主生长而美丽。

（原载《成才》2016年第4期）

让科研课题服务于教育教学与教师专业发展

湖北省武汉市洪山区武珞路小学石牌岭分校　成　娟

我校地处洪山区中心，但学校生源主要来自周边随迁进城的农民工子女，教学质量位于区内边缘地带，发展相对滞后。我校践行的教育理念是"全纳教育"，是一种容纳所有学生，没有排斥、没有歧视、没有分类的教育，主张在学校中要关注每一位教师，每一个学生，并按照教师和学生的不同个性和需求，促进全体师生的自我发展、自主生长。

我们根据学校的教育理念和办学目标，申请立项了湖北省教育科研"十二五"规划课题"全纳教育理念下促进师生心本发展的实践研究——以石牌岭小学为例"。近年来，学校各部门和全体教师围绕主课题组建了三个研究团队，工会团队着力打造学校"心本文化"，德育团队着力构建学校"心本德育"模式，教学团队则着力探索区"享受学堂135"背景下"心本学堂"的教学模式和促进教师心本发展的有效途径。

为了使课题研究始终与日常教学教研紧密结合，始终以解决日常教育教学问题为目的，摆脱课题研究的"阳春白雪"，使教育科研真正回归本质，真正服务于教育教学，真正服务于教师的专业成长，我们引进了潘海燕教授及其团队创立的自主生长式教师专业发展理论的基本思想，努力沿着该理论倡导的"事例经验—类经验—个人经验体系—实践智慧"路径前行。

一、围绕学校课题研制《教师发展手册》——留下行动的痕迹

2013年9月，我校以科研课题的研究为契机，抓住教师心本发展这个切入点，历时一个月，研究制定了《石牌岭小学全纳教育理念下促进师生心本发展的实践研究教师发展手册》(以下简称《教师发展手册》)。该手册从教学、教研、教培等方面着眼，汇集教师每一个成长阶段的发展计划，体现教师发展中的过程性资料、自我反思性总结和学校培训评价鉴定等。《教师发展手册》是教师全学年教育教学工作、课题研究过程的一个翔实、生动、原生态的记录手册，科学记录教师专业成长的全过程。同时，《教师发展手册》

也是我校"十二五"省级课题研究过程的文献性资料，集收集、整理、总结、评价诸多功能于一体，在课题研究中具有重要的研究价值；它是教师教育教学研究的抓手和基石，可以从中看到教师的教育思想、教育理念、教育方法、教育策略；它是教师教育教学思想行为的独特、个性化的呈现；它可以为学校的进一步发展和决策提供依据，可以从中全面了解教师队伍建设的现状，了解本校教师队伍建设的优势与不足，了解教师在教育教学中产生的经验，并及时进行推广，形成自己学校的特色。

2014年9月，根据老师们使用《教师发展手册》中所存在的问题，进行汇总分析，又历时一个月，对《手册》进行了精心的调整。这次调整，继续秉承坚持"问题即课题，教学即研究，成果即成长"的理念，主要进行了以下改变：将手册由厚变薄，将内容由浅变深，将记录由重记载变为重反思，引导教师围绕"问题"研究，全方位关注教学全流程，带着问题备课、上课、听课、评课、教研，将老师们的教育教学过程变成实实在在的研究。

老师们在平时的教育教学研究中，内心总有一个很大的困惑，就是科研到底怎么做，我们通过对《教师发展手册》的再次调整和撰写，使老师在这个过程中明晰一个概念，就是科研并不是离我们很遥远，她其实就在我们的身边。我们聚焦课堂，聚焦要解决的问题，将我们的问题研究与日常的教学工作紧密结合，把学习与研究、实践与反思有机整合，最后达到以研促学，以研促教，教研相长。这次《教师发展手册》调整的一个最关键的词就是"小题大做"。"小题"就是需要我们老师从细微处着眼，从教育教学的"小处"着手，找到自己亟须解决的问题，围绕学校的总课题确定本学期或者本学年要研究的小课题。"大做"就是将这个"小课题"的研究贯穿到一个学期甚至是一个学年的教学工作中，带着教师经过深思熟虑所确立的这个小问题参与上课、研课、听课、评课、学习活动，最后形成自己的教育叙事及教学科研论文。

学校希望在教育教学问题的研究过程中，在《教师发展手册》的运用中，留下老师行动研究的痕迹，实现教师的自我的成长、自我的发展，成为一名"最真实的成长型教师"！

二、围绕学校课题开展小课题研究——提供行动的思路

2014年3月始，在学校科研主课题的推动下，我们引导教师从课堂出发，从常规工作出发，从小问题入手，开展校本小课题研究。

选择课题是开展研究工作的第一步，也是关键的一步，它关系到研究工作的成败，也关系到研究的实际效果。课题来源于问题，教师要善于从教育

教学工作中面临的突出问题中选择课题，善于从成功的教育教学经验中提出课题。我引导全体教师在学校科研课题的引领下，围绕"心本校园文化""心本德育""心本学堂"等方面，结合自身及所担学科和任教班级的实际情况，选择目前迫切需要解决的问题作为研究课题。课题力求小而精，立足以解决问题。由于问题鲜活，贴近实际，又与日常教学教研紧密结合，把工作与研究融为一体，老师们普遍觉得这样的课题确实有用，确能促进教育教学质量的提高，因而积极性高涨。

老师们围绕学校主课题提出了31项子课题。初选课题提出后，在对课题进行论证的过程中，首先要对研究背景进行分析，主要回答这个研究课题有没有确立的必要。这对一线教师来说是一个新生事物，他们不知道从何入手，怎样论证。对此，教科处结合教师自身实际，为教师量身定制了一个流程：一、问题提出；二、研究的过程与方法；三、研究成果。老师们根据以上三个方面的提示进行课题论证，增强了目的性，简化了流程，条理更清晰。在老师们上报的31项子课题中，陈梦老师的"关于培养孤独症儿童语言沟通能力的个案研究"成功立项为武汉市教师个人课题，商德芬老师的"小学语文课堂上有效提问的实证研究"、向娜老师的"让潜能生在音乐心本课堂体验成功的策略研究"、成娟老师的"学校特色校本课程《市情辅导》的开发与应用研究"成功立项为洪山区教师个人课题。2015年我校的市区级教师个人课题都成功结题，也为我校今年的市区级教师个人课题的申报奠定了坚实的基础。

教师个人小课题是否成功立项、是否成功结题，固然重要。但我们更看重在这个过程中，老师们的问题意识、研究意识、目标意识的萌芽和生长。所幸，在这个过程中，我们收获更多的是惊喜！

三、围绕学校课题进行小问题反思——调整行动的方向

每月月初引导老师们根据自己目前教育教学中亟须解决的小问题入手，开展行动研究，月底形成小问题反思。要求老师们的小问题反思沿着"问题—过程—动机—策略方法—启发"的思路进行，反思要有针对性、有时效性。每月将老师们的小问题和小问题反思进行"优秀小问题反思"的评比，有争议性的反思还会在教研活动中进行讨论和交流，以此促进教师学会反思，学会研讨，学会交流和分享，从而最终促进教师心本发展。

美国著名学者波斯纳提出：教师成长＝经验＋反思。也有的专家认为：优秀教师＝教育教学过程＋反思。这些其实十分简洁地提出了教师成长的规律：经验＋反思＝成长。过去的点点滴滴，我们需要从中获得一些经验，并

通过经验，进行反思，思得、思失、思效、思改。唯如此，才能成长，才能成功。

　　几年来，在自主生长式教师专业发展路上，虽有成绩，也有不足。首先，教师角色的转变、研究能力的提高是一个长期的过程。很多教师不善于从实践中发掘提炼问题，不熟悉研究的基本策略和方法，不知道对实践经验进行理论升华和科学的总结，这在很大程度上成为影响教师专业成长，自主发展的关键环节，而改变这一现状绝非一朝一夕之事。再者，真正有成果的研究往往是要花费大量的时间和精力的。随着学校班级学生数量大增，教师数量不足，负担过重，完成正常教学任务尚且吃力，开展研究工作更是困难重重。虽然问题种种，但是我们相信，问题解决的过程，就是我们不断成长和进步的过程。

（原载《成才》2016年第11期）

在课堂教学反思中凝练教学智慧
——"自主生长课堂"案例

湖北省长阳县津洋口小学　詹爱萍

自主生长课堂，即在充分发挥学生主体作用的前提下，让教师在课堂上充分应用自己已有的教育思想，并生成新的教育智慧。著名的孙启民老师曾经在《说反思》一文中这样说道：反思是中小学教师获得专业化发展的有效途径，是其成为"研究型教师""智慧型教师"的必由之路。由此可见，教学反思在成功的课堂教学中的重要性。一个教师如果缺乏对日常教学行为进行反思的意识，是很难成为一名优秀教师的。

著名的特级教师于漪当年在执教《记一辆纺车》时有这样一个导入的情景：

师：今天学习第十一课《记一辆纺车》。昨天请同学们预习了，说说看，你们喜欢这篇文章吗？

生：我们不喜欢。（异口同声）

（随堂听课的二十几位老师惊讶，于老师也感到意外，稍停，笑着说）

师：不喜欢？那就说说不喜欢的原因吧！谁先说？

……

针对这一事件，于漪老师在教后记中进行了反思："备课时考虑欠周密，原以为学生会喜欢散文，想由此激发兴趣，引入课文，未考虑到叙事散文与抒情散文的差异。课堂上发生了意料之外的情况，当即因势利导，先听取学生的意见，然后强调该篇散文的特点，培养学生学习散文的兴趣。"

我想这就是名师之所以成功的一个重要环节。在上完一节课后，或处理一个教学情况后，随即进行反思，在时间上强调这种即时效应，以便有目的地分析自己的教学行为，剖析自己的教学状况，形成新的教学理念，并修正下一步的教学行为，完善自己的课堂教学。

由此可见，备课与教案预设中的空当，的确需要课堂上的及时反思和随机生成，有时可能是将业已完备的教案重组，使其更加适应课堂中的新情况、新情境。

在执教四年级语文《中彩那天》一课时，我也遭遇到意外。

师："可以看出，那 K 字用橡皮擦过，留有淡淡的痕迹。"孩子们，你从这句中读懂了什么？

生1：他怕被人发现了。

生2：父亲看到中彩的是这一张彩票，而这又是他帮库伯买的，他想把这张彩票据为己有！

师：你们同意谁的看法？（学生纷纷举手表示同意学生2的观点。）

我满意地点点头，准备进行下一个教学环节。可就在这时，又有一只小手倔强地举了起来，久久不放下。我叫了她，她兴奋地回答："老师，我觉得因为这张彩票中了奖，多珍贵呀！所以他要擦去上面的铅笔印记！"听到她的回答，同学中传出了嘻嘻的笑声，我也有点意外。本来我准备简单地提醒她认真听讲，又想，如果能让她自己从书中找出正确答案，岂不更好？于是我说："请你再读读文章，是这样的吗？"孩子又看了看书，好久，才红着脸说："不是这样的。"我笑了，自我感觉好极了！因为我没有轻易地否定孩子的答案，而是让她通过读上下文正确理解了课文的意思，这不是语文学习所需要的吗？我简直有些沾沾自喜了。

后来的语文课上，我发现这个说彩票珍贵的小女孩儿似乎没有兴趣上语文课了。我又仔细回想了当时的情景，她在那节课上一直红着脸，低着头，似乎像做错了什么事似的。这是为什么呢？我觉得我是那样注意保护她的自信心，怎么还会出现这种情况呢？

这是在我的语文课堂上出现的意外，当时我的处理虽说不上简单，但也不机智。细细想想，这个说彩票珍贵的孩子有着一颗多么善良的童心啊！她不愿意文中的父亲有过哪怕是一点儿的私心，所以孩子找了一个多么合情合理的原因：中奖的彩票太珍贵了！不愿别人存有私心，甚至不愿让书中一个角色在道德抉择面前有丝毫犹豫的孩子，她在生活中该是怎样的呢？她会去故意犯错误吗？她会去做违背道德良心的事吗？我们为什么要打破父亲在孩子心中那美好的形象呢？我们又为什么还要打击孩子善良的本性呢？

新课程强调语文课程的人文性，我们在考虑知识建构、思维整合、探究开放的同时，还要突出人性化。如果时间可以倒流，课堂情景可以重来，我想在她明白是父亲有过把彩票据为己有的念头的同时，对她说："你有一颗善良的心，让我们为你的善良而鼓掌！"这样的话，那个孩子一定会对语文学习充满兴趣，同时一定会把自己的善良和正直带到自己的生活中，带到自己生命的每一分钟里去！这该是一件多么美好的事情！

教师只有通过不断实践与反思，才能在一次又一次课堂教学中凝练出教学智慧，不断提升专业能力，促进课堂教学的高质量，实现学生和教师共同成长，这才是有利教师发展的"自主生长课堂"。

（原载《成才》2016年第11期）

探究自主生长式教师专业发展最佳路径

湖北省武汉市光谷第三小学　王彩云　李明菊

学校的持续发展仅仅靠一位好校长是不够的，激发每一位教师生命的潜能，唤醒其自觉意识，促其专业自主生长，是一所学校蓬勃发展的重要保证。如何才能做到这一点呢？我们光谷三小尝试着搭建四位一体校本研修平台，探究自主生长式教师专业发展最佳路径。四位一体就是"研""训""赛""教"一体化，合四为一。

一、研中寻找问题，生发出自己的课题

"研"是方法，教师要聚焦教育教学中的问题积极探究，生发出自己的课题。潘海燕教授倡导的自主生长式教师专业发展理论即源于工作中的问题，主张教师个体通过问题的解决而构建过程性知识。

1. 在学校文化传承中发现问题，提炼课题

光谷三小自建校以来，重构了校园文化系统，提炼出"和乐"办学理念，推行"和谐、快乐"的教育观，把校园和谐、师生和谐、家校和谐，师生快乐作为学校办学追求，我们期望光谷三小成为学生成长的乐园，教师发展的乐园。

和乐教育就是立足于师生生活立场，尊重师生生命价值，引导师生在教育教学中体验和谐快乐，创造幸福，从而获得素质全面提升的一种学校教育实践模式。和乐教育包括两个主题：一是关于和乐的教育，即通过教育增强师生体验和谐快乐和创造幸福的品德、能力和素养；二是教育的和乐，强调教育过程学习过程的快乐性、幸福性，彰显教育的文化性。我们在实施的和乐教育中，特别强调师生的和谐、奉献、创造和成长这几种属性。

潘海燕教授于今年10月调研了三小和乐文化后，指导我们确定了课题"以自主生长为抓手　建构和乐课堂的研究"。本课题旨在实践探索中，借助自主生长式教师专业发展理论的引领，以自主生长为抓手，建构和乐课堂，促进教师教学方式的转变、行为方式的转变、师生关系的转变，助推教育教

学质量整体提升，真正实现课堂和乐，教学和乐，教师自主生长，激发、唤醒教师自我发展意识，促进教师能动地、幸福地成长。

2. 在教师教学实践中发现问题，提炼课题

潘海燕教授提倡教师在实际问题中提炼课题，在行动研究中做课题，在同事中建立合作研究小组。为此我校制定了"每周一次小教研，每月一次大教研"的校本研修制度，着力推进教学实践研究。

小教研以教研组成员为主构成小型学习共同体，由学校统一安排地点集中教研。为了指导小教研常态化、规范化，特设计了《我的研修我做主》自主生长式教师专业发展记载本，鼓励教师凸显自己的思想，扎实常态研究行动；并结合学校实情提出三小和乐课堂教改主线是"兴趣导课堂、思维激课堂、习惯渗课堂、作业练课堂"。我们倡导的研修文化是"交流、合作、共进"，引导教师带着研究的状态工作，努力做最好的自己，让教育弥漫着芬芳。我们要求研修活动安排要从学校提供的研修清单中自选、自行安排和设计，我们特别强调以"问题研究"和"课堂研讨"为中心，教师要紧紧围绕这个中心提出自己思考和实践的问题。"兴趣""思维""习惯""作业"是研究切入点和思想，"导""激""渗""练"是研究策略。我们建议的研究方式是，教师可以围绕一个关键词探究问题，可以一人一个问题，可以几人合作一个问题；每个问题探究的时间可长可短，也可以长时间持续研究一个问题，均有可能，一切因自己而异。我们规定的研究流程是，调研学情、寻找问题、分析原因、理论学习、策略选择、实践反思、整理提升、交流分享。

在每周小教研的基础上，我们"生长"出每月的大教研活动。大教研源于小教研，一切顺势而为，顺应师生的发展所需，为师生的自主生长服务。2016年9月组织了"聚焦数学核心素养 促进师生主动发展"教研活动，我校市优青薛星老师执教《植树问题》一课，湖北省继续教育中心组织的全省2016新进青年教师研修班的180名新教师到校参加了活动，湖北省教研室刘莉老师亲临指导，以此活动为契机，三小教师进行了"前置学习、现场观课、课后议课、延展反思"四段式的校本研修活动。10月举行了"聚焦语文核心素养 促进师生主动发展"的同课异构活动，三小青年教师杨思和二师学生同台执教了《数星星的孩子》，湖北第二师范学院200余名师生参加了观摩活动，刘晶晶博士现场评课并做了"识字素养提升"的专题报告。11月举行了"聚焦书法核心素养 促进师生主动发展"的书法与语文课整合课研修活动，我校李汉明教师执教了书法课《捺》。这些系列研修活动，这些常态研究行为，这些实际探寻聚焦的问题，都给三小教师的教育教学思想、行

为、方式等带来很大的冲击，相信三小教师一定会逐步学会自己提炼有价值的课题进行研究，研修正改变着三小。

二、训中注重反思，提升素养，生长出自己的教育思想

"训"是手段，我们通过培训全面提升教师的素养，引导教师生长出自己的思想。潘海燕教授强调自主生长式教师专业发展立足教师已有的自我经验基础，让教师说自己的话，有话可说。

光谷三小建校80余年，是一座底蕴深厚的学校，教师近140人，中老年教师占比85%，如何让这所老校焕发出生命的活力，是摆在我们面前的难题。经过认真调研，我们决定以部分教师"自修—反思式校本研修模式"带动全体教师的自主生长。于是，我们适合校情组建了两个自主生长团队。

一是三小新秀班。我们把学校近两年入职的21名新教师组成一个班级，制定三年行动方案、学期学习计划。在深入调研的前提下根据新教师未来成长所需设计学习课程，校内聘导师，校外请专家，有针对性地进行专业发展指导，尤其注重课程的实效性和科学性，注重学习的互动性和生成性，促进新教师的自主成长。自2015年开办这个班级以来，历时两年，坚持间周一次课程，坚持每次每人一篇反思，坚持每次一份简报，新教师在学习中提升，在反思中前进。本学期从课程的实施，到日常的组织，新教师班的班委们开展工作，学员们学习交流完全达到了一种自主自发的状态，现在不是学校督促他们要他们学习了，而是他们告知学校"我要学习，我要成长"。

二是三小骨干风采班。我们引导全体教师制定个人三年发展规划，明确自己的发展目标，在此基础上，认真制定了《武汉市光谷第三小学骨干教师考评方案》，以评促发展，以骨干带动全员。要求教师对照方案上的标准自主申报校骨干，经过遴选最后确定了45名三小骨干。将他们的风采照片、个人成果、教育感言制作成展板，在校园文化墙上展出，营造自主生长的良好的氛围，也给其他教师发展提供了明确的目标。

同时，我们还分期分批组织骨干教师外出访学，学习提升。2016年9月30日，光谷三小一批骨干研究教师赴教师专业发展实验基地——长阳县花坪小学考察学习，潘海燕教授全程参与并指导了本次活动。学习的骨干均及时撰写了反思，编辑了简报，交流了学习体会。薛星老师写道："花坪小学的教师十五年来，坚持用反思、随笔、故事、感想等教育叙事方式记录并积累自己的经验，这些记录都成了思考和创造的源泉。十五年之路，走向深广，花坪小学教师的专业发展不断生长，每年学校都有近一半教师撰写的文章在报纸杂志发表，真让人佩服呀！"

采得百花成蜜后，他日芬芳满校园。"教师发展，自主生长，大有空间，可以落地"——这是我们的追求，更是我们学习后反思后的真切感受！我们期待三小教师也能生长出自己的思想。

三、赛中凝聚智慧，助推成长，凝练出自己的特色

"赛"是平台，我们极尽可能地为教师搭建发展平台，助推教师专业成长，不断凝练出自己的教学特色。潘海燕教授的自主生长式发展理论将最前沿的教育理论进行了有机整合，实施的整个流程走下来，很自然地创造一个适宜教师与学生发展的环境，努力变教师为研究者，变教室为研究室，不断改变教师的心智模式。

为了让学校逐步变为研究场，为了让更多的教师积极行动起来，我们借助每一次的竞赛活动，着力打造一个个研究团队，凝聚团队中的每一个人的智慧，巧借东风，助推赛课教师拔节成长，同时，也影响着团队成员改变着自己的思维方式及教学形态。本学期的"一师一优课"活动，我们成立了各年级各学科磨课团队，由教研组长组织教师参与指导，调动每一个人的力量，发挥大家的聪明才智。从准备课到录制课等，都体现了团队的合作精神，最后学校上传31节课，有25节获得区优；三节获市优；三节获省优，并上送部优参评。学校取得了前所未有的好成绩，极大地鼓舞了教师，教师自主发展的热情更高了。

2016年11月，我校李汉明教师经过努力，取得参加武汉市小学书法教师素养大赛的资格。在磨课、备赛的过程中，我们依旧组建了校内草根专业团队，充分信任教师，充分挖掘教师的潜能。团队中的语文教师、书法教师、信息技术教师、美术教师等不同学科草根专家都能在研究中积极思考，出谋划策，团队的力量深深感染着李老师。他为了设计一份适合学生自主发展的教案，曾在一个晚上反复修改抄写了8遍；曾在一天的清早找到我们，主动要把课堂设计新思路讲给我们听。他的勤奋，他的主动，他的改变也激励着三小的每一位教师。不管结果如何，李汉明自主成长的过程就是令人欣慰的，因为他在积极发展，主动生长。我们坚信自主生长的教师一定会形成自己独有的特色，也一定会促进学生的自主生长，健康发展。

四、教中指向发展，创生教学

"研""训""赛"结合在一起，最终均指向"教"，指向教学研究，提高教师教育教学水平，回归课堂，回到原点，一切以学生发展为本。潘海燕教授认为，我们要引导教师自主学习，引导教师关注自己教育教学活动过程中

的教育现象，对自己的日常教育行为进行观察、审视，并在反复的实践中和常态教研中交流学习，从中获得新的策略。

常态的教学研究是教师专业发展的根，我们学习的一切都要应用到课堂，提升课堂。为了固根守本，开启促发，我们以"约课"为抓手，让自主生长落地生根。本学期至今每周2至5节约课，从未间断过，从最初的学校安排青年教师先约，到教研组自主推荐约，到现在的教师个别主动邀请约，教师的发展意识发生着质的改变。"校长，您明天要去听我的课呀！主任，下周我要约课！……"2016年12月14日，湖北省教师继续教育中心新教师培训班93名学员到光谷三小约课20余节，我们以此为契机，进一步激发教师认真准备，积极展示，我们期待着每一位教师觉醒，期待每一位教师都能在自己的课堂创生教学，引导学生自主生长。

"研训赛教"四位一体校本研修平台助推三小师生自主生长。自主生长式教师专业发展理论的实践探究正改变着三小的教育生态。

（原载《成才》2016年第12期）

让教师在课堂上自主生长自己的教育思想
——观摩《将军与蜘蛛》一课有感

湖北省武汉市新洲区教师培训中心 杜新红

武汉市新洲区开展自主生长课堂的实践探究已有三年了，四所实验校40名实验教师仍在摸索探究，有的实验教师已经初步形成了自己的教学思想，有的教师还在困惑中寻觅，下面结合我区一次自主生长课堂教学观摩研讨活动，谈谈我的感受。

一、教师教学思想的自主生长离不开理论与实践

自主生长课堂就是在潘海燕教授"自主生长式教师专业发展理论"指导下，在充分发挥学生主体作用的前提下，让教师在课堂上充分应用自己已有的教育思想，并生成新的教育思想。

从内在机制角度看，自主生长课堂就是教师个体的自我经验在课堂中不断应用外化，在与他人讨论交流中不断总结升华，在反思中进一步固化和系统化。建构自主生长课堂有三个主要环节：

1. 寻找捕捉课堂上个体的自我经验

教师要在课堂教学实践中，通过自己的经历与体验，及时捕捉课堂上一些有效果的做法，分析形成教师的个体自我经验，并逐步树立对个体自我经验的认同与自信。学校群体层面，要注重唤醒和激励教师的自我意识，发掘和保护教师的个人特色，鼓励教师更多地表现自己的真性情、土办法，赋予课堂更多"我"的解说。

2. 提升"事例经验"与"类经验"，形成"个人经验"并应用于课堂

教师发现个体自我经验后，通过反思对其教育行为进行理性分析，找出经验背后的原因与规律，提升为"事例经验"与"类经验"，整合为"个人经验"。再在新的教学实践中把"个人经验"作为课堂教学设计与实施的起点，重新设计个人行动方案，包括设计教学方法、组织学习资源、开展教学活动。在课堂教学实践中不断优化"个人经验"，逐步优化形成能够有效指导自己的教学活动。学校群体层面，要帮助教师建构自己的教学模式，组建互补式的学

习共同体，找到最佳路径帮助教师在课堂上应用和展示个人行动方案。

3. 概括形成个人理论

教师要将教学反思贯穿整个课堂教学实践中，树立终身学习、终身反思的理念，不断整理自己的教学思路，不断总结自己的教学方法，不断概括自己的教学体验，逐步形成个人教育思想。学校群体层面，要努力让教师的个人教育理论与时代方向基本一致，与教师所处的实际教育情境相契合，与教师自身的各种能力和条件相匹配，尊重教师的个人话语权，让教师发现更好的自己，促进教师"专业自我"的建立，最终帮助教师形成自己独特的教育实践智慧。

从外显特征的角度看，自主生长课堂具有高效、独特、共生的特征。因为自主生长课堂基于经验反思，凸显课堂的高效；基于教育生态，促进课堂共生；基于个性差异，展现课堂的独特。自主生长课堂的操作模式也有三个环节：一是在教学设计与实施环节中，通过"三实践、三反思"寻找捕捉个体的自我经验；二是在课堂观察与评价环节，通过说课、观课、议课进一步放大教师自我经验，形成"个人经验"并应用于课堂；三是在课例研修与固化环节，通过检视、审辩、提炼形成个人教学思想。

二、教师教学思想的自主生长离不开经验与反思

不久前，在我区郏城街中心小学开展了一次自主生长课堂教学观摩研讨活动，由实验老师施年荣执教一节鄂教版二年级语文课《将军和蜘蛛》。学生在施老师的有效引导下，积极主动学习思考，踊跃互动合作交流，特别是施老师"品文悟情，随文激情"的教学风格给我留下了深刻的印象。在议课评课的过程中，同伴争鸣，专家点评，让我感悟到教师的教学思想生长离不开经验与反思，施老师的说课环节给我留下很深的记忆。

施老师介绍她以前的教学，非常关注学生的字词句篇，总是担心学生字不会写，句不会造，考试考不好。语文教学经验始终离不开文本，概括地讲就是"习文本练词句"，太重视语文的工具性，教学的功利性很强。对《将军和蜘蛛》一课，按她以前的方法，课堂教学重点一定放在识记和书写生字词、仿句造句、背诵重点段落上。而课堂环节上应该是匆匆结束文本阅读，大量时间用于练习词句。这种教学经验在低年级教学过程中，有时候基础性检测学生考得也不错，但是到阅读理解这些思维性强一点检测，学生就普遍感到吃力。

几年前，施老师参与了自主生长课堂的实践，接触了自主生长理论。通

过自我反思、同伴互助与专家引领，她很快感觉到原来语文课堂上"习文本练词句"这种教学经验的局限性，开始在语文课堂上关注文本的文学性和思想性，注重品味关键词句，体验作者或主人翁的思想感情，注重培养学生的思维品质，概括地讲就是"品文本悟感情"。对《将军和蜘蛛》一课，她会将文本中的字词句篇放在学生课前的预习上，通过自主学习任务单来完成。课堂教学的重点放在"品文悟情"上，根据文本精选1—2个问题，如："将军受到怎样的打击？""这是怎样一只蜘蛛？"采取任务驱动、创设情境、思辨争论等方法，让学生品读句子、体悟思想，引导学生积极思考、阐述观点，并陈述理由。通过课堂实践运用，她体会到这种教学方法操作很方便，课堂气氛比以前要好许多，师生关系轻松融洽，学生开始喜欢上语文课，语文检测成绩也有了明显的提高。学校同行也开始认同并尝试施老师的这种教学方法，她经常代表学校参加各种教学比赛和交流，带头讲公开课、示范课，也聆听了很多专家的点评与指导。

　　施老师继续分享她在每一次课堂教学后，除了不断总结自己的教学经验，还经常反问自己：语文课教学的终极目标是什么？应该不只是会阅读字词句篇，应该不只是思维能力，也应该不只是表达能力。我们可以把阅读能力、思维能力和表达能力看成是学生的三大核心能力，我们更要把正确的价值观、科学的思维方式和优秀的品格看成是学生的三大核心素养。价值观管"心"，思维方式管"脑"，优秀品格管"行"，价值观和思维方式是内隐的，优秀品格是外显的。课堂教学的最高境界应该是唤醒和激励学生心中的真善美，不遗余力地对学生进行正确的价值引领、思维启迪、品格塑造。因此施老师的语文教学思想在"品文悟情"的基础上再次跃升到"随文激情"的境界。如对《将军和蜘蛛》一课，她会在品味文本、感悟精神中，让学生理解勤劳勇敢、战胜自我的品质可贵；在观察蜘蛛织网捕猎的视频过程中，让学生真切体验一切生物生存的不易；在学生观点的表述中，让学生有效掌握自主探究、审辩思维的科学方法。不仅如此，语文教师还应该有一双善于发现的眼睛。任何文本都可以发现积极的一面，教师要学会跳出文本，对文本进行自我解读，挖掘文本资源，结合现实生活让学生"明善知恶""思善弃恶""亲善离恶""扬善惩恶"。

　　听了施老师的说课后，参与教师受到很大启迪。施老师的语文教学思想从原来的"习文练句"到"品文悟情"，再到如今"随文激情"，这个漫长过程，就是一个教师教学思想自主生长的过程。施老师基于自身经验不断反思放大、不断颠覆重构、不断实践优化，让我们欣赏了一个优秀教师如何由"见山是山"的率性本真，到"见山非山"的颠覆疑惑，最后又回到"见山是山"的豁达融通、不忘初心的自主生长历程。

三、教师教学思想的自主生长离不开机制与激励

有了理论与实践，有了经验与反思，教师不可能马上就形成教学思想。教师教学思想形成一定有一个漫长的实践过程，教师在不断自我否定和创新尝试过程中，还会遇到不同的困难，甚至会遇到失败和挫折，这个时候，特别需要来自学校与同行的宽容和理解。好的机制会呵护创新的火苗，感受探索的喜悦，激励教师不断生长。

自主生长课堂理论与实践在新洲四校开展三年了，为了帮助40余名实验教师自主生长，区教师培训中心与实验学校共同合作，签订了合作协议书，制定了自主生长课堂实施方案，明确规定区、校、实验教师各自的职责。区教师培训中心重在引航，采取顶层设计，层级发展；按需分层，补偿发展；运用内生，自主发展；选好骨干，精准发展；搭建平台，共享发展等途径，结合自主生长理论，借力专家智慧，引领教师教学思想的生长。实验学校重在激励，帮助教师制定个人成长的三年规划，建立了教师成长报告册，督促教师开展自主生长课堂实践，定期组织教师教学思想论坛交流，年度结束后组织优秀论文、案例、优质课的评选和表彰。实验学校在人、财、物上对实验教师大力支持，建立了专门的自修反思室；在外出培训学习上优先为实验教师创造条件；荣誉和待遇上向实验教师进行倾斜；教学活动中鼓励实验教师展示，允许实验过程中的失误和失败等等，激励教师的专业成长。实验教师重在反思与提炼，鸡蛋从外部打破是食物，从内部打破是生命。运用内生压力，规定了实验教师每学期至少上一节校级公开课，一节区级的观摩课。两节课严格按照"自主生长课堂"的操作模式进行，并收集相关视频和过程材料，每节课须经历"三实践、三反思"，说课、观课、议课，最后教师必须撰写课例研修，认真总结和反思，进一步提炼自己的教学观念和思想。每学年结束后，区教师培训中心及时收集整理实验教师区级展示课的活动材料，将论文、案例、课例研修结集成册，坚持成果与成长同步的理念，激励教师的教学思想自主生长。

课堂是教师自主生长教学思想的主阵地，但教师专业活动还有更广阔的舞台，学校、年级组、学科教研组也是教师自主发展的成长空间。如何在学校建立起促进教师自主生长的校本研修制度，如何打造充满活力的教研组，如何创建更好的激励机制来助推教师自主生长自己的教育思想，需要我们进一步探索。

（原载《成才》2017年第2期）

个体自主生长和课堂自主生长阶段研究

湖北省长阳县第一高级中学　金爱华

　　一个教师如果想在讲台上有魅力，专业成长很重要。成长是一个艰辛的过程，许多教师磕磕绊绊走过许多路，探寻许多年才能寻觅到自我成长的有效途径。我校从2003年起，在潘海燕教授"自主生长式教师专业发展理论与实践研究"课题引领下，以"自修—反思式校本研修模式"的探索为主线，引导教师实现了身份的革命——放下教师"架子"，走下讲台，先当学生，再当教师。对我而言，这个过程经历了将近十年，直到我找到了阅读这种方式，才实现了自主生长。

　　王国维于《人间词话》云：古今之成大事业、大学问者，必经过三种之境界："昨夜西风凋碧树，独上高楼，望尽天涯路。"此第一境也。"衣带渐宽终不悔，为伊消得人憔悴。"此第二境也。"众里寻他千百度，蓦然回首，那人却在灯火阑珊处。"此第三境也。此三境概括的岂止是对学问的追求，几乎囊括了各行各业，自然也包括我的职业生涯。从教十七年，漫漫求索路，直到与"自主生长式教师专业发展理论与实践研究"相遇，我才觉得找到了归途。我绝不敢说如今我的课堂到达了第三重境界，也许求索终生也难达到第三重境界，但"自主生长式课堂"让我有了豁然开朗之感。

一、个人自主生长——腹有诗书气自华

（一）尝试模仿期

　　刚入职时带着十二分的谦虚好学精神，于教学如同一张白纸，任何的理论，任何的教学方式，任何人的提点，任何的尝试都让我兴奋，乐于去试试。曾经在高一学生中开当代文学评论课；曾经要求每周每人写五篇作文；曾经分组合作写作文，谁拿到就顺着往下写，一周七个人合作完成一篇；曾经给学生编印作文集，在班内发行；曾经提着凳子满校园的听课；曾经尝试种种教学理论，并试图在课堂上产生立竿见影的效果……太多的尝试让人快速成长，但也让人迷茫，在众多的理论和实践中迷失，找不着北，像一只无

头苍蝇乱撞，忙碌而低效。在刻意的模仿中不知所措，不知道课堂教学的要义在哪里。在浩如烟海的教参、教案、课件和课堂实录中困惑，有时连一堂课的重难点都抓不住。

这一时期的表现也正是青年教师的通病，热情、大胆、勇于尝试，但缺少方向，没有经验，没有自己的个人教学理论与实践。简单地说，活动有余，体验不足，感悟没有。

（二）困惑乏力期

职业的"七年之痒"不期而至，熟悉了工作环境，熟悉了教学流程，熟悉了每一课的重难点，熟悉了如何应付各种各样的考试，慢慢地职业倦怠感悄然入侵。造成这种倦怠的原因有很多，身体的劳累、家庭的负担、热情的流失、唯分论的厌倦等，但更多的还是教学上的止步不前。

离开大学校门时，我的知识深度和广度都是高于学生的，但封闭在校园这么久，"年年岁岁书相同，岁岁年年题相似"，我觉得我与时代脱节严重，尤其是"互联网+"迅猛发展的这十年，我依然站在原地，吃着大学时代积累的那点老本，一点点亏空。虽然单位每年都有继续教育的培训，但这种外在强加的任务式的学习并没能让我有太大的获益。我很困惑，我更害怕，我不愿成为一个沉溺于故纸堆的迂腐的教书匠，我想有自己的教学风格，有自己的教育思想，我想紧跟时代的步伐，我想我的课堂在教学大纲、高考考纲的约束之下能真正是"我的地盘我做主"。理想很丰满，现实很骨感，我孜孜不倦地继续找寻，却又憔悴乏力。

（三）自主生长期

困惑乏力的那段时间，我开始寻求自我成长，不停地反思，想回到问题的本源。到哪里去找寻我的力量源泉呢？

首先行动起来，克服懒惰。在行动中生长，不论朝着哪个方向，动起来才有破土的可能。如何动？从哪里下手？读书吧！写作吧！大学时几乎每周读十本书，广泛持续的阅读弥补了我童年、少年时代因身在农村无书可读的不足，如今我首先要解决我知识落后陈旧的问题。一件事只要你想做，是从内心自主生发地想，你就一定能找到做的办法，并且有坚持的意志力。我仿佛回到了大学，开始一本一本地啃书，抱着纸质书，挑灯夜读。有时做批注；有时做摘抄；有时写写感悟；有时长篇大论地作文；有时提出自己的困惑，放在微信朋友圈和QQ空间与大家讨论，或者拿到课堂上去问我的学生。一年一年，我重新爱上了阅读，爱上了思考，爱上了写作，更爱上了在课堂上分享、讨论。学生时代读到一本书觉得喜欢，可能因为人物形象，可能因为语言，可能因为思想触动了你，但如今读书总会多一重思考：如果我的学生看到这句话会如何想？与我的教育教学有没有关联？对我的教学语言教学方式有什么用？……

《教师专业化五项修炼》中这样表述阅读对于教师的意义："在教育教学中，一个教师如果没有人类文化大视野的支撑，没有对文、史、哲学、法学、经济学和自然科学的了解，而仅仅将自己的目光局限在一个狭小的圈子里，便很难成为一个真正意义上的优秀教师。从某个角度看，教师读书的宽度将决定自身生命的高度，教师生命的高度将决定着自身工作的高度，教师工作的高度将决定学生发展的高度，学生发展的高度将决定祖国和他们个人未来的高度。"

腹有诗书气自华，你所读过的书、走过的路都会以某种方式折射到你的工作生活中。阅读—反思—实践，我逐渐找到了一种我所喜欢的生长方式，在实践中获得体验，在体验中获得感悟，在感悟中发展教学，在教学相长中获得更进一步的生长。教师的幸福感来源于教师积极探索、主动创造；表现为有强烈的求知欲望和探究精神，对新事物、新思路有究根问底的热情，能够独立思考、批判质疑、勇于探索，具有提出新思想新见解的精神。如今，我通过阅读在自主生长中体会到教师的幸福感，更希望个人的幸福传递到我的课堂上，感染我的学生。

二、课堂自主生长——腹有诗书课自华

自主生长式教师发展专业理论认为：让教师自主生长并应用自己的思想，就是从亲身体验中提炼事例经验，在系列事例经验中整合类经验，形成自己的理论体系，在课堂里应用自己的教育思想。

当我个人体会到自主生长带给我的巨大乐趣、信心、成就感时，我开始应用我的体验到教学过程中，下面我以飞扬起课堂语言、高三语文笔记整理和我独创的"微议论"作文为例，谈谈我的课堂自主生长的经验与成效。

案例一：飞扬起课堂语言

在我倍觉教学困惑乏力时，上课成了一件不得不完成的任务，只是工作而已。常常讲着讲着就语塞，有时是心有所感却找不到合适的语言去表达；有时是语言枯燥，词汇老旧，连自己都觉得没有感染力。总之，腹中无货，出语心虚。当我开始大量阅读后，我的课堂语言突然有了很大改观。

当学生学习疲倦，或所学知识枯燥时，幽默的课堂语言好像一串鞭炮，一点就响，一讲就笑，在笑声中绽开了智慧的花朵，消除疲劳，使课堂气氛迅速升温。特别是偶尔的自嘲能很快拉近和学生的距离，增进师生感情，消除代沟。有时我也会故意用一用方言，比如讲解文言词汇"爷子"时，我拿方言做对比，学生马上明白，并引起浓厚的研究兴趣。

当我讲古诗词时，大量的背诵积淀使我引经据典时信手拈来。例如讲《菜根谭》中"竹影扫阶尘不动，月轮穿沼水无痕"时，我将我的感悟写成文章拿出来和学生共享，分五个层次讲这一句诗：初读，欣然自喜！再读，寂寥冷清！再读，悲凉愤怒！再读，反思自省！再读，怡然自适。这种个性化的深入解读让学生佩服得五体投地，有的学生请求我打印出来送给他收藏，有一个学生甚至手抄全文。当我站在讲台上出口成诵时，无论我还是学生都会被打动，这正是自主生长给我带来的收益。古人说："感人心者，莫先于情。"可见富有激情的语言才能感人，而激情不是空穴来风，是深厚的素养做依托的，而素养的形成非学习不可得。

当我讲解文言特殊句式、现代汉语语法时，课堂语言力求严谨简洁。语法本就是难点，初中淡化语法的学习，高中又必须学习，这对学生是个巨大的挑战。语法难且枯燥，如果教师语言啰唆，学生会如坠五里雾中，不知所云。所以讲解过程中语言应该条理清楚、推理严密、不凌乱，也应该具有高度的概括性，不用含糊不清的表述，不说字字珠玑，但应干净利落。

只有能驾驭语言的教师，才能发出感人肺腑的声音。课堂语言的多样性会直接影响课堂教学的质量。语言的丰富并不是通过简单的技巧学习就可习得的，要求教师必须要具备深厚的文化功底、很高的人文素养，而所有这些都必须通过大量的持续的阅读来实现。腹有诗书气自华。

案例二：我的笔记我整理

在高三开展课堂自主生长尝试不容易，教师的观念转变是第一大障碍。老师们普遍会有一些顾虑：担心高三复习时间紧、任务重，让课堂自主生长会耽误时间，复习低效，影响复习效果，因而更愿意任何事自己亲力亲为。资料的组织整理、课堂内容的确定和讲授、作业的批改评价、试卷测评讲解等等，教师往往都舍不得放手。老师们的普遍心态一是怕。不知道放手后会导致什么样的后果，万一学生成绩下降将会背负更多的压力。二是迷茫。"自主生长"听起来是个很美好的词汇，但在具体实施中如何做,做到什么程度,会有怎样的效果都是未知数。三是懒。使用现成的复习资料省时省事,让学生自主学习,老师的任务并不轻松,往往需要做大量的课前准备和课后评测,习惯了台前,走到幕后的辛苦让人望而却步。我在尝试中也一直有这样的担忧,即使现在做了众多尝试,取得一定的成效也还是有着隐忧,所以说教师转变观念、彻底放手是首要条件。

以学生自主整理笔记为例,用现成的资料固然省时省事,但学生死记硬背、囫囵吞枣何尝不是浪费了更多的时间和精力呢?只有学生自己整理,他才会明白哪些知识点是自己没有掌握或模棱两可的,做一遍抄写固然费时,却为后来无数遍查缺补漏赢得了时间,方便随时翻看复习。否则,当学生需要复习某一个知识点时,他将不得不在繁杂的资料中再次去重复已经掌握的内容,寻找似曾相识或不会的内容。这样的寻找过程浪费了大量的时间精力。再者,若没有独属于自己的整理,重难点也就不是自己的重难点,而全是老师或资料所认为的重难点,而实际学习过程中每个人的难点一定是有个性化差异的。仅以高三语文的"识记"能力层级为例,老师不会读、不会认的字怎么可能就完全与学生不会的绝对吻合呢?所以,教师将整理笔记的权利、时间都交还给学生,引导他们重视笔记整理,并安排足够的时间指导他们,相信他们不但能做好,还可以灵活多样、因人而异、百花齐放。放权与指导后的笔记经常会令老师刮目相看,自叹不如,这样的笔记整理也会让学生既达到整理知识的目的,又体会到学习的乐趣与成就感。

我的很多学生在尝试到笔记整理后的成效后,还纷纷将自主整理方法应用到其他学科上,高三一年下来,每个人的笔记本成了他们努力、成长、收获的最好见证,不少同学还将这些笔记本带到大学,甚至终生留作纪念。我也常常复印学生中的好的笔记留作教学资料,给下一届学生做示范。自主整理笔记不仅仅是带给课堂改变,更是促使学生个人的生活方式、思维方式的改变,而我也在学生的自主生长中获得新的成长。

案例三:自主写作异彩纷呈

高三的作文训练受时间和高考的限制,功利性很强,每一节课都有明确的考点目标,课堂气氛沉闷,学生写作兴趣不高。我从写作内容自主、写作时间自主、写作形式自主、写作评价自主四个方面做了实验,成效显著,一改高三作文课堂的沉闷,学生写作兴趣高涨,学习效果自然水到渠成。

比如在写作形式上多种多样：开展"微议论"写作，写出审题构思过程、写作思路；根据作文题目写一句话中心论点并列举分论点；写一句话中心论点，列举不同角度的论据；写一句话中心论点，用不同的论证方法进行道理分析；作文片段修改；病文大家来找茬；背诵优美的片段，仿写段落等等。

师生在实验过程中都会遇到打退堂鼓的时候，这时候特别需要持之以恒的韧劲，老师的坚持甚至比学生的坚持更加重要。

比如我在开展"微议论"写作实验时，一开始学生兴趣特别浓厚，因为给出的话题一反常态，甚至闻所未闻，不再是他们所熟悉的规规矩矩的考场题目。"ALS冰桶挑战赛""中小学开设游泳课引争议""食物饮品是有力量的""面对掺了杂质的爱如何自处与相处""一个人的音乐""狼来了""冒险救人之后的奖赏该不该拿""微电影《百花深处》""河流为什么不走直路"……这些题目有的是我出的，有的是学生推荐的。他们在写作的初期新奇感消失后就发现了写作的难处：作文的长短如何定？不能再以中规中矩的议论文套路去模仿敷衍。怎样写出有理有据有新意或深度的观点等等。一段时间后，有的学生开始打退堂鼓，碰到难题要求自己换话题，拖延的，应付的都有。作为老师，也增加了教学的工作量，每周的话题设定需要大量的阅读和思考，写后的评讲更需要付出时间精力，写作中的面评量大为增加。虽然师生都有懈怠之心，但通过学情调查，大多数学生仍然认定这种训练模式，觉得写作的自主权得到极大的释放，因此我通过微调写作时间、话题等坚持了下去。

走过实验瓶颈，坚持一段时间之后，学生从自主写作中尝到了甜头。他们的写作思路更为开阔，写作兴趣更加浓厚，提高了自信心，不再畏惧考场作文，写作方法也更多样，作文分数都有了不同程度的提高，我的作文课也形成了多种训练课型。多数同学学会了自主分析自己作文的问题，能用不同的课型去解决自身作文问题。这时候老师真正充当起了学生学习的引导者，工作变得轻松、高效、有成就感。

教师的个人自主生长是课堂自主生长的前提，反过来自主生长的课堂会反哺教师，促进教师的生长向更高更远的方向发展。教师的成长和课堂的成长是互补共生的关系，此所谓"教学相长"。在"自主生长式课堂"理论框架下，我想我今后的教学之路会走得更好。

（原载《成才》2016年第9期）

自主生长式教师专业发展理论视角下的教师成长案例
——以 Y 老师的参赛经历为例

湖北省武汉市光谷第三小学　李明菊

竞赛课是指学校或者上级教学指导业务部门为了展示研究的轨迹，交流教改的经验，在一定区域内进行的由教师上课、专家评课，比出优劣的教学竞赛活动。近年来，笔者尝试着把此类常态竞赛课置于"自主生长式教师专业发展理论视角下"进行探究与实践，获得了些许感悟。

一、自主生长式教师专业发展理论视角下竞赛课的内涵

自主生长式教师专业发展理论的建构者潘海燕教授认为，所谓"自主"，即"自我导向"，其相对面是"他主"，就是指教师处于主人翁状态，主动选择、主体体验与感悟。所谓"生长"，是指在反思下的"自我构建"，是立足"自我经验"的个性化发展、整体性发展、可持续发展，而不是违背规律的标准化生长、拔苗助长。"自主生长式发展"，就是以唤醒教师的主体意识为前提，以激发教师的内在动机为关键，以激活教师的潜能为重点，以教育反思为手段，让教师在这个过程中系统化自己的"自我经验"，进而形成一定的操作体系，并使之成为教师个人行之有效的教学方法和教学设计的理论，对自己的教育教学又产生持续而深远的影响。

笔者认为自主生长式教师专业发展理论视角下的竞赛课就是在潘教授的"自主生长式教师专业理论"指导和支撑下的教师自主能动发展的实践性研究，是一种关注教师个人经验的新教学模式的推介，是一种有教师个性思想的新理念的倡导，是激活教师内化的理论和逐步形成个人理论的实践过程。与以往仅仅以活动为主要形式的公开课、研究课、竞赛课等各类课相比，自主生长式教师专业发展理论视角下的竞赛课，更关注教师的自主发展和自我经验的发现、应用与提升，其内涵体现在其具有主动性、建构性、本真性和发展性。

二、Y 老师参赛介绍

学校接到上级教科研部门通知，要开展市级首届教师书法素养大赛，参

赛项目为现场书法优质课展示、现场临写碑帖、现场对联创作、现场个人书法优秀作品展。解读此次竞赛通知后，学校决定推荐 Y 老师参赛。Y 老师犹豫不决，并没有多大信心与把握，他认为自己是一名有 20 余年美术教学经验的美术老师，从未执教语文课，更没有执教书法课，又从没有执教过一节哪怕是校级的公开课，也没有外出参加赛课培训与观摩学习的经历，因而对是否参加本次竞赛很矛盾。但 Y 老师书法素养深厚，几十年如一日坚持练习书法，从未间断。更重要的是，学校想尝试以潘教授的"自主生长式教师专业理论"指导竞赛过程，引领 Y 老师成长，激活 Y 老师生命活力，唤醒其自主发展意识，充分彰显其内在的张力。

在参赛的整个"打磨"过程中，我们反复跟 Y 老师沟通，达成共识：参赛关注结果，更注重过程；教学听取他人建议，更注重自己经验的激发与呈现；课堂不过分追求完美，重在有属于自己的教学特色。经过两个月的赛课历练，最后他捧回来了市级首届教师书法素养大赛全能综合一等奖、教学展示一等奖、现场作品展示优秀奖的大满贯。对于参与了整个磨课过程的团队人员来说，清楚地知道这个结果一定是必然，因为潘教授的"自主生长式教师专业理论"激活了他！

三、自主生长式教师专业发展理论视角下竞赛课的优势

回眸 Y 老师参赛经历，自主生长式教师专业发展理论视角下的竞赛课主要彰显出了五点优势：

1. 让竞赛课去"果"存"过"

常规的竞赛课结束后，教师获得的等级证书及产生的影响和荣誉等，均会为教师的职务晋升、评模评先等增值，这仅仅只是竞赛课的外在价值。如果只是为了这些结果而参加竞赛，赛事结束了，教师的成长也停滞了，这样的竞赛带来的正能量只是短暂的，仅仅是一次活动而已，其价值微乎其微。而把竞赛课置于自主生长视角下，在整个赛事的过程中，引导参赛教师一同培训学习领悟"自主生长式教师专业发展理论"，用此理论指导自己的参赛思想与行为，就会悄悄改变教师的思维方式。人的思维是支配人的思想与行动的，自主生长式的思维方式使教师更关注参赛的整个过程，重在自身的变化与成长。当教师全心投入赛课的每一个环节、每一个细节，其全然忘却了结果，也不管结果如何，重在自己付出了就有成长的价值。

2. 让竞赛课去"他"存"我"

竞赛课磨课的过程中，参赛教师会听到来自不同层面的建议，甚至是专

家的金玉良言，但怎样变他人的思想为自己的思想，怎样真正结合教学实际为自己所用是困难的。Y教师在前期教学设计没有确定之时，是备受煎熬的。众说纷纭，有时是权威人士强调必须执行的教学策略或者环节，可是他怎么想就是理解不了；这时，作为辅导者的我们总是会对他说，"一切以你自己吸收为主，一切以你自己的思想为主，带着你自己的问题去探究，相信自己的感觉。"事实正是如此，在磨课之中，Y教师逐渐清晰自己的感觉与思想，最终呈现的课堂是在专家与同伴指导下的超越与创生，是自己的解读与精彩演绎。

3. 让竞赛课去"教"存"学"

以往的竞赛课追求的是流程设计得天衣无缝，甚至教师的每一句都要反复斟酌，似乎不能说错，到最后参赛教师就是走教案，课堂上关注的多是预设的"教"能否在规定的时间内完成。毕竟是竞赛，这样的"教"很难有课堂"生成"，更谈不上师生的自主发展。自主生长式教师专业发展理论视角下的竞赛课，更多的是关注学生的"学"，关注"学程"。在Y教师执教《捺》这一课时，我们基于学生学习的立场，充分了解三年级学生书法素养状况，精心设计科学有效的学案，并且在不同层次的学生、班级、学校中多次试讲，研究适合三年级多层次的学生学习的弹性设计案例，以不变应万变，让学习变得生动有趣，更有效，适合学生的自主发展。

4. 让竞赛课去"专"存"整"

自主生长式教师专业发展理论视角下的竞赛课是站在教师专业自主发展的角度在推进，更多地关注教师本人的潜力与原有的素养、经验等，也就是更注重充分发挥教师的综合潜能，不局限于单一的学科范畴，打破僵化的传统学科思维与学科壁垒，实行跨学科整合。Y教师是美术教师，通过本次竞赛，成功践行了美术、书法、语文三个学科的整合，绘画、书法、表达、文化等综合性元素在一节小学三年级书法课堂上挥洒得淋漓尽致，这就是整合的魅力，同时也给Y教师展示综合素养搭建了平台。

5. 让竞赛课去"伪"存"真"

自主生长式教师专业发展理论视角下的竞赛课强调的是师生在课堂上自主生长，有预设更有生成，有继承更有创新。摒弃了以前的"作秀""完美"，讲究的就是真实、朴实、扎实的课堂教学，教师在这样自主生长的课堂场域中，带着师生的"真问题"探究，一起学习与成长。

这一节自主生长式教师专业发展理论视角下的竞赛课结束了，同时也带给我们一些启示：一是自主生长式教师专业发展理论视角下的竞赛课需营造浓厚的合作氛围，拓展教师的眼界。在 Y 教师的磨课过程中，我们组建了团队参与其中，团队教师由多学科组成，实行跨学科参与探讨互动交流，浓厚的合作研究氛围影响团队一起成长，也开阔了大家的眼界。二是自主生长式教师专业发展理论视角下的竞赛课需建立有效的组织机制，保证赛事的落地。Y 教师参赛工作始终由学校教师发展中心负责，组织团队也是分工明确，确保赛事顺利推进。三是自主生长式教师专业发展理论视角下的竞赛课需借助前瞻的专家引领，助推教师的成长。Y 教师在参赛过程中一直有校特级教师、区学科教研员、市级教研员参与指导，每次试讲的课堂全程录像，上传专家评点指导，团队及其个人更是反复琢磨。因为有名师的指点，问题才会凸显，Y 教师才会殚思竭虑，有时苦苦思索好几天，这就是主动发展意识的增强，可以说，没有专家的引领就没有 Y 教师的迅速成长。

自主生长式教师专业发展理论视角下的竞赛课促使教师成为研究者，引领着常态课堂教学的发展方向，转变着教师的教育教学观念，更重要的是促进了教师的自我经验向自我理论的转化与提升，改变着教师的行走方式，使教师的专业自主式成长和持续发展成为可能。

（原载《成才》2017 年第 4 期）

自主生长式"磨课"让课堂变得更精彩

湖北省老河口市实验小学 王春林

湖北第二师范学院潘海燕教授提出的"自主生长式教师专业发展理论"主张形成自主生长课堂,把课堂变成师生共同发展的重要场所,强调在充分发挥学生主体作用的前提下,让教师在课堂上充分应用自己已有的教育思想,并生成新的教育思想与智慧。

"磨课"正是让教师在课堂上充分应用自己的教育思想,生成新的教育智慧和风格的重要方法和途径之一。所谓"磨课"是指教师以某一课时的教学为研究对象,经历不断的实践—反思—再实践,使该课的课堂教学不断趋于成熟完美的过程。我们尝试用潘教授的"自主生长式教师发展理论"来指导磨课,取得了事半功倍的效果。

近期,我校举行"综合与实践教与学"课题研讨活动,五位数学老师分别讲二年级上册的《量一量,比一比》、四年级上册的《1亿有多大》和六年级上册的《数与形》综合与实践课。我有幸参加了讲课、研课活动,所讲课是《1亿有多大》,安排在下午第二节课讲。这次活动使我深深地感受到磨课是一段让人冥思苦想、坐卧不安与豁然开朗、欣喜若狂交织的历程。通过融入自主生长式教师专业发展理念的磨课,我明白了,磨课其实是一个凝练出自己教学智慧和风格,不断追求卓越的过程,进一步彰显了自主生长式教师专业发展理论的魅力。咖啡豆久磨,磨出香醇的咖啡;自主生长式磨课,磨出精品课堂。

一、自主生长式磨课,磨出自我感悟的教学目标

自主生长理论认为"自我经验"是知识与能力的有机统一。"自我经验"就是教师经过反思获得的感悟。在教学中,教师要自己捕捉自我经验,要敢于大胆自我解读教材文本,然后在课堂中去实践,去体验,去感悟,进一步提炼、总结"自我经验"。

本次磨课活动中,我用自主生长式理论指导自己的磨课,磨出自我感悟的教学目标。

我第一次教学《1亿有多大》时,教学目标设计如下:(1)通过估计、

实验、推算、交流等活动，让学生在具体的情境中体验一亿的大小，培养学生数感，并让学生感受数学与生活的密切联系。（2）初步获得解决问题的一些策略和方法，提高学生解决问题的能力。（3）让学生获得成功的体验，并受到勤俭节约、保护环境的思想教育。

教学后，我发现教学目标主要侧重于感受1亿这个数目有多大，培养学生的数感。目标2缺少具体的指导方法，要体现出小基数类推解决问题的数学思想；目标3采用说教的方式，没有让学生看数据感悟、体验。于是，我又研读教参，根据自己的教学经验把教学目标修改如下：（1）借助于学生熟悉的事物，从不同角度对1亿进行感受，发展学生的数感；能用倍比法或归一法帮助解答有关1亿的问题；能借助计算器处理较复杂的数据。（2）经历猜想、讨论、计算等过程，初步获得解决问题的一些策略和方法，发展学生解决问题的能力。（3）体验数学与日常生活的密切关系，认识到许多实际问题可以借助数学方法来解决，体会数学的应用价值；增强环保意识和社会责任感，渗透勤俭节约的优良传统教育和国情教育。

这样的教学目标更加体现教师的自我感悟，更加详细、具体、层次分明，为教学设计指明了方向。

二、自主生长式磨课，磨出自我经验的教学设计

自主生长课堂，要求教师通过不断的实践与反思，在一次又一次课堂教学中凝练出教学智慧，不断提升专业能力，提高课堂教学质量，实现学生和教师共同成长。

课前，让学生事先测量了相关的数据。主要是课堂上不好测的数据，如100粒大米重几克，一元硬币摞起来高几厘米等。

课始，我让学生先观察教科书第33到34页内容，四人组讨论：实验课题研究的方法是什么？1亿张纸厚1万米是怎么算出来的？设计一个这样的方案步骤是什么？由于书上100张纸的厚度是1厘米，所以学生较快地口答出1亿张纸厚1万米。然后学生自己围绕实验课题来研究，如1亿本数学书摞起来有多高？1亿粒大米有多重？1亿枚一元硬币摞起来有多高？……

最后，分小组汇报时却"卡壳"了。学生不会计算！手里的计算器计算位数最多8位，上亿的数输不完整。尤其是涉及小数乘除法计算，学生更是一头雾水。如10本数学书摞起来有8.1厘米高，1亿本数学书摞起来有多高？

当时，我觉得学生基础太差了（我刚从六年级下来带四年级）。仔细一分析，原来学生还没学小数除法计算，倍比法计算和长度单位、质量单位间换算也不熟练。自己教学时，只注意引导学生理解图意了，没有引导学生化

图为数学算式,掌握由部分量推算出总体量的方法。所以学生遇到复杂的计算就束手无策了,不"冷场"才怪呢!

潘海燕教授认为:教师面对教材文本的解读时,敢于大胆自我解读教材文本,敢于用"土办法"去尝试解决文本中问题,然后在课堂中去实践,去体验,去感悟,课后自己感觉哪些地方效果还不错,哪些地方不尽人意,这些做法和想法就是自我经验。针对第一次的失误,我努力捕捉教师的自我经验。对教材和学生情况进一步分析,围绕新的教学目标,重新设计了课堂的每一个环节。

我把教学设计修改成四部分,第一部分复习1亿与其他计数单位的换算和常见长度单位、质量单位的进率。课件出示电视节目《是真的吗?》,老师也有几个"1亿有多大"的问题,请大家来猜一猜,验证一下!

第一题:世界最高山峰珠穆朗玛峰高8 848.43米,一亿张纸摞起来比珠穆朗玛峰高。是真的吗?

第二题:1头牛重400千克,一亿粒大米重量相当于5头牛重量。是真的吗?

第三题:一本四上语文课本大约9万个字,一亿秒时间能读完3 000多本四上语文课本。是真的吗?

第四题:雄伟的万里长城全长约6 700 000米,一亿步能走万里长城3多个来回。是真的吗?

谁来猜一猜,说明理由。由电视节目《是真的吗?》实验环节"实验让你眼见为实",导入新课实验环节。

第二部分,确定主题,设计活动方案,开展实验。引导学生确定活动主题,设计活动方案。

"1亿有多大"活动方案

小组成员					
活动内容					
活动步骤	一、提出猜想:				
	二、验证猜想:				
	张数			10 000	100 000 000
	高度				
	三、对比数据:				
	得出的结论:				
实验心得					

各小组交流活动方案。总结出"先测量部分量，再由部分量推算出总体量"方法。如组1：1亿张纸，先测量100张纸的厚度，然后再用100张纸的厚度乘1 000 000，推算出1亿张纸的厚度。组2：1亿张纸，先测量1 000张纸的厚度，再乘100 000推算出1亿张纸的厚度。

分小组动手实验，找出真相；各小组汇报交流，展现成果；相同活动主题的，对比实验步骤，感受实验精度。

得出结论哪些是真的，给全部判断正确的同学发奖，表现优异的组颁发伽利略奖。

第三部分，拓展运用，升华情感。通过算一算（如我国有1亿多小学生，如果每人每天节省1粒米，那么一天下来大约能节省多少克大米？如果每人每天吃400克大米，这些节省下来的大米可供一个人吃多少天？大约合多少年呢？）和读一读（如我国大约有一亿多个学生，如果每人每天浪费一张纸，就会浪费一亿张纸，也就是200多吨，相当于40多头大象的重量等），教育学生要爱惜粮食、勤俭节约和环保教育。

第四部分，梳理反思，总结建构。课外作业：写一篇有关"1亿有多大"的数学日记或童话。

这样的教学设计体现了三个特色：（1）采用电视节目《是真的吗?》形式教学，学生喜闻乐见。（2）采用"1亿有多大"数学活动方案，教给学生科学实验的态度和方法。（3）"测量大米引导节约粮食"等拓展运用，升华情感。

我经过自主生长式磨课，对《1亿有多大》这节课如何把握教材、如何把握学生、如何设计课堂的每一个环节都变得十分清晰，形成了自己独特的感悟、方法和思想。

三、自主生长式磨课，磨出自我教学语言、板书等风格

苏霍姆林斯基指出："教师的语言修养在极大的程度上决定着学生课堂上的脑力劳动效率。"准确、清晰、简洁、富有启发性的教学语言能始终紧扣学生的心灵，使他们的注意力高度集中，全身心地投入到学习中。在磨课的过程中，我用手机录下自己的教学语言，课后听一听，进行改进，使语言更加简练、吸引人。

苏联著名教育家加里宁有一句话："教育事业不仅是科学事业，而且是艺术事业。"板书是教学中所应用的一种主要的教学媒体，板书艺术则是教学艺术的有机组成部分。我经过磨课，将板书设计如下：

1亿有多大

100　1 000　10 000　100 000 000

先测量部分量，再由部分量推算出总体量。

1亿张纸的高度　1亿粒米的重量

1亿秒的读字量　1亿步的长度

评价在课程实施中起着激励、导向和质量监控的作用。教师恰到好处的评价，能使他们受到启发和鼓舞，精神上能得到满足，从而调动了他们学习的积极进取心。教学时，我采用含有合作、交流、创意、倾听等评价项目的评价表对学生小组学习进行评价，丰富学生对"1亿有多大"的感受，培养学生向他人学习、与他人沟通交流的习惯，让学生学会交流，正确叙述过程，表达结论，获得成功的喜悦。

四、自主生长式磨课，磨出自我潜能、团结互助的情感

自主生长式教师专业发展理论强调教师自己捕捉自我经验和同伴帮助捕捉自我经验，并且"自我经验"的敏感性和愉悦性是教师自主生长的基础，也是教师专业自主发展的动力和源泉。

这一切很容易发生在磨课的各个环节活动中，有时为了一个情景的引入，一个策略的产生，一个练习题的设计和提问的方法……都要翻来覆去地修改，真可谓是群策群力，充分体现了教师们的合作精神。自主生长式磨课，不仅激发了教师的自我潜能，磨出了任教老师创新思维的火花和教育智慧，也磨出了教师之间的团结互助合作精神和集体智慧。

我上完《1亿有多大》课后，听课的老师及时给我评了课，肯定了我的设计，也提出了修改的建议。刘婷婷和程蕊两位老师还在学校QQ群中发了我讲课的图片，表扬我"讲课认真""课堂精彩"。

磨课，教师付出的是艰辛，收获的是成长。其结果犹如化蛹成蝶后的美丽，使人激动，为之欣喜。自主生长式磨课，大大缩短了教师的成长周期，是教师自主专业发展的催化剂，是成就名师不可缺少的磨炼。

（原载《成才》2017年第5期）

积累事例经验　为教师自主生长式发展打好基础

湖北省武汉市光谷第九小学　张　茜

辩证唯物主义认为，经验是在社会实践中产生的，是客观事物在人们头脑中的反映，是认识的开端。湖北第二师范学院潘海燕教授提出的"自主生长式教师专业发展理论"认为，教师的专业发展从本质上讲，是从实践中能有效解决实际问题的"自我经验"开始，即通过内省反思，优化放大成为"事例经验"，整合成能深入全面认识问题的"类经验"，再凝练成个人经验体系，最后统整形成举一反三、触类旁通的实践智慧，由此生长出自己独特的个人教育思想或教学理论。

在教学中，教师总会碰到各种各样的问题，如某一知识在同一班级里学生接触的程度不同，老师所认为的和学生所知道的冲突，课堂上学生的注意力问题等。每一个问题都是实实在在的，需要教师亲身经历和感悟，因此，我们组内教师通过一次次的集体备课，一节节 40 分钟的课堂，获得教育体验，在体验中讨论，在讨论中思考，在思考中整理，在整理中提升自己的课堂教学，不断积累事例经验，实现"我与学生的共成长"。

一、在集体备课中形成个性教案

教师的教学行为主要是基于对教学事实的认识和对教学问题的理解。因此，老师在集体备课前，都是从自己所认为的理想教学角度出发，探寻最适合学生学习的教学。在集体备课中，教师用教育科学研究的方式对自己所做出的行为、决策以及由此产生的结果进行审视和分析，主动地获取知识、应用知识、解决教学实际问题，让教师把想好的做出来，把做好的写出来，真正让教师自主生长出自己的教育思想。

例如，低年级数学教研组在第一次开展集体备课时，全体成员共同学习了自主生长式教师专业发展理论，大家非常认同潘教授提出的关于自我经验在教师专业发展中所起到的作用的相关表述，因此，大家从积累事例经验入手，从一个个片段、一个个小问题切入，在集体备课中尝试。在低年级的数学教学中，我们提出更多的是关注学生的参与度，激发学生的活力，培养学生的数学思维。因此，在集体备课中，团队更多关注的是如何更好地调动学生的所有感官，激发活力。

又如，二年级的第二单元《平均分》是学生认识除法的起始课。因为在日常生活中有类似的平均分经历，因此，学生对于这个知识并不是一无所知。组内的老师提前熟悉教材后，在集体备课中，对于如何让学生感知"平均分"开展了讨论。新入职的老师认为，按照课本上例题的操作，让学生分糖果，知道什么是平均分就可以了。此时，组内的马老师提出，我们既要让学生知道什么是平均分，还要让学生自己举例说明生活中的平均分，还要让学生用完整规范的语言进行描述，这样才能让学生对于平均分有一个全面的认知。如何平均分是本节课中的难点，学生在理解掌握平均分就是"每份同样多"后，如何将12根小棒平均分成3份呢？我们提出应该让学生动手操作，这个时间必须得用，学生只有动手操作了，才能更加理解"每份同样多"，而且分法不同，分的结果一样，对于学生后面能运用乘法口诀直接分做了铺垫。

两次集体备课，老师们畅所欲言，之前自己独立思考备课中不明白的地方清晰了，自己忽视的地方原来有着至关重要的作用，每个人形成个性教案，再运用于实际的教学中。教师在课堂上亲身经历后，对于集体备课中预设到的问题有了准备，同时在课堂上锻炼了自己对事例经验的敏感度、对待问题的觉察力和感悟力，为事例经验提供了素材。

二、使课堂成为积累事例经验的阵地

教师在日常的教学活动中体验感悟反思，其成长是在自我经验的不断累积中形成的。同样，学生学习数学的过程也是建立在经验基础上的一个主动建构的过程。学生总是以其自身的经验来理解新的知识，在日常的学习中，对数学问题和现象都有自己的体验和看法，因此，在低年级数学教学中，我们利用学生已有的知识经验，通过主动质疑、猜想验证、独立思考、同桌讨论、归纳总结、尝试运用和反思等形式去开展教学，教师在这个过程中对其中的片段或问题进行观察思考，探寻反思路径，积累事例经验。

一年级的刘君环老师执教《两位数加一位数（进位）》一课，她先自己独立备课，并在组内进行试教，在随后的议课中，组内的老师对刘老师的这一课表达了自己的想法。"两位数加一位数"，学生原有的知识经验是已经掌握了不进位的两位数加一位数，对于算理也能理解，那么这节课的重点就应该放在如何让学生理解"进位"。教师开课用挑选的口算题引发学生对旧知的回忆，从中选取 24+5，让学生说说是如何算的，复习两位数加一位数的算理。此时，老师并没有马上过渡到新课来，而是提出：如果是 28+5，你还会算吗？学生对于这个计算并不陌生，有的孩子在幼儿园已经会算，但是让孩子说是如何算的，就需要思考。有的孩子根据 24+5=29 的计算经验，认为 28+5 同样可以先用 8+5=13，再用 13+20=33，老师对于这个孩子的回答先不表态，从这里引出新课情境图，依托情境图来让学生理解 28+5 的算理，同时验证刚才那位同学的算法。在教学中，28+5，十位的 2 是如何变成 3 的，多出来的 1 个十是怎么来的？这个是教学中老师重点关注的地方，同时也是这节课的难点，老师要通过引导，让学生自己发现。因此，我们建议老师在课堂上用孩子们熟悉的小棒来操作，通过原有知识经验的累积，用摆小棒的形式，探索不同的计算方法，拓展学生的思维。学生在摆小棒的过程中，发现从 5 根小棒拿 2 根给 28，此时 28 的 8 根小棒和 2 根小棒合起来是 10 根小棒，10 根小棒正好是 1 个十，为了便于观察，把这 10 根小棒捆成一捆，与前面的 2 个十合起来就是 3 个十，在这样的操作中，多出来的 1 自然而然地出现了，老师追问："为什么一定要从 5 里面拿出 2 根小棒出来呢？能不能拿 1 根、3 根、4 根？"学生很顺利地理解了"凑十法"的含义。刘老师根据我们讨论的意见，再次修改教学设计，重新执教，这次学生的学习效果明显高于第一次。

学生根据原有的知识经验来学习新的知识，老师在不断调整的课例中反思自己的教学方法和策略，关注课堂上的重点，让学生在老师营造的轻松良好的课堂氛围中"生长"，老师也在这样的一节节课堂上成长。

三、建章立制，不断积累事例经验

立足教师自我经验的自主生长式专业发展，就是引领教师不断深入、持久地对自己的教学实践进行反思，让教师在这个过程中沉淀、内化，形成自己的"自我经验"，并使之成为教师个人行之有效的教学方法和教学设计的理论，对自己的教学产生较长远的影响。学校为推进老师积极参与事例经验的研究，制定了《武汉市光谷第九小学教育反思方案》，每期的教学反思做成专刊，登载老师的优秀反思案例，用制度确保研究的有序开展，用评价来激励老师聚焦问题反思。

一年级的小唐和小栾是 2016 年新进教师。这两位教师虚心好学，有一股子钻研劲儿，在和同组的刘老师一起磨课过程中，将专家指导意见自我吸收，马上付诸课堂实践，同课异构一年级下册数学《数据的收集与整理》，效果不错。两位老师将评课中提出的意见重新理解，并修改教学设计，随后在另一个班实施，将两次上课的感受用反思或叙事的方式写下来。这两位新老师的成长是显著的。我本人也是在多次的反思中，更加聚焦低年级学生数学思想的启发和培养，关注学生思考问题的方式，培养学生发现问题、提出问题、分析问题、解决问题的能力，在课堂上让学生敢于说、善于说。执教表内除法相关内容中，学生根据乘法口诀写出一道乘法算式和两道除法算式，学生容易掌握，因此，我将讲台交给学生，让学生当小老师。班上的胡同学，思维活跃，上台后他首先板书上了三个算式，问："同学们，你们观察一下，这三个算式的数字都是一样的，下面的两个除法算式和上面的一个乘法算式有什么关系吗？"学生的注意力马上到乘法和除法各个部分之间的关系上，虽然此时不需要让学生明确，但是却为学生的学习做好了铺垫。在执教《有余数除法》一课时，为了探究为什么余数比除数小，我通过用小棒摆正方形、五边形，让学生在动手中发现，摆正方形时，余数是 1、2、3，如果余下 4 根会如何？学生马上发现了余下的 4 根正好又可以摆一个正方形，没有余数了；摆五边形时，余数是 1、2、3、4，让学生猜想，如果是 5 会怎样？学生马上根据前面摆正方形的经验，推理出多出来的 5 根可以再摆一个五边形。在这样的对比中，学生发现了余数比除数小，这个知识不是老师强加给学生了，而是通过学生自己操作、观察、思考得出来的，学生在这样的过程中，思维得到了训练，能力得到了培养，自己也在一次次反思中，教学更加得心应手。

目前，组内的老师们正在积极地积累、整理个人的事例经验，并通过一个比较长的时间积淀，从更高的平台上审视这一个个分散的事例经验，对它们进一步反思，并对其分类整理，提出解决某一类问题的主要思路和具体步骤，成为类经验。我想，这也正是我们一直前进的方向。

（原载《成才》2017 年第 5 期）

让课堂真正成为教师自主创新的阵地
——一则自主生长课的三次执教感悟

湖北省武汉市新洲区邾城街中心小学　苏春艳
湖北省武汉市新洲区教师培训中心　杜新红

《100以内数的大小比较》是人教版一年级下册的数学课程，这节课的教学目的是利用有趣情境激发学生的求知欲和学习数学的兴趣，使学生学会比较100以内数的大小，并体会比较两数大小的方法，培养他们观察比较、沟通合作、探究创新的能力。下面谈谈我参与自主生长课堂实践的体验感悟。

第一次执教：我教同桌学生在投影仪上看花朵

记得第一次执教，我研读文本后，精心设计"激情导入""合作探究""巩固练习"三个教学流程。比较数的大小，学生是有经验的，以前他们在学习20以内的数时，曾比较过数的大小。课前先在学生课桌上准备好计数器。"激情导入"环节，我采取"看一看、拨一拨"的思路，旨在训练学生观察能力和初步的数形结合思维。我播放了一段云南鲜花交易市场的视频，学生马上被五颜六色的花朵吸引，然后视频呈现9支玫瑰，让学生复习用计数器表示花朵数后进入新课。"合作探究"是这节课的重点，我采取"比一比、说一说"的思路，为此专门制作了三张精美的PPT，如："9朵玫瑰与35朵玫瑰""35朵玫瑰与52朵玫瑰""52朵玫瑰与57朵玫瑰"，每张PPT后面写有数的大小比较的规律。每展示一张PPT时，先让同桌仔细观察，左边的同学数左边的花朵数，右边的同学数右边的花朵数，各自记录在计数器上。再让他们自行比较，说出比较的规律，并且选择了3组同桌进行数字大小比较的交流。为了帮助学生理解，我特地将10朵花一组摆放，并结合计数器上的个位数与十位数，学生很快得出100以内数的大小比较的规律：（1）两个数比大小，位数多的数大。（2）位数相同的数比大小，先比较十位数，十位数大的数大；如果十位数相同，再比较个位数，个位数大的数大。"巩固练习"环节我选择"学校各班出操人数""超市购物发票"的生活情景，设计一组练习，学生根据规律几乎都能正确比较大小，课堂师生互动活跃。

在说课、观课、议课的环节，我很自信地交流了自己教学设计与实施，并说明了对文本的研读与反思。观课教师从"学习的有效性"的观察角度肯定两点：（1）重视学生科学思维方式的训练，如三张PPT的设计顺序；（2）重视数学与生活的联系，如："早操考勤""商场购物"等，值得商榷的一点：PPT上将10朵花摆放一起，是否束缚了学生的思维发散，这样好不好？

最后区教师培训中心杜新红主任从"心理学机制"的观察角度分析这节课。他指出，教师的成长一定是在"教育活动—教育体验—教育感悟"中自主生长的，积极教育活动产生成功教育体验与感悟，大量成功教育体验与感悟就会形成教师的个人思想，同时也会进一步促进教育活动。低年级数学教学要多采用直观教学方法，要遵循学生的认知发展规律。设计教学活动时要多渗透直觉思维，多挖掘发散思维。他赞赏我赋予文本自我解说的勇气，并鼓励我下次教学不要简单地用视频看图，尝试用实物让学生在做中学，在做中思，获得更多元、更深刻的学习体验；让学生更开放、更自由地比较数的大小，在体验中去感悟去理解比较数的大小规律。

第二次执教：我让小组学生在课桌上数花朵

认真反思之后，我在第二次教学实践中进行了优化和改进。我利用学校节日废弃的"满天星"，变废为宝地剪了许多小花朵，按照35朵、62朵、69朵、81朵的数量分装在四个盒子里面。"合作探究"环节，我将学生分成四个小组，每组放一盒塑料花。采用"数一数""比一比""说一说"的步骤，我先让每组数清并记下盒中的花数，接着各组之间相互比较大小，最后交流比较大小的方法和原因，只要有道理都行。学生的表现出乎意料，在"数一数"中，涌现出多种计数的方法，有的一个一个数，有的一双一双数，有的一五一十数。在"比一比"中，各组之间有你出一个、我出一个，比比看哪个组剩下的数量多；有的五个或十个一堆比，比比看哪个组的堆数多；还有堆数相同的组，就比较剩下的个数，个数多的数大；有趣的是35、81两组比较时，他们都不比，直接判断大小。在"说一说"中，各组交流比较的方法，我特地询问35、81两组怎么不比就知道大小。有的说我是根据花朵在桌面摆放形状大小判断，81朵花摆放形状大，那"81"这个数字肯定大；有的说我是根据花朵装进盒中的轻重判断，35朵花盒子轻，那"35"这个数字肯定小；有的说我直接看到装入盒中花朵深浅判断，81朵花的盒子里装得满满的，那"81"这个数字肯定大。整节课学生们思维活跃，小组之间交流和争论很激烈，课堂生发很多超出教材的创新方法，观课老师一致认为这节课教学活动设计独特，学生思维训练活跃，课堂体验感悟深刻，学习效果很好。

第三次执教：我陪全班学生在操场边搬花朵

前不久，又要执教这节课，结合两次课堂的自我经验，我决定再一次优化改进教学环节，进一步整合开放教学活动，将数学课和劳动课一起上。我班校园卫生责任区是操场边四个小花坛，学校每年根据季节由后勤人员定期更换花草，这次我提前与总务处沟通好，主动要求我班学生自己更换。全班学生分成四个小组，我特地设计"清扫—搬运—摆放—计数—比较—展示—留影"七个活动环节。劳动时，没想到全班学生热情高涨，迅速将原来枯残的花草盆搬离清扫，将应景翠绿的花草盆搬来摆放。原来花坛摆放都是方形的，各组进行创意改变，将四个花坛摆成圆形、菱形、梅花形、心形的图案。计数环节，每组学生认真清点，为了避免重复和遗漏，在数过的花盆上进行标记。比较环节，小组之间激烈争论，相互监督，寻找方法，探究规律。有个小组比较大小后，还用脚去丈量每个花坛的长度，得出花坛长度越长，花盆数越多的规律，有力验证了小组的判断。展示环节，我让四个小组用A4白纸写出各组花盆数（79、87、89、92），各组派代表手持数字出列展示交流。如甲乙两组手持"79、87"出列并排站好，中间留空档，丙组选择打印有">""<"的纸张，站在让甲乙中间，丁组判断对错，并说明理由。特别有趣的是，丙组学生在"79、87"之间选择了">"，他们组喊"拿错了"，这个学生笑了笑，慢慢将纸张上下颠倒变成"<"站在中间，学生当中立马有人喊"哇！还能这样"。活动结束后，我陪每个小组在劳动成果花坛边留影纪念，学生拿扫帚的手都黑了，有的脸上还有泥土，但我从学生天真烂漫的笑脸中体验到劳动求知与生命成长的快乐，这就是我所追求的课堂上融入"深度学习"与"学生核心素养"，打造高效、独特、共生的课堂。

根据潘海燕教授的观点，自主生长课堂的核心是教师要立足自我经验，不断地应用与优化提升，最终形成自己新的教学思想。教师要敢于赋予课堂"我"的解说，不断创新教学活动。自主生长理论下的课堂不再仅仅是学生的课堂，同时也是教师的学堂，教师从课堂里学习教育教学的规律，反思自己的教学行为，从中概括升华出自己的教育思想，然后又应用到课堂中，使课堂真正成为教师自己进行教学创新的阵地。

（原载《成才》2017年第6期）

破师生为难心理　助推师生自主生长
——以"欣赏·评述"课《画家凡·高》为例

湖北省武汉市光谷第三小学　李佳旖

本学期我校开展了"基于自主生长式教师专业发展理论的'和乐课堂'的建构"课题（以下简称：课题组）研究，旨在"通过自修、自研，专家指导，觉察自己在教育行为中的主要问题及薄弱环节，寻找出'最关键、最困惑、最有价值'的问题，针对自己的实际情况，制定出学习计划、行动方案及一段时间内所要努力达到的目标。"以此为契机，笔者在执教四年级美术课程中发现，大部分学生对于"造型·表现"以及"设计·应用"课程的学习相对较好，在学生的眼里，美术的面貌还是停留在单一的技术表达层面上，如画好画、做好手工。而美术欣赏、美术评论对于学生来说，似乎并不属于美术的学习领域，甚至认为这不是语文课的内容吗？因此，笔者在"欣赏·评述"课的教学中感受到了阻力，学生看不懂作品、不知道美术语言，更不会运用美术语言进行评述，所以也谈不上对美术作品的评价以及形成健康的审美情趣，发展审美能力。

在2011年新颁布的《全日制义务教育美术课程标准》中就明确指出，"欣赏·评述"领域是指学生对自然美和美术作品等视觉世界进行欣赏和评述，逐步形成审美趣味和提高美术欣赏能力的学习领域。除了通过欣赏获得审美感受之外，还应用语言、文字等表述自己对自然美和美术作品等视觉世界的感受、认识和理解。尤其是2015年后，中国的课程进入"核心素养"时期，美术学科也提出了五大核心素养，即图像识读、美术表现、审美判断、创意实践、文化理解。那么，基于这五大核心素养的提出，笔者认为"欣赏·评述"领域课程是美术课程的核心领域，它涵盖了五大核心素养的全部内容，解决好这类课程学生才会真正认识美、欣赏美、表达美进而达到提升审美能力的目的。

正是基于以上现状，笔者在美术课堂教学中开展了薄弱模块"欣赏·评述"领域课程的微探究。以四年级下册《画家凡·高》一课为切入口，试图打开此类课程"高不可攀"的僵化局面，形成一种教师"敢教"、学生"敢说"的新局面，促进师生自主生长式发展。

一、制定行动方案计划表

"凡事预则立，不预则废。"根据学校课题组的目标精神、课例特点以及五大核心素养的指向，我给自己制定了一套详细的行动方案，如下表：

题目	打破师生为难心理 从美术核心素养谈"欣赏·评述"课教学——以"欣赏·评述"课《画家凡·高》为例	核心素养指向
行动方案	1. 教师通读《凡·高传——渴望生活》一书，了解艺术家生平及作画背景，提炼相关信息为学生做好课前预习方案，为教学设计做好文化铺垫。	文化理解
	2. 从书中提炼出画家风格转变的时间节点，确定以4个时间段为主线的教学设计。	图像识读、美术表现、审美判断、创意实践、
	3. 在教学设计中渗透体验式赏析、提炼式赏析、比较式赏析的设计理念。	
	4. 课堂实践并根据学生反映对教学设计进行打磨、重构。	
努力达到的目标	教师层面	敢教、能教、乐教、会教
	学生层面	敢说、能说、乐说、会说

二、行动方案过程描述

（一）前期准备

根据美术学科五大核心素养中"文化理解"的定义："文化理解"是指从文化的角度看待美术作品和现象，认同中华优秀文化、尊重人类文化的多样性。从这个角度出发，笔者认为"文化理解"不仅是一个目标，更是一个开始。本课给我们呈现了一个荷兰画家凡·高，那么凡·高是谁？他生活在什么年代？那个年代有着什么时代背景？凡·高是怎样形成他独特风格的？他都有哪些代表作？哪些代表作学生应该了解？……这些问题都是这节课背后所隐藏的文化背景，是教师首要研究和学习的内容。因此，笔者为了上好这节课，查阅了大量资料并且购买《凡·高传——渴望生活》一书，试图走进这位艺术家所处的时代，像个"考古学家"那样，对他的代表作进行一一考证。正是出于对书本的理解，笔者提炼出了一条时间线索，即5个时间段

4个时期（如下图），以此为主线，笔者展开了教学设计。

1853、1880(27岁) —— 1886、1886 —— 1888、1888 —— 1889、1889 —— 1990
　　⇩　　　　　　　　⇩　　　　　　　⇩　　　　　　⇩　　　　　　⇩
　　出生　　　　　　　早期绘画　　　　巴黎时期　　　阿尔时期　　　圣雷米时期

（二）三大教学理念的渗透化教学"技术"为教学"艺术"

只有读懂作品的创作意图，才能挖掘到作品内在的本质与灵魂。但创作意图并不浮于表面，它隐藏在作品的形象、情节和形式之中，需要学生用艺术的眼光去剖析和解读。因此，在本案例中，笔者运用多种赏析方法帮助学生由表及里地感知、把握和理解作品的创作意图。

1. 体验式赏析

体验是最好的学习方式，能刺激学生的多种感官，调动积极性，使他们自觉能动地参与到赏析过程中来。在本案例中，笔者在四个教学环节中巧妙地植入了音乐、视频、触摸、亲笔尝试的体验式赏析方法，营造了学习情境。

第一，在导入环节，教师笔者采用视频配乐朗读的形式，使学生快速进入学习的情境中，教师有感情地朗读艺术家凡·高的相关文字资料，增强了感染力，渲染了课堂氛围，激发了学生对艺术家的喜爱之情。第二，在新授环节进入到"巴黎时期"时，为了使学生快速理解印象派对凡·高的影响，笔者收集了印象派代表画家以及代表作，用微视频的方式呈现给学生，学生从视频中就能迅速感受到印象派的作品，并能从作品中读出凡·高是在吸收了印象派的养分后，画风才开始转变这个重要节点，很好地突破了教学中的难点问题。接着在"阿尔时期"的讲授和学习中，笔者运用后人专门为凡·高所做的音乐 *Starry Starry Night*，配上大量的图片，随后让学生闭上眼睛，教师用语言介绍阿尔小镇，学生展开情景联想，促进了对作品的理解。第三，为了使学生更好地理解凡·高代表作《向日葵》，笔者亲自临摹作品《向日葵》，并请学生用手触摸，感受颜料的厚薄对比和笔触的力度。为了强化对笔触的理解，在代表作《星月夜》的赏析中，笔者利用平板电脑中互动体验式 APP "Starry Night"，让学生触摸平板电脑，感受笔触带来的"流动"的体验。第四，学生亲自动手感受凡·高作品的魅力。笔者为了让学生近距离感受凡·高，增加表达的途径，在教学中特别设计一个"我来当当小凡·高"这个环节，让学生模仿凡·高的色彩或笔触，进一步理解凡·高的创作心情。

学生在教师设计的一系列体验式赏析环节中，调动了自己的视觉、听觉、触觉的感受，体验了画家创作意图的内化和外显的过程。

2. 提炼式赏析

面对画家繁多的艺术作品，笔者在40分钟课堂上不可能面面俱到，必须有所取舍，对于重点理解的作品必须要有足够的代表性。因此笔者在"早期绘画""阿尔时期""圣雷米时期"三个关键节点的教授阶段，分别提炼出三幅代表作《吃马铃薯的人》《向日葵》《星月夜》，从背景、表现内容、色彩、笔触等方面进行引导解读，使学生从对作品表面的理解，深入到对作品内在的本质与灵魂的理解，帮助学生提高认识、内化知识。例如在分析《吃马铃薯的人》这幅作品时，笔者通过四个问题的提出，层层剖析作品的内涵，使学生大胆表现：

《吃马铃薯的人》

（1）画中的人物是生活富裕的贵族，还是贫苦的劳动者？你是从什么地方看出来的？

学生答：是贫苦的劳动者。从脸部的表情、手部肌肤的粗糙与手指关节粗大、昏暗的灯光、破旧的家具、简单的晚餐……可看出。

（2）这幅画主要用了哪些颜色？请一位同学上台来，从这一组颜色中选出3种（色彩昏暗的颜色）。

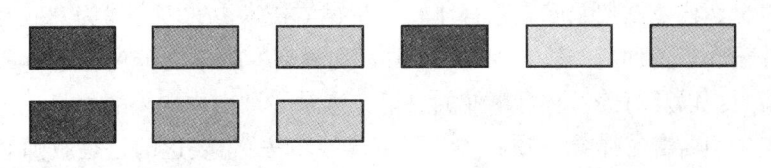

(3) 这些颜色给人什么感觉呢？表达出画家什么心情呢？

学生答：压抑、沉闷的感觉，表达出画家对底层民众的怜悯、同情。

(4) 凡·高早期还画了许多类似的作品（课件）。这一时期他的作品在色彩上有什么共同的特点？

学生答：色彩暗淡。

追问：你们会喜欢当时凡·高的作品吗？为什么呢？

学生 a 答：不喜欢，因为色彩太暗淡了。我认为农民尽管生活再贫困，但是他们的内心还是积极乐观的，而不是画面中昏暗、茫然的，所以我不喜欢这样的表达。

学生 b 答：喜欢，我觉得凡·高是个正直的人，他通过自己的作品为农民发声，用暗淡的色彩表现出农民生活的不易。

从学生的回答中我们可以看出，笔者的四个问题加上后面的追问是恰如其分的，学生在思考中解决了难题，并且回答的内容生动、准确。

3. 对比式赏析

在美术欣赏中，最常用的欣赏方式是对比式。其作用是把两种或三种相近的作品进行对照比较，突出各自的个性特征和共性特征。本课中，笔者多次运用对比法，如将凡·高"早期绘画"和"巴黎时期"作品进行对比，让学生进行分类，并自己得出"巴黎时期"作品色彩开始变得"明亮"起来这个关键词。接着，笔者在最后又设计了两组对比。第一组：马奈的《吹笛少年》、东山魁夷的《绿》、凡·高的《松树》；第二组：莫奈的《睡莲》、米勒《晚钟》、凡·高的《麦田乌鸦》。让学生选出凡·高的作品，并对选择的原因进行简单的阐述，进而测试学生对知识的掌握情况。

三、目标达成综述

在此次微课题的研究中，笔者设定了两个层面的目标，一是教师层面的：敢教、能教、乐教、会教；二是学生的层面的：敢说、能说、乐说、会说。总的方向是打破师生对"欣赏·评述"领域课程的畏难心理，从"关注学科"本身转变为"关注学科与关注人"并重的思想。

从教师层面出发，为打破这个"僵局"，笔者通过自学、挖掘课程素材、整合素材、构建框架、多重感官体验、新媒体技术渗透等方式为"欣赏·评述"课输入了一种新的教学理念。《画家凡·高》教学充分展现了笔者的才华、能力，以及对美术教育事业的热情，这是一种由内向外的力量。正如陶行知先生的名言"捧着一颗心来，不带半根草去"，表达的正是教师对教育事业的真诚与热情。因此通过本课的教学，笔者也基本上迈出了第一步，证明了美术教师只要有信心和决心，是一定敢教、能教并且是乐教和会教的。

从学生层面出发，过去笔者在课堂上通常是回避"欣赏·评述"课程的。从去年起，笔者开始正视这个问题，但是发现学生评述的语言贫乏、空洞，多套话，个性的东西很少，究其原因，还是教师的引领不到位。通过对本课的学习，学生身上那颗灵敏的心似乎被激活，他们在课堂上有话说了，并且时不时地可以说出很多有个性的语言，例如："老师，我认为凡·高是个天使，但是他却一不小心走进了地狱。"多么鲜活而生动的表达，当孩子们真正走进了那个艺术的氛围，他们的表达可以是精彩的，甚至是惊喜的。

当然，对于本课的探究，仅仅只是笔者对"欣赏·评述"类课程微探究的开始。以此为契机，结合学校搭建的"自主生长式"平台，笔者将继续研究，找到更多适合此类课程的方法，进而推而广之。

（原载《成才》2017年第7期）

自主生长研修：教师专业成长的新常态

湖北省宜昌市秭归县茅坪小学　邓向东

教师是一所学校发展的关键，有了好教师，才能培养出好学生，成就一所好学校。因此，教师的专业成长是学校管理中一个非常重要的问题。作为管理者，应该努力调动教师们的内在需求，激发教师发展的内驱力，把学习与研究、实践与思考融为一体，促进教师主动的、持续性的发展，提高教师的专业水平。

一、"真问题"生成"微课题"

自主生长研修首先要调动老师的主观能动性。为使全体老师树立"问题就是课题"的校本研修理念，我们引导教师将注意力放在解决身边真问题的研究上，使真问题成为教师"自主生长研修"的真起点，帮助他们将真实存在的问题转化成具体研究的真课题，以问题为中心架构研究内容，组织研究资源，实施研究活动，生发个人自我经验。

我们学校的每位教师都有一本《自主生长修炼手册》，手册以问题为导向，以行动反思为手段，引领教师持续研究，提升自我经验，使之成为教师个人有效的教育教学方法，对今后的教育产生影响。问题主要来源于教育教学实践：一是"课例反思"，教师对照高效课堂评价标准，通过录像回放再观自己的课，对课堂教学进行自我分析和诊断，反思自己的教学行为，找出其中的问题，形成研究的"微课题"。二是"行动反思"，教师在教育教学过程中出现的困惑，经过分析、诊断、提炼形成研究的"微课题"。

如一位数学教师在教学过程中遇到困惑，由于生源复杂，进城务工子女留守学生较多，学生学习习惯较差，学生的作业正确率和书写质量不高，作业一次批改、二次批改占用了师生大量时间，轻负高效成了"空谈"。于是她把"如何提高学生的数学作业质量"作为研究的微课题，确定自己的研究思路：第一步调查分析作业质量不高的根源；第二步通过"个案研究"，随时对问题的生成、思考和解决的思维过程用文字记录下来，在众多"个案"中找出解决问题的方法；第三步采用"行动反思法"，在课堂教学、同伴互助、家访互动解决问题过程中不断总结反思,将感悟进行整合,提炼成最有价值的经验;第四步整理总结形成自己的实践智慧。经过一年的研究,问题得到解决,教师个人专业水平也得到提升,论文公开发表,班级的数学学科在全县调考中获得了优胜学科奖。

二、"共同体"让自主生长研修"接地气"

教师即研究者,教学活动即研究行为,教师群体即研究共同体。科研活动必须与教学实践融合起来,到实践中去,解决教学中的实际问题。

自主生长研修不是"孤军奋战",而是让教师在"专业发展共同体"中过一种高品质的教育生活,改变自己的"行走"方式,进而在相互切磋碰撞中提升"自我经验",构建自己的"教育理论"。因此,我们以学科组为单位建立研修共同体,研究采用主题跟进式研修方式,每次研修活动,要确定一个具体的问题进行研究。如数学组为了研究"课堂生成策略"这个主题,分解成若干个小主题:怎样抓住"闪亮点",在分享中促生成?怎样抓住"错误"资源,在对比中促生成?怎样抓住"不对称"资源,在反思中促生成?怎样抓住"不全面"资源,在评价中促生成?……把这样一个个主题研究不断地跟进,逐步深入,教师在反复琢磨中恍然大悟,在左右比较中自然流露出自己的想法,在百思不得其解时突然茅塞顿悟,自我经验不断升华,进而建构成自己的有效教学经验。

参加研究的教师,每次都担任一个角色:主持人、中心发言人、追问员、总结员、资料员,每次角色进行轮换。这样人人有角色,才能实现人人参与研究。共同体研修要随时关注有效教学策略的提炼与生成、实践与验证,把教学策略的开发与生成作为教学研修活动的基本目标。

三、"重过程"转化自主生长研修"真成果"

体验、反思、感悟是教师自主生长的三个核心要素,尤其是在教育云、微课等信息技术与学科的深度融合的背景下,老师必须做一个"反思实践者",在实践过程中不断反思提炼"自我经验",升华"自我经验",这个过程就是老师自我生长的过程。因此,我们特别重视教师来自实践的有价值的反思和感悟。只要是老师在教育教学过程中生发出来的"自己的感悟",都可算为成果。聚沙成塔,这也是成为研究型教师的重要途径。教师成长即研究成果。

抓四环节促老师转化成果。第一环节,抓汇集,找切入。在实践中及时发现问题和呈现问题,完成从泛化现象到本质问题提炼的过程。第二环节,抓反思，重研讨。通过案例进行反思，获取深刻的体验和感悟，完成从事实陈述到本质认知的过程。第三环节，抓锤炼，重写作。反复思考打磨加工，进行阶段总结，将研究转化成可分享的论文成果。第四环节，抓展示，重提升。进行论文交流展示，在研讨过程中完善。

通过自主生长研修，真正实现了师生共进、教学相长，现在老师的教学技能、个人素养都得到了质的飞跃。课堂活起来了，课堂效益高起来了，以学定教，教助学成在每节课中得到很好的落实；老师观课议课水平得到提升，都能进行课堂有效诊断，并提出解决问题的办法和建议；老师公开发表论文也不再是"传奇"。

我们相信：只要我们把自主生长研修当成工作常态，循序渐进，持之以恒，精耕细作，校本研修水平必将提升到新层面，教师的专业发展必将迎来新局面。

（原载《成才》2017年第9期）

以研修共同体为依托促进教师自主生长

湖北省宜昌市秭归县茅坪小学　邓向东

当前学校常规校本研修活动存在以下问题：一是不善于围绕教学中的"真问题"进行合作研究；二是一部分老师在研究的过程中充当"评论者""聆听者"，而不是真正的研究者；三是缺少对"真问题"分析与行为跟进，缺少对学科本质和学生研究真谛的追问与思考。针对以上现象，我校以潘海燕教授提出的"自主生长式教师专业发展理论"为指导，结合多年实践，现在渐渐形成"以教师共同体为依托，由'真问题'驱动，促进教师自主生长"的模式，探索出了一条打造研修共同体、跟踪"真问题"，促进教师自主生长，提升教师专业素养的新途径。

下面以数学学科为例，谈谈我们如何打造研修共同体，聚焦"真问题"，在"研修"的过程中促进教师的自主生长，提升教师的专业素养。

一、建立自主生长研修共同体　规范自主生长研修流程与方法

在自主生长式教师专业发展理论的指导下，建立自主生长研修共同体，进一步规范研修流程和方法。即每位老师熟悉教材解读、学情调研、教学设计、课堂观察，持续改进课后反思的研究流程；实践文献阅读、资料分析等研究方法；形成聚焦"真问题"，持续反思研究意识。

自主生长研修共同体的教师每次参加研究都要担任一个角色：主持人、中心发言人、追问员、总结员、资料员，每次角色进行轮换。这样人人有角色，才能实现人人参与研究。共同体研修要随时关注有效教学策略的提炼与生成、实践与验证，把教学策略的开发与生成作为教学研修活动的基本目标。在共同体中明确教师角色的目的主要有三个：第一，以任务"绑架"的方式确定行为责任人，实现全员参与，任务明确，有效避免个别教师"边缘化"或骨干教师承担过多的任务；第二，研究角色分工，保障研究过程规范化；第三，切实提高教师们的研究意识，尤其是资料意识，提醒教师随时随地都要注意收集各种资料，最终形成"共同提升"的目的。

教师在"研修共同体"中过一种高品质的教育生活，改变教师的"行

走"方式，进而在相互切磋碰撞中提升"自我经验"，构建自己的"教育理论"。因此，"共同体"研究采用主题跟进式研修方式进行，每次研修活动，要确定一个具体的问题进行研究。如为了研究"课堂生成策略"这个主题，分解成若干个小主题：怎样抓住"闪亮点"，在分享中促生成？怎样抓住"错误"资源，在对比中促生成？怎样抓住"不对称"资源，在反思中促生成？怎样抓住"不全面"资源，在评价中促生成？……把这样一个个主题研究不断地跟进，逐步深入，教师在反复琢磨中恍然大悟，在左右比较中自然流露出自己的想法，在百思不得其解时茅塞顿悟，教师"自我经验"不断升华，进而建构成自己的有效教学经验系统。

二、将实践中的困惑转变成研究中的"真问题"

我们研究的问题是"自下而上"，"真问题"源自教师在实践中遇到的困惑，但困惑不等同于"真问题"。"真问题"的产生是在研修共同体的讨论和深刻思考中得来的，是把老师模糊"原发需求"不断聚焦为具体的研究问题。下面就以数学组进行"小学数学生成性课堂教学策略"研究为例，再现"真问题"的形成过程。

1. 源起：从困惑到问题

"问题就是课题"是我校研修的理念，"真问题"来源于教师的教学实践。新课程实施以来，数学课堂发生了很大的变化，教师的认知、理念都有明显的更新。但仍然存在着很多问题让教师们困惑：一是教师的教学设计多以知识逻辑结构为依据，在教学内容呈现顺序和教学环节上固守"规定动作"，这种只照顾"知识"而忽视"学生"的课堂，限制了学生的思维能力和创造活力。二是"满堂问"式的个别优生取代了大面积学生的思考。三是仅靠呈现课件、现代教学手段等形式化、热闹化的流程取代了学生必要的思考。

2. 聚焦：从表面到本质

有了问题，便有了抓手，教师有了进一步研究的愿望。但这些问题还不是要研究的"真问题"。从上述提出的问题可以看出，关注到了教师的"教"和学生的"学"的问题，非常有价值，但是这些问题还只是停留在表面，对其背后的深层原因及本质性的问题还是很模糊，看不到其中蕴含着对学生学习、对教师专业发展的潜在价值，这就需要教师共同完成主题聚焦——找出"真问题"。

聚焦的过程就是从表面深入到本质，突破现象与本质的鸿沟。采取以下策略：第一，深入常态课教学，通过观察和课后互动研讨，厘清要研究问题的本质；第二，邀请专家上示范课、观课、现场答疑指导；第三，带着问题读文献。这样既可以提高教师阅读效率与质量，又能开阔视野，补充完善教师的"自我经验"。研修共同体的教师进行深入讨论，既把自己的观点"表达出来"，又认真听取大家的意见，在反复"沟通""争论"中渐渐看到问题的本质。

从分歧走向共识。在理论与实践的互动中，现象与本质之间的鸿沟逐渐淡去，教师们不自觉地对问题进行持续不断的思考，使问题背后的学科本质越来越清晰，在坦诚交流中达成共识。经过多次聚焦，最后从诸多关注点中甄选出大家认可、有价值的研究问题。最后，数学组以课堂生成为切入点，提出了"小学数学生成性课堂教学策略"的研究主题。

3. 细化：从宽泛到具体

主题确定之后，再组织课例论证。为了使研究更接地气，切实有序推进，共同体牵头人利用每次研究活动，反复强调研究主题，让总目标在每一位共同体成员心中生根发芽，让行动不偏离方向。然后分层级明细阶段目标，让每位成员在实践中思之有物、行之有效。

如教学预设方面，我们由低到高提出三个层面的目标与要求。最初，针对学生学习被动，效率低下的问题，提出了"备课两有"目标。教师服务学生，服务课堂的意识得到增强。第二阶段，又明细出"预设三尊重"，即尊重教材、尊重学生、尊重课堂生成资源。教师在教材把握与处理上更准确、更科学，在学情掌握与思维培训方面更到位。但又出现新的问题，个别课堂过分"追随学生"而跑偏了，失去了"数学味"。因此，第三阶段，提出"预设四落实"的要求，即落实教材核心本质、落实学生学习个性、落实有效促进课堂生成、落实利用课堂生成。尤其是在预设时充分思考"怎样做更能促进课堂生成"方面下足功夫，这样课堂生成资源就能更好更科学地被抓住、利用。

三、几点体会

1. "真研究"——激发了教师的专业自觉

研究"真的问题"，"真的"做研究，确实真的很"苦"。如何促进教师的专业成长，做习总书记要求的"四有教师"？自主生长式研修是一个很好的开端。把舞台给教师，激发他们的潜能，自主生长让我们真切地感受到每位教师的成长。成长靠磨炼，体验是财富。自主生长研修模式克服了一般教师培训"去情境化"的弊端,行思合一,知行合一,关注实践智慧,每一个环节都特别关注教师的自主发展,不断积累自我经验,形成了互惠多赢的良好局面。教师丰富的经验得到尊重和支持,教师的专业发展和潜能得到实现。

2."补短板"——加强建设以合作为基础的共同体研究文化

研修共同体严格角色分工,这样保障了集体参与,在研究中各司其职的同时,积极交流互动,体现出了强大的团队智慧。但是自主生长研修特别重视教师的问题意识和资料意识,对部分教师的"惯性思维"是一个挑战,个别教师难免会有抵触情绪。牵头人的组织能力也影响着共同体的研修氛围和水平。因此,如何保持并提升教师之间的合作品质,形成良好的共同体研究文化,仍要进一步思考和努力。

不忘初心,砥砺前行。事情是做出来的,只要我们从"心"开始,学校教育质量一定会提高。

(原载《成才》2018年第4期)

立足自我经验自主生长

——《科利亚的木匣》磨课经历

湖北省武汉市光谷第四小学　詹智梅

潘海燕教授提出的"自主生长式教师专业发展理论"认为，教师专业要自主发展，教师就要学会立足自我经验，从亲身体验中提炼"事例经验"，在系列事例经验中整合"类经验"，通过凝练系列"类经验"而形成自己的"个人经验体系"，在教育应用自己的"个人经验体系"中形成教育实践智慧，其过程是教师自主生长的过程。课堂是教师教学智慧生成的主阵地，那么，我们如何在课堂教学变革中立足自我经验自主生长呢？笔者结合自己执教《科里亚的木匣》一课的磨课经历谈一谈。

一、解决冲突，做回自我，积累"事例经验"

"事例经验"是教师在反思亲身经历的教学事件中，获取体验感悟以及解决问题的能力。曾经多次上公开课的经验告诉我，如果自己对文本缺乏深入的解读，就算有名师的范本也难以运用自如，也就是在每次我执教公开课，学习迁移名师教学经验时，我对文本的解读会与其发生冲突。每当此时，我就会想起潘海燕教授说过："教师在整合类经验时，既要有对自己的事例经验的独立思考，更要有对他人事例经验的敏锐观察和审辩判断，不能全盘吸收他人的想法和做法，需要将各种观点、各种思想、各种形式梳理概括，最后整合形成一个有价值的解决方案。"

那一次，随着上课的日子临近，我开始认真研读教材。在反复研读文本及其他资料后，我对该课的内容、叙述顺序、学习目标、重点难点、课后习题及本单元训练项目有了详尽而系统的认识。回过头，我再去读支玉恒老师的课堂实录，发现整个教学过程除去学生实在不懂的个别问题，支老师在学生发言的基础上进行了适度的点拨之外，所有的内容都是由学生自主学习解决的。这节课就像支老师绝大部分的课例一样，一没有提什么问题，二没有烦琐的"分析"和"讲解"，他是一股脑儿把课文交给学生，让他们自己去读、去悟、去诠释、去解疑。而他，则只是只言片语，四两巧拨千斤。

我陷入了沉思。想想我自己，距离支老师"有招似无招"的教学境界相去甚远，达不到他在课堂上纵横捭阖、挥洒自如的境界。再想想我的学生，他们现有的认知状态和学习能力恐怕达不到那个班学生的高度。我还想到了单元重点训练项目的问题。本单元的训练重点是"抓住主要内容"。以本课为例，即要引导学生一部分一部分认真地阅读，了解每个部分讲的是什么，再把各个部分的主要意思连起来，这样就抓住了全文的主要内容。支老师在每个部分教学完后，引导学生进行了标题式小结，目的是提炼出诗化板书，他没有特别强调概括主要内容。而我想在此处花力气，体现出清晰可见的训练过程，使学生掌握"抓住主要内容"的方法。再者，我一直心心念念难忘的支老师的诗化板书好是好，但是如果我要全盘采用，就要板书 28 个字，可写字正是我的弱项，写快了字难看，写好了速度又慢。

想到这些，我不由得对自己当初一心要追随大师，"大师怎么上我就怎么上"的想法有了动摇。思之再三，我决定忍痛割爱，放弃"支老师"，做回我自己！不过，放弃并不意味着我对大师的否定。大师的"让学生自主，充分释放学生学习潜能"的思想早已渗透在我日常的教学实践中。此番重新设计教案，"自主"两个字我仍会"咬定青山不放松"，但一定是自己能"hold"住的"自主"。经过两天的苦苦思索，一套属于我自己的教学方案出台了。我按这个设计进行了教学实践——第一次试讲。

二、发现问题，大胆突破，整合"类经验"

"类经验"是教师根据教学现场灵活运用教学策略，多路径解决问题的能力。试讲之后，虽然教学效果还算不错，但个人感觉依然有很大的提升空间。究竟是哪些地方需要改进呢？记得潘海燕教授在《教师的教育思维如何自主生长式发展》一文中指出：教师应成立社团或发展共同体，通过相互交流、质疑、辩论、批判等形式努力让自己的思维与他人思维发生关联，帮助自己整合成类经验。如针对同一内容处理，先说说自己的想法、做法、体验、感悟，再听听别人的想法、做法、体验、感悟，实现个人思维的放大和优化。因此，在试讲后我主动找到了教研组的老师们，认真听取了他们的看法。经过冷静的分析和判断，我并没有全盘接受他们的所有意见，因为他人的意见"需要教师头脑的加工处理和审辩批判，需要对感性认知的理性梳理，经历此阶段，教师思维方式会得到极大改进，教学技能会得到快速提升，能帮助教师从平凡走向优秀"。我找出他们的看法中与我自己对这一课的直观感受重叠相交的部分，对于这样的"相同发现"进行了深入思考，形成了自己的教学反思。我认为在第一版设计中，"让学生自主"和"上出语文味"这两个基本理念都有所体现，但是还要进一步加强。具体说来，有两点需要改进：一是朗读不够。课上我让学生以各种方式，比如计算、表演、画画等展示"挖木匣"，花费了较多时间，冲淡了"语文味"，不如腾出时间让学生读书。二是教学时间的安排还需进一步细化。前面的环节要缩紧，以保证学生在后面的理解教学难点，感悟"周围一切在变化"的道理这个环节，能联系自己的生活实际举例子。这一步不可或缺，不能技巧性地让学生留到课外自己解决。

三、重构课堂，创新设计，建构"个人经验体系"

"个人经验体系"是指教师将大量"类经验"进行凝练，纵横联系，形成一个具有强大功能的经验库。经过听取他人想法和自己的反思之后，在设计理念不变、整体程序不变的前提下，我对局部细节做了微调。于是，就生成了第二版本，并且进行了第二次讲课。自主生长式教师专业发展理论指出，教学智慧从实践中来，在实践中反思，又回到实践中检验，这样才能得到有价值、有影响力的东西，才符合认知规律，从而让个人思想和实践智慧不断沉淀、固化。重构的版本变动之处有两个：

第一，"埋木匣"部分适当引导，给学生的发言定向。

上节课由于对学情预计不足，导致在交流"你读懂了什么"时，学生泛泛而谈，不着边际，耗费了时间。这节课，我做了有心人，采用了"引蛇出洞""顺藤摸瓜"等策略，于无痕中引领学生的思维方向，推动教学的进程，不再是让学生"一味地自主"，从而节省了时间。

第二，"挖木匣"只保留表演的展示方式，增加朗读和语言训练。

第一版本中让学生以各种方式展示"十步挖不到，五步能挖到"，既费了时间，又冲淡了语文味。这一次我先让学生讨论可以用哪些方式展示，然后请他们选择一种最喜欢的方式，其他方式则鼓励学生课外去尝试。余出的时间穿插了几处朗读和语言训练。

第二版本由于前面的环节比较紧凑，后面让学生联系生活举例，从而理解"周围一切在变"的环节"挤"了进来，使课堂结构相对完整。这个版本亮相之后，用听课老师的话说，"效果堪称完美"，个人也感觉达到了预期目标，尤其是课堂上和学生的互动水乳交融，师生的语言交相辉映，产生了无比美妙的高峰体验。

四、反思总结，提炼感悟，形成"实践智慧"

"实践智慧"指教师面对任何教学事件，能依据个人经验体系洞悉事件本质和规律，并迅速选择最简最佳的路径解决实际问题的能力。教师"自我经验"发展最后阶段就是要在教育应用中产生个人思想并形成实践智慧。真正的智慧来源于实践，真正"思想型""智慧型"教师也来自实践，教师对教育的各种看法和主张、教师所接受的各种理论和学说，只有与实践结合，在长期体验、感悟、反思中才能转化为自己的思想和实践智慧。

纵观《科利亚的木匣》的磨课过程，从最初的决定"克隆"名师到自己构思设计再到活化为具体的课堂，其间经历两次实践、三次反思（包括"推翻"支老师的设计）。将这个过程回顾梳理，"这时教师的思维必须撇开对象系统中的具体内容和组织形式，重点思考系统中或系统间信息的普遍联系和运动规律。也就是教师头脑中既要有大量的、丰富的、不同的、深刻的感性认知，又要有洞察现象、揭示本质、发现规律、提炼思想的理性思考，这个过程能帮助教师从优秀走向卓越"。于是，我有了这样的几点思考和收获：

首先，适合自己的才是好的。这里的"自己"不只是你，还包括你的学生。不顾自身实际，不备学生，盲目"克隆"名师，只能走向失败。我的一位同事曾"克隆"支老师的《太阳》一课，结果并不理想。他苦笑着说："那么好的设计为什么不适用呢？"其实，不是设计不适用，只因他不是"支老师"。还是那句广告语说得好，"只选对的，不选贵的"。

其次，好课的标准不是唯一的。说实话，尽管大家认为第二个版本效果更好，但我自己觉得两个版本的侧重点不同，第一堂课"自主性"体现得更充分，第二堂课语文味道更浓。这两样，谁能说出孰轻孰重？正如于永正和支玉恒两位大师的课，你能说谁的上得更好？只能说各有千秋！支老师的课"最大限度地开掘学生的学习潜能，将学生的主体作用发挥到极致"，于老师的课则"有情有趣，语言文字训练扎实，语文味浓"。所以，我觉得好课的标准应该是多元的、立体的。

再次，没有最好，只有更好。上公开课的经历是一笔财富。从我自身来说，这些年从县级到市级到省级，从内地到南方，一次次磨课，一回回上课，让我的教学技艺日臻成熟。这其中也曾有过失败，但是，我无悔。因为我知道，上课的结果并不是最重要的，每一节课我们都不要说最好。一次次打磨，才会一次次闪光。刀越磨越亮，课越磨越精！

最重要的是从这次磨课经历中，我找到了属于自己的"磨课五步曲"：学习他人经验迁移模仿——唤醒自我经验思考实践——发现课堂问题共同反思——生发新的设计重构课堂——形成自我特色自主生长。这样的"自我经验"的发展过程是一个由低级往高级发展的循环过程，教师一旦形成了个人经验体系，在教学实践中，就能做到举一反三、触类旁通。教师自主生长没有终点，需要我们不断研究、不断发现、不断实践、不断反思，从而帮助我们最终走向"智慧型教师""思想型教师"。

（原载《成才》2018年第6期）

自主生长式"说课"助推教师专业成长

湖北省武汉市新洲区教师培训中心　杜新红
湖北省汉川市实验小学　杜薇彤

　　湖北第二师范学院潘海燕教授提出的自主生长式教师发展理论认为，教师的专业成长是基于教师的"自我经验"的自主生长，强调教师在教学活动中，敢于尝试自己的方法去应对问题，形成事例经验，然后不断优化改进整合出类经验，最后进一步形成自己个人的经验体系，并在教学实践中不断应用形成自己的教学思想和实践智慧。

　　说课，是教师以语言为主要工具，阐述自己对某一教学内容的理解、施教方案的设计以及施教效果的预测与反思等的一种教学研究方式，是提高教师素质，培养造就研究型、学者型青年教师的最好途径之一。近期，我校举行青年教师说课比赛活动，我尝试用潘教授的"自主生长式教师发展理论"来指导说课，取得了事半功倍的效果。特别是说课模板的建立—优化—提升的过程，让我体验了一段茫然困顿、豁然开朗、欣喜若狂的历程。

初次说课：结合课文、自我解读、零散性拼凑模板

　　自主生长理论认为："自我经验"是教师专业发展的基点和动力源。青年教师要善于自己捕捉自我经验，要敢于大胆自我解读教材文本，形成事例经验。然后在课堂中去实践，去体验，去感悟，进一步提炼总结，整合成"类经验"。我说课的内容是三年级下册语文的一篇精读课文《惊弓之鸟》，对于新教师来说，说课模板是形成事例经验的重要抓手。

　　第一次说课，我首先在网上下载本课比较好的说课稿和教学设计，然后根据自己的理解，拼凑组合形成初次说课模板。我将说课模板按照八个部分写：（1）说教材；（2）说教法；（3）说学法；（4）说教学目标；（5）说教学重难点；（6）说教学流程；（7）说板书；（8）说教学反思，八个部分我都写得比较详细。比如，说教材部分：《惊弓之鸟》人教版小学语文三年级下册第三组的精读课文。本组的训练重点是学生应该怎样看问题、怎样想问题。这是一则成语故事，主要是讲古时候，魏国一位有名的射手更羸不用搭箭，只需拉弓，就能使天上飞过的一只大雁掉下来的故事，用来比喻受到一点惊吓就害

怕得不得了的人。通过学习这则成语，学生知道更羸是一个善于观察、善于思考的人。

试说结束后，在同事的帮助下，我发现模板缺乏主题，不够精练，内容太多，超时较长。比如，设计理念是什么？教学策略是什么？解决了什么问题？达成什么目标？……这些问题在初次说课中没能很好体现。还有教学流程缺乏目标性和统整性，需要再凝练与整合。

二次说课：读讲结合、问题驱动、主题性优化模板

带着问题和思考，我将说课稿模板进行主题性优化，注重读讲结合、问题驱动，形成第二轮说课模板。模板依然分为八个部分：（1）设计理念；（2）教材解读；（3）教学目标；（4）教学重难点；（5）教学策略；（6）教学时间；（7）教学流程；（8）教学反思。在优化模板环节，我前后调整三个方面，并进行主题性整合梳理：其一，我将原模板中说教材、说教法、说学法三部分整合为教材解读。其二，删除了教学板书设计，将板书融入说课过程中。其三，增加了设计理念和教学策略两个部分，明确说课的目标和方法。修改调整后的模板，目标明确，理论与实践结合紧凑，令人耳目一新。

在教材解读部分，我按照课文主题地位、内容情景、教师作用进行整合。（1）《惊弓之鸟》这篇课文是人教版三年级下册第三组的精读课文，本组主题是"怎样看问题、怎样想问题"。（2）这则成语故事就是围绕这个主题，讲述了一个射手只拉弓，不用箭，就射下大雁的故事。（3）这则成语故事学生比较感兴趣，内容也容易理解。但是学生要领悟成语故事的喻义，还是有一定难度的。这样整合梳理后，主题突出，层次分明。

在教学策略部分，我大胆删除其他的方法，选择两种主要的教学方法。（1）读讲结合式。以读为本，引导学生读懂成语故事，并能用自己的话讲述；（2）问题驱动式。以有价值的问题为导向，引导学生相互交流，合作探究，自己去寻找解决问题的路径。

在教学流程部分，我设计"导入新课，读讲课文，回顾全文"三个流程。在"读讲课文"中，我按照"初读知文意，精读悟道理，品读入情景，诵读提倡议"四个环节进行说课，每个环节我都是按照"我会怎么做，我这么做时的课堂假设，我为什么要这么做"的设计思路，不断转换教师和学生的角色，让自己成为学生学习的设计者、参与者、引导者。这节课的教学时间为两个课时，我只能说第一课时，因此我选择"初读和精读"环节重点说，"品读和诵读"环节简略说。

优化模板后，我再次进行说课，用时大致10分钟。同行对我模板的优

化和改进及时肯定，我自己对说课也有了成功的体验和感悟，学会了将自己思维和个人体验结合形成事例经验，也学会将自己思维和他人思维结合形成类经验。

三次说课：以读为本、以趣为根、系统性提升模板

自主生长理论认为：教师形成个人经验体系，必须学会让自己的思维与专业理论发生关联。专业理论一方面来自静态的学科理论和专业知识，一方面来自专家的现场诊断和实践指导。如何将自己的思维和专业理论结合形成个人经验体系，为此我多次请教了语文特级教师，现场说课，聆听指导。专家的全新理论让我豁然开朗，专家的悉心指导给我很深启迪，使我明白了语文教学核心是"语言、思维、审美、素养"。小学阶段语文教学始终要抓住"读"与"趣"，"读"是过程与方法，目的是培养语文习惯并习得语言，体现语文的工具性；"趣"是情感态度，目的是培养自主学习和审美情趣，体现语文的思想性；"读"与"趣"的最终指向就是价值观，目的是为了提升学生思维能力和核心素养，体现语文的人文性。

第三次系统性提升模板：(1)我给说课模板定了一个主题"读为本、趣为根、努力提升学生语文核心素养"。(2)我始终抓住学生兴趣的激发、培养与延展，完善教学流程为"图片导入，激发兴趣—读讲课文，培养兴趣—总结全文，延展兴趣"。这样修改后，使得说课更有专业性，更有体系性，聚焦了主题，凝聚了力量。(3)我懂得学生的兴趣要慢慢激发，逐步培养和持续保持。小学语文课前导入最好不要用音视频，因为音视频的视听冲击太强烈，学生兴趣会一下激发到高潮。学生课堂开始的体验太强大，后面教学很难再拿其他方法去维持和延展，这样就会对学生学习产生副迁移。语文教学要沿袭"整体—局部—整体"的教学原则，要通过读讲结合、问题驱动，让学生合作探究，互动交流，去体验感悟，去突出重点，去突破难点，让学生对学习始终有积极的体验和成功的感悟。

最后在说课比赛中，我坚持自我，边说边面带笑容环视评委，全程脱稿，让自己沉浸在说课的享受中。在板书设计上，我更加简练，分三行板书"10　惊弓之鸟；响、落；恐惧、害怕"。在反思重构部分，我随机加上一句："我会经常用手机记录我的课堂教学视频，不断回看反思，优化重构，提升我的课堂教学水平。"说课结束后，听课的老师给我鼓励的掌声，及时肯定了我的说课设计，又提出了改进建议。还表扬我仪态文静端庄，声音清晰精准，语速轻重适度，展示了自我，说出了精彩。

在自主生长式"说课"的过程中，改变自己有时是很痛苦的，但生长拔节是很快乐的,每一次改进如同凤凰浴火,涅槃重生;更如蝴蝶破茧,灿烂蜕变。这也有力说明,自主生长式"说课"激发了教师的自我潜能和专业自我,为青年教师专业快速成长提供了有效的路径。

(原载《成才》2018年第10期)

自主生长式教师专业发展视角下新教师成长案例
——以 M 老师的个人专业发展经历为例

湖北省武汉市光谷第九小学　董　萍

近几年来，随着光谷片区经济的蓬勃发展，我校的生源也在逐年增加，教师队伍越来越壮大。大量年轻教师的涌入，为九小这个大家庭增添了激情和活力，然而中老年教师这一中坚力量不足，使新进教师在专业发展上不能获得大量的"他人经验"，大多数时候只能靠自己摸石头过河。为了提高我校教师队伍的整体素质，尤其是激发青年教师的专业发展动力，我校于 2016 年开始依托"自主生长式教师专业发展理论"（以下简称"自生理论"）帮助青年教师成长。

自主生长式教师专业发展理论主张让教师立足"自我经验"，沿着从"事例经验"到"类经验"，再到"个人经验体系"与"实践智慧"的路径，进行自主生长式发展。下面以我校 2015 年新进的 M 教师为例，具体谈谈她是如何立足"自我经验"，从一名新手教师自主生长为一名骨干教师的。

一、用心捕捉，总结自己的经验教训

对新手教师来说，刚开始工作的时候总免不了磕磕绊绊，如果能够有意识地捕捉自己在教学实践中的点滴事例经验，避免再次犯错，这就是一种最适宜的成长方式。

初入职场的 M 老师认为小学语文课本十分简单，篇幅较短，语言浅显，但要由两课时来完成，让她有些为难。M 老师坦言，在开始语文教学工作的第一个月，她只需要花 20 分钟就可以把课文内容全部讲完了，剩下的时间不知道该干什么，学生们在课堂上比较沉闷，几次测验的成绩也不太理想。

此时的 M 老师用到的方法基本上都是自己当学生时的经验——老师在上面讲，学生在下面听。她意识到旧时的经验已经不能应对新形势，如果教师只是将关注点集中到课本内容上，认为自己讲完教材中的知识点就可以下课，对教学目标的设定、学情的分析、教案的设计、重难点的把握等置之不理，那势必会导致学生学习热情不高以及检测成绩不理想。失败的经历让 M

老师不得不重新研读《语文课程标准》，主动寻求语文教学方面的专业知识与帮助。

二、虚心借鉴，在模仿中反思与重构

M老师总结自我经验教训之后，认为自己目前的弱势主要集中在教学规范以及教学策略两方面。她一方面向身边的教研组长王老师学习小学语文教学的规范，一方面向学校的特级教师李老师学习语文教学策略，业余时间她还积极参加线上和线下的小学语文研讨活动，周末在家观摩名师上课视频，并做好观课心得。在领略各路小语大咖们的风采之后，M老师大致了解了目前整个小学语文界的几种流派。回到课堂，她也依葫芦画瓢，将大师们的课复制到自己的课堂上。这一时期学生们听讲的情况和课堂参与度要好一些，但是这种程式化的模仿在实际教学中也会有一些不顺畅的地方，M老师开始根据班上学生的学习情况对复制过来的教学设计进行修改和重构。

比如在教学《秋天的怀念》时，特级教师窦桂梅的导入方式，是介绍作者的同时也介绍作者的作品，很自然地把课外读物引入课堂。窦老师围绕作者史铁生来组织读物，利用《合欢树》《我与地坛》《病隙碎笔》互文理解，找准了课内外的结合点，导入出示《合欢树》中的选段，在开课时就定下了一种悲苦的调子，帮助学生对教材进行深入理解。M老师认为《秋天的怀念》这篇文章本身言简意深，朴实的语言背后那深厚的情感是需要调动学生生活体验才能深入体会的，而这种深入体会文章情感的能力又是班上学生目前十分欠缺的。如果直接复制窦桂梅老师的导入设计，可能会让学生在一开课时就感到这篇课文很深奥很难理解。分析完学生目前的学习状况之后，M老师将这篇文章的导入进行重新设计，她向学生出示史铁生的生平经历简介：1951年生于北京；1972年，21岁的他双腿瘫痪；27岁开始文学创作，主要代表作有《病隙碎笔》《我与地坛》《有关庙的回忆》等。2002年，他获得华语文学传媒大奖年度杰出成就奖，是现在中国最令人敬佩的作家之一。学生们对作者有了大致了解之后，教师趁机发问：作家史铁生21岁双腿瘫痪，27岁才开始创作，中间6年竟然没有任何介绍，这6年时间史铁生在干什么呢？这么一问，学生们立刻提起了兴趣，一个双腿瘫痪的人沉寂了6年，这6年是怎样的时光？接着一起读课题，学生们自然而然能够读出作者深沉的怀念之情。这一大胆的设计得到了其他听课教师的好评，在开课环节就牢牢抓住了学生的注意力，并且能引发学生的思考和感悟。

可见，教师的自主生长式发展并不是说完全不接受他人经验，全靠自己一人单打独斗。教师的自主生长离不开专家引领、长者提携、同伴互助，但是归根结底，还是需要教师能够以自我为导向，主动选择、主动体验、主动反思、主动重构，进而形成具有个人特色的经验。

三、潜心积累，探索个人经验体系

一边探索，一边积累。每上完一节课，M老师都会及时将本节课的亮点和不足记录在备课本的教后反思中。时间长了，她发现积累了一些事例经验之后，事例经验之间还是相对独立和分离的，但其实它们在某些方面又有很大关联。潘海燕教授也指出："事例经验只能孤立、线性地思考和解决某一问题，缺乏全方位和大纵深的开放视角，对这些事例经验进行进一步的反思，对其进行分类整合，提出解决一类问题的主要思路和具体步骤，就能形成'类经验'"。

"教学有法，教无定法，贵在得法"。M老师发现，在语文教学中虽然有各种各样的教学策略，但是同一种文体的教学方法其实在大体上是差不多的。比如古诗教学五步法（解诗题、知诗人、明诗意、悟诗情、入诗境），高年段阅读教学三步走（把握内容、体会情感、学会表达），作文教学中的"先说后写再评"等这些都是一类文章的教学策略。这对于新手教师来说，这是可以直接套用而不至于走得太偏的；而对于有一定经验的老师来说，有了这些"类经验"的积累与运用是远远不够的，只有根据教学现场灵活运用类经验，多种途径解决问题，教师才能形成一个功能强大的经验库（即"经验体系"），教师的教学能力也会有更大的飞跃。

然而，教学经验库的形成不是一朝一夕就可以建立的，这需要教师调动多方面的因素，经过长久的实践与检验才能完成。目前来说，M老师认为自己太过于注重教学方法和策略，但是学生们的表现还是不够积极主动，那么再多的经验遇上没有主动学习欲望的学生似乎也是空谈。

M老师重新思考"教书育人"这四个字的含义，她突然发现自己一直在钻研"教书"，而忽视了"育人"。可是教育的终极意义究竟是教书还是育人呢？M老师开始意识到"教书育人"的顺序应该调换成"育人教书"，育人在先，教书在后；学生在先，老师在后。先想想学生需要什么，再看看教师能教什么，所谓的教学策略不过是手段，而让学生的心灵得到滋养，让学生的潜能得到开发，让学生体验到学习的快乐，让学生自觉成为学习的主人或许才是每节语文课最后要达到的目的。

从此以后，M老师每一次走进教室，不急着打开书本和教案，而是先看一看全班同学，让每一个同学都被老师注视到，然后表扬那些一上课就精神饱满的同学，接着再来上课。另外，在目前的大班额教学环境下，经常被关注的总是优生和后进生，沉默的中等生成了被忽视的大多数。为了改善这种现状，M老师给自己定下一个目标：每一节语文课重点关注一个同学，那么大约半个学期就可以将全班同学都关注到。时间长了，优等生能一直保持稳定；中等生慢慢地自信起来，愿意挑战有难度的问题；连基础最差的孩子都愿意当众领读词语和课文了。

  一路成长，一路反思，一路收获。M老师在自主生长式教师专业发展的理论指导下，不断地进行"自修—反思"，总结经验与教训，从新手教师成长为骨干教师的这三年中，M老师先后获得了一些荣誉：德育论文《情为先导，理是后效——教师要学着帮孩子找借口》发表在区级刊物《光谷教育新视界》上（2016年）；德育论文《核心素养下小学语文教师德育渗透的意义与思路》被湖北省中小学德育专业委员会评为二等奖（2017年）；课例《检阅》在"一师一优课"活动中被评为"部级优课"（2017年）；在区小学作文专题研讨活动中执教习作课《我最……的人》获得好评（2017年）；在区首届班主任基本功大赛中获得一等奖（2018年）；担任区级五年级语文教材教法报告会主讲人（2018年）。

  回顾这三年来的经历，M老师深感小学语文教育博大精深，需要研究和思考的问题浩如星海。只有主动从四面八方汲取先进理念和有效策略，积极撰写反思，不断提炼自我经验，才能让自己成为一个合格的小学语文教师！

（原载《成才》2018年第11期）

下篇
自主生长式教师专业发展理论相关应用案例

基于自主生长式教师专业发展理论的"临床型"新教师培训探究

北京市大兴区教师进修学校　王云阁

新一轮课程改革对教师的专业发展提出了越来越高的要求。促进教师专业发展必须要关注教师的专业自我。所谓教师的专业自我，主要指教师个体在教育教学工作中逐渐形成的对自身专业工作所抱有的知识、观念和价值，即教师在教学活动和教师专业领域中的自我认识、自我体验和自我调控。湖北第二师范学院的潘海燕教授及其团队创建的基于"自我经验"与"专业共同体"的自主生长式教师专业发展理论认为，教师的专业发展，"不是一个简单的接受和模仿的过程，真正的内在活动是一个在反思伴随下的生长与应用过程"。主张调动教师自身和外部环境两个方面的积极因素，让教师从一个个具体的教学反思案例中提炼"事例经验"，借助"专业共同体"，再集中对许多的"事例经验"进行分类整理，对同一类的经验整合产生类经验。集中若干类经验后，再凝练为个人经验体系，在实际应用中生发"实践智慧"，从而促使教师形成强烈的专业发展意识与发展动机，最终形成鲜明的专业自我。

自主生长式教师专业发展理论为当前教师培训的转向提供了新的理论支撑和宝贵经验。传统的教师培训主要采取"授—受"式培训模式，以理论灌输为主，忽视参训教师的"自我经验"。自主生长式教师专业发展立足教师经过反思后获得的"自我经验"，即在原有经验的基础上借助"专业共同体"，通过教育活动、教育体验，用反思促进其嬗变，帮助教师生成新的经验或思想。实践也证明，外来的知识只有在和教师个体的"自我经验"相结合时，才能被内化为"实践智慧"。近年来，我区一直致力于新教师培训模式的创新研究，2018年3月，我们将自主生长式教师专业发展理论应用到新入职教师培训中，开展了基于自主生长理论的"临床型"新教师培训模式研究，取得了明显的成效。

一、搭建"四位一体"培训框架

基于自主生长的"临床型"新教师培训以课堂为培训场所，以"自我经验"为培训出发点,在"课堂会诊"的基础上诊断并化解教学中的问题,最终提升教师实际问题的解决能力,促进教师"实践智慧"的生成与发展。该培训基本框架为"课堂会诊—理论补给—实践体验—自我反思",体现了"诊测、补给、实践、反思"四位一体的培训整体架构。

(一)课堂诊测　捕捉自我经验

建构主义理论认为,学习者不是消极被动接受知识的容器,而是信息意义的主动建构者,他们在原有知识和经验的基础上,主动生成、建构起新的知识,从而充实和改造自己的知识经验。自主生长式教师专业发展重视个人经验在教师专业发展中的作用,"自我经验"是自主生长式教师专业发展理论的核心概念,它是教师经过实践体验和反思获得的"实践智慧",是新的知识经验。教师培训的过程就是不断促使教师"自我经验"增值的过程。因此培训前,我们通过基于教学现场的"临床会诊",引导教师对自己的课堂进行剖析、诊断、反思,提升教师对"自我经验"的敏感性,提高教师自我觉察水平,积累事例经验。

教学现场可以是真实的课堂,也可以是教学录像或网络直播课堂。在课堂观察中,培训者与参训教师要对现场展示的每一个课例进行深度剖析。如一堂课该怎样导入,怎样结束,先讲什么,后讲什么,怎样提问,怎样讲解,怎样恰当进行课堂评价,如何有效挖掘利用课程资源,如何正确处理教学预设与生成的关系等教学问题都可以是现场观察与诊测的重要内容。

具体做法:将新教师按照学段分为若干小组,每组选派一名对"自我经验"很敏感的指导教师跟进指导。新教师提前在学校录制一节常态课,研修过程中,指导教师组织学员对每人提交的课堂录像进行"会诊"。通过"临床诊测",发现每位学员教学中的个性化的闪光点与真问题,并对这些问题进行梳理。通过梳理,我们发现低段在第一课时与第二课时教学内容的划分、新课的导入、识字教学的方法指导等方面存在突出问题;中高段则在如何正确提炼教学内容、核心问题的设计与切入、学法指导、教学资源的开发、读写结合等方面问题突出。随后指导教师和学员一起深入剖析典型问题背后所关联的学科知识和教育教学原理,并通过交流研讨,共同探究解决问题的有效策略和方法。这一环节有效提升了参训教师原有的认知水平,唤醒了教师专业发展的自主意识。

(二)专题研修　提升自我经验

为了提高新教师对教学行为背后深层次的反思,引导新教师对自身问题的认识上升到理性阶段，提升他们的自我经验，需要给新教师"补给"相关的理论知识。新教师教学中存在的问题比较多，要全面兼顾和改进极为困难，因此可以聚焦诊测中的关键事件或典型问题，以专题讲座或微讲座的方式开展专题研修。比如本期培训，我们就以"精准目标、优化设计、关注文体、强化语用"为研修主题，聘请了区内外优秀的教研员和一线名师，进行专题培训。教育智慧源于教学实践与专业理论的有机统一。通过完善理论"补给"，不仅丰富了学员的理论知识，而且提高了他们发现问题、分析问题、解决问题的能力，促使教师学会智慧行走。

（三）实践体验　应用自我经验

基于自主生长的"临床型"新教师培训需要经历一个"从实践到理论再到实践"的过程。培训的最终目的是提升教师的自我经验，发展教师的实践性知识和能力，解决教育教学中的真问题，让教师在"行走"中改变"行走方式"，促进教师专业自我的发展。

"临床型"培训强调问题导向、实践核心，立足教师的自主生长，注重通过现场诊测、分析与分享活动解决教学实际问题，提升教师的自我经验。在这一环节中，导师结合"会诊"中梳理的个性化的闪光点和核心问题，制定月研修主题，布置实践任务，学员结合研修主题和任务，进行课堂教学实践，放大"闪光点"。每名学员首先要在学校指派的"师傅"指导下进行备课，在校本教研活动中进行试讲，然后再到小组中上实践展示课。各小组实践导师带领本组成员分别围绕研修目标，以学员的课堂为例进行深入剖析，在充分肯定"闪光点"的同时，进一步查找问题，提出改进意见。最后，做课教师对自己这节"原型课"还要进行再修改，并重新回到本校上"改进课"。在这一过程中，教师借助"专业共同体"将已有的自我经验不断修正、完善、提升与系统化，同时又在小组成员的互动分享中，达到相互促进，相互借鉴，资源共享，并不断在领悟、反思、发现、总结中，凝练成个人的实践智慧。

（四）自我反思　修正自我经验

没有反思的教育实践必然是低水平的重复劳动。反思是教师成长的有效办法，教师对自我经验进行反思是实现专业自我发展的关键。因此在培训过程中，我们要求学员在参与实践体验的基础上即时进行反思，整理自身的实践体验成果，通过不断反思，将一个个散点式的"事例经验"总结梳理成为一个"类经验"。这里的"类经验"指的是教师将大量"事例经验"进行整合，获取全面深刻的体验和感受，以及多路径解决问题的能力。

首先是小组做课教师要结合小组课堂实践写出教学反思，听课学员也要结合每次听评课提交听课体会。撰写反思的形式可以是案例、随笔，也可以是论文，此外，我们还要求学员在微信群中即兴发表个人的感想，分享他人的观点，从而营造伙伴研修的氛围，在共研、共学、共促中共同成长。通过自我反思，提高新教师的问题意识，帮助新教师提炼"事例经验"，整合"类经验"，凝练"个人经验体系"，并最终生发"实践智慧"，真正促进教师的专业成长。

二、构建"三级联动"的运行方式

基于自主生长式教师专业发展的培训注重以教师专业发展共同体为组织依托，让教师有团队、有平台，有同伴互动机制和相互激励氛围，通过团队研修促进教师自我经验的建构。因此，我们积极引入市级优质资源，首次与北京教育学院合作，对新入职教师实施为期一年的培训，为新教师搭建更广阔的平台，引入更优质的资源。培训采取市、区、校三级联动的运行方式，整个培训由北京教育学院为主体进行顶层设计，由市区两级共同组建班级指导教师团队，每班还选派一名教授担任首席培训师，主要负责研制学科培训方案、课程计划；区教委和进修学校师训部负责学情调研、项目招生、班级管理和项目实施，并负责组建学科实践指导教师团队，参与实践课程的指导；基层学校与师训部门对接，要熟悉培训的整体安排，确保培训班学科实践活动、学员校本实践的有效实施。

基于自主生长的"临床型"新教师培训不仅给教师提供了更多自主发展的空间，帮助教师实现了个体的专业成长，而且促进了市、区、校三级联动机制的形成，推动了基层学校校本研修的常态化，以及区域教师培训机构职能的转型，实现了校本研修、区域研修的优势互补。打破了传统的单打一式的培训方式，实现了培训由点向面的转化。

此外，以往的培训中，中小学作为重要的培训资源未被充分利用和挖掘。基于自主生长的"临床型"新教师培训，巧妙融合各种培训资源，注重发挥中小学及协作区、基地校的作用，强调中小学中师傅和骨干教师在实践层面的示范指导作用，借助"专业共同体"，也就是外力，用反思促进其嬗变，这一做法为教师培训提供了新思路和新途径。

三、采取"启航、导航、远航"三段实施

教师的专业发展不是一蹴而就的，而是一项系统工程。我们立足新教师

的专业发展，研制了三年发展规划，采取了"启航、导航、远航"三段实施，即第一年助力启航，第二年合力导航，第三年助推远航。第一年主要与北京教育学院合作实施"启航计划"，通过268学时的理论与实践课程的学习，夯实新教师的教学基本功，提高新教师的经验性知识和教学能力，丰富新教师的"自我经验"，助力新教师扬帆启航，快速成长。第二年，由中小学教研室牵头设计、学科教研员组织实施"大兴区新教师助力成长工程"，利用假期和平时的教研活动，对三年以下教龄的新教师进行为期一年的学科专题培训，同时，要求各校加大对新教师校本研修的力度，区校合力进一步为新教师的专业成长指明方向、提供动力。第三年，我们在兼顾新教师队伍整体发展的同时，积极挖掘和培养好苗子，给他们压担子、搭台子。如选派优秀教师参加市级"青蓝计划"培训、举办区级"新星杯"比赛，让他们在优质高端培训和教学技能展示中得到锻炼和提升，助推新教师在专业发展之路上越走越远，逐渐成长为一名智慧型教师。

总之，自主生长式教师专业发展理论提出了自主、生长、反思、合作等具有鲜明时代特点的理念，这一理念对于提升教师培训的实效性，促进新教师"自我经验"的生成与专业自我的发展，具有重要的指导意义。

（原载《成才》2019年第8期）

基于"自我经验"的高职院校
教师专业发展探讨

黄冈职业技术学院　何水英

"自我经验"是潘海燕教授经过十多年的研究实践而总结创造的"自主生长式教师专业发展理论"中的核心概念。该理论主要是立足教师的"自我经验",依托教师专业发展共同体的力量和智慧,将其转化为成长的动力和独特的思想,促成其自主学习,灵锐思考,持续生长,并运用自己的教育思想指导教学实践及其他工作。这里的"自我经验"不是通常人们说的"经验"或望文生义所理解的"自己的""个人的"经验,而是指通过教师自己亲身实践体验(感受),然后对其进行反思后获得的"感悟"。这种通过"感受—反思—感悟"获得的"自我经验",具有教师元认知的活动成分渗透其中。

高等职业教育目标是培养复合型、技能型、综合素质高的应用型技能人才,需要一支综合素质高、技艺精湛、专兼结合、专业稳定发展的教师队伍。新的历史时期,高职院校教师要转变观念,与时俱进,不断更新专业知识和技能,实现自主专业发展。根据中共中央、国务院《关于全面深化新时代教师队伍建设改革的意见》,到2035年,要培养造就数以百万计的骨干教师、数以十万计的卓越教师、数以万计的教育家型教师。高职院校教师的专业发展水平决定着学校的教育教学质量,高职院校教师的专业发展问题是其中一个必须高度重视的问题。

本文主要是从"自我经验"视角探讨高职院校教师专业发展的策略。

一、高职院校教师"自我经验"的形成和转化动力不足

1. 有从教"感受"和专业发展潜力,需要在实践中感悟成"自我经验"

高职院校教师主要有三种来源:一是从高校本硕毕业生中引进的教师。他们经过层层选拔进入学校,素质高、可塑性强。新入职的他们有理想、有抱负,有职业规划和成长需求,主观上希望在工作岗位上早出成绩,有专业发展的潜能。同时,他们历经了十几年的学生时代,也有企业实习和锻炼经

历，对教学过程、学生需求、职业技能都有一定的了解，对教师教学能力评价也有自己的观点和看法，关于"教"和"学"积累了一定的"感受"。二是从企事业单位招聘或调入的教师。他们具有良好的一线工作经验，有相对成熟的"社会经验"和"操作技巧"，他们的课堂会因为有许多真实案例而深受学生喜爱，经过转型培训很快成为"双师型"教师。三是由中专教师转升为高职教师。这批教师学历层次不一，具有多年教学经验，教学理论、实践能力较强，其中不乏骨干教师、教学名师，但科研能力相对较弱，经过专业学习和培训，部分教师能较快进行高职"双师"和科研型教师角色转换。这些教师有不同经历和实践"感受"，有个人发展需求，但如何在教学实践中快速感悟，形成自己的"自我经验"和专业思想，在个人专业发展方面有所建树，则需要有效的外部激励和自身因素驱动。自主生长式专业发展理论为教师提供了"接地气"的理论支撑和心理支持，是新手教师转化为经验教师、经验教师成长为优秀教师的学习过程，对教师自身专业发展起到良好的引领作用。

2."自我经验"停滞在实践"感受"阶段，被动应对专业发展活动

高职教师的专业发展是指"教师在专业素质方面不断成长并追求成熟的过程，是教师专业信念、专业知识、专业能力、专业情意等不断更新、演进和完善的过程"。高职院校为促进教师的专业发展，针对不同类型教师制订了一系列促进举措和激励办法，在"双师型"教师培养、职称评聘，骨干教师、优秀教师、专家型教师、专业和学科带头人等方面都有明确教师培养计划和评聘条件，有一系列促进个人专业发展的研修活动，如教研活动、专业培训、精品课程建设、课题研究、企业进修等。但是，多方面因素导致教师参与专业发展活动不积极、被动应对。这些因素中除教师结构性缺失、标准和路径不清晰、"双师型"教师政策困惑等因素外，许多客观因素直接影响教师主动参与和实施专业发展。一是教师对自身专业发展认识不足。部分任课老师被动接受各类培训，自主学习、促进自己专业发展的意识不强，缺乏对自身专业发展的认识。二是随着高职院校规模的扩张，教师的教学任务繁重，要完成每周多门课程、20个学时左右的教学任务，导致大部分教师无暇、无精力，甚至无兴趣参加其他的专业发展活动；部分教师家住校外，路途远或家庭负担重，无心无力参与外出培训、教学研究等研修活动，也影响教师专业发展。三是教师被动跟风，没有制订适合自己的专业发展规划。教师入职后，从合格教师，成长为优秀教师，再到骨干教师、专家型教师，有体验、领悟、生长等漫长的发展过程。部分教师没有发展规划，盲目跟风，被动应

对工作和研修,没有找寻适合自己的专业方向和成长路径。四是教学感受缺乏有效的反思和提升。教师在教学实践中形成的"感受",没有经过反思、记录和感悟,前积后丢,不能形成自己的教育成果(自我经验)进行分享,专业能力停滞不前。例如,学校有些从教多年的教师,学生反映课上得好,遇到问题总能解决好,但是让他们推广交流却说不出来,原因就是缺乏反思和感悟,没有形成自己的"自我经验"。

二、基于"自我经验"的高职院校教师专业发展策略

(一)做好个人阶段定位,用好和争取利于专业发展的外部资源

无论哪所高职院校,都会有教师队伍建设规划和实施方案。这些自上而下的利于教师专业发展的政策,需要教师本人积极主动参与和实施。自主生长式专业发展理论主张调动教师自身和外部环境两个方面的积极因素参与专业发展,强调教师参与各种专业发展活动,都应以主动参与者、自主发展设计者、合作研究者的心态参加,不能以学生、接受者的角色出现,强调将个人的"自我经验"作为教师专业发展的起点。因此,处于不同发展阶段的教师(新入职教师、青年教师、中年教师、老年教师),要做好阶段定位,增强自我专业发展意识,构建自主能动的专业发展模式,结合国家政策和学校的中长期发展目标,加深对专业发展内涵的认识,制定不同时期的专业发展计划。研究和用好用足学校针对教师专业发展的各项政策性资源,积极争取校外培训,主动参加校本培训、在线培训、到企业实践等,循序渐进地沿着教师→双师素质教师→骨干教师→教学名师的途径实现个人专业发展。

(二)重视个人"自我经验",通过"感受—反思—感悟"促进专业发展

教师的"自我经验"规整为事例经验、类经验、经验系统、实践智慧四大部分。教师在一堂课中获取的教学方法、一次实训中的操作要点、一次有效的学生谈话等,也可能是自己的"土办法",这就是事例经验——"感悟",可以把"事例经验"看成是教师众多经验中的一个个的点。如果把这些"事例经验"进行反思,总结归纳、分门别类,就会变成"类经验",多个"类经验"就成了个人专业发展的一条一条的线,汇聚成经验系统,最后生成自己的实践智慧。例如,教师上一堂课后反思有"感悟",多次感悟串在一起反思,记录变成课堂教学经验(类经验),然后再将这些经验写成教学论文(经验系统),经过多次反思、探索,对自己教学专业领域进一步研

究（科研），成为专业或领域的专家（升华成教育思想）；又如，教师在实训操作中有实践感悟，经过反思、总结、记录，螺旋上升，积累的"感悟"串在一起就是"操作技巧"，培养的学生可能是"能工巧匠"，这些技巧在企业可能迅速变成优良产品。因此，教师在长期的教学实践中要学会总结，勤于反思和记录，发掘自身主观的、内隐的"自我经验""专业技巧"和教学亮点，通过"感受—反思—感悟"对自我专业发展状况进行评估和思考，在反复应用中"边教边悟"，在感悟中产生实践智慧，在感悟中成长，在反思中进步，适应高职教师集学术性和职业性于一体的专业发展需要。

（三）融入以校本研修为主的教师专业发展共同体，实现专业发展

校本研修，即基于教师任教学校的实际情况与学校资源，以问题为中心，通过反思自己的教学行为，找出其中存在的问题，然后分析问题、解决问题，进而再发现、再分析、再解决……如此循环反复，螺旋上升。根据自主生长式专业发展理论，教师在研修过程中解决自己教育问题的同时，生发个人新的自我经验，进而建构自己的教育理论。由于高职教师具有"职业性"与"实践性"特点，加之"自我经验"是知识与能力的有机统一，因此，校本研修是高职教师实现专业持续发展的普遍途径，研修培训的目标是发展"自我经验"。高职院校经过几十年的办校历程，有成熟的教师校本研修组织管理机构，制定了关于校本研究、校本培训、教师自修及"双师型"转化等一系列制度和措施。研修内容丰富、形式多样，可以是教研活动、科研、专业培训、教学公开课、技能竞赛、操作比武等，也可以是教师企业锻炼、网络平台建设等，教师可以校本研修活动为平台，主动参与每一个项目或阶段的研修。但是，个人的力量是有限的，教师要完成上述主题任务都需要团队合作，在"做中学、学中做"，必须融入以校本研修为主的教师专业发展共同体。例如某高职教师准备上好一堂实践课，不仅要有实践教学环境、器材，还需要指导教师和学生的配合，否则就是有最好的教学设计、最多经验的教师都难以完成；又如一个有"自我经验"的教师申报一项科研项目，如果没有团队的实践与配合，项目不可能有效完成。同时，高职院校的育人模式需要教师主动参与团队研修。高职院校是为企业育人，培养模式主要是"校企合作"，需要政府、学校、行业、企业多位一体参与专业建设、课程开发，共同建设实验实训基地、共同研究人才培养方案等，教师个体的专业性和局限性导致其知识能力难以应对快速发展的人才市场，需要教师与时俱进，不断学习和参与研修。研修形式最好是"专家引领、同伴互助、自我反思"的团队合作。团队研修是教师自我经验生长的最高效方式，也是唤

醒和激励教师坚定信念、持续发展的重要保障。在这样的研究过程中，教师与教师之间，教师与学生之间，教师与领导、专家之间秉承着相互关爱、合作共赢的理念，教师可以化被动研修为主动研修，实现同伴互助、合作探究。一个充满和谐与温馨的环境能够为教师实现自主学习以及个性化发展做好准备，这种以团队合作形式的校本研修让教师之间相互影响、相互作用、相互促进，合作共赢，实现专业化共同发展。

总之，高职院校教师的专业发展，取决于高职教育的独特性、教师素质的特殊性。需要有来自学校层面的政策支持和专业成长机制，更需要教师的积极参与和主动配合。教师只有挖掘自身潜能，拥有良好的专业发展计划，不断进行自我设计、自我发展与自我完善，在教学实践中积累"自我经验"，在不断反思中"自我更新"，才能实现提高专业知识、专业技能、专业素质的目标，让专业生长持续稳定发展。

（原载《成才》2018年第8期）

基于"自我经验"的护理教师专业发展思考
——以襄阳职业技术学院医学院为例

襄阳职业技术学院医学院　张　燕

我校高职护理的教育目标是培养具有现代护理理念、良好职业道德和较高文化素养，掌握护理专业必备的理论知识，具备较强的护理操作技能的高端技能型专门人才。高质量的高职教育首先取决于高素质的教师，研究和推进高职护理教师的专业发展，建设一支高素质的"双师型"护理教师队伍，是提升我校护理教育质量的重要保证。

护理教师可以分为专职教师和兼职教师两大类。目前我校专职护理教师的来源主要为两种：一是各类医学院校护理专业的本硕毕业生，她们经过层层选拔进入学校，具有扎实的理论知识，新入职的她们有理想、有抱负，有职业规划和成长需求，可塑性强，但教学基本功和临床实践经验相对欠缺；二是从事临床工作多年的护士，被引进或调入学校担任护理教师，她们具有丰富的临床实践，课堂教学时能结合大量真实案例而深受学生喜爱，在专业技能方面也积累了一些成熟的"自我经验"和"操作技巧"，经过转型培训很快成为"双师型"教师。而兼职护理教师是直接从医院聘请护士，组成兼职教师队伍，她们能及时把握护理行业发展新动态和新要求，有丰富临床经验，但教学方法、教学艺术、教学心理有待提升，同时，临床工作的繁忙难以让她们把主要精力全部投入护理教学中。综上所述，我校护理教师各自有不同的优缺点，并且都没有接受过教育理论和教学技能的系统培训，缺乏正规的师范训练和专业熏陶，同时随着医疗护理技术日新月异的改革和高职院校规模的急剧扩大，大多数护理教师承担的教学任务繁重，老师们不可能经常去医院进修学习，很大程度上导致护理教师的理论与实践不能及时接轨，"双师型"素质的护理教师十分短缺。

潘海燕教授及其团队，经过十多年的研究、四所高校参与及100多所中小学实践，总结创造了基于教师"自我经验"的自主生长式教师专业发展理论，概括了教师专业发展的基本路径，即从教学实践经验的内省反思，优化放大为"事例经验"——在系列事例经验中整合成能深入全面认识问题的

"类经验"——将各种"类经验"凝练升华为指导专业教学实践的"经验体系"——将"经验体系"与专业实践相结合,形成具有鲜明教师个性特点和艺术特征的"实践智慧",并在课堂里应用自己的教育思想。根据该理论,我们将我校护理教师专业发展建立在"自我经验"的基础上,依托护理教师专业发展共同体的力量和智慧,初步探索出了一条护理教师专业发展的新路径。

一、根据核心课程分组形成"护理专业发展共同体",积极开展行动研究,实现课程资源共享

教师行动研究是教师通过研究本校本班的实际情况,解决日常教育、教学中出现的问题,不断地改进教育教学工作的一种研究方法。以我校高职护理专业人才培养方案和课程特点为依据,我们将所有专兼职护理教师分成四个"护理专业发展共同体",即"常用护理技术"组、"内科护理技术+健康评估"组、"外科护理技术+急危重症护理技术"组、"妇产科护理技术+儿科护理技术"组。在自主生长式教师专业发展理论指导下,护理教师以自己的教学过程为思考对象不断反思,在分享的过程中可以不断发现新问题,及时进行信息交流和信息整合,达到优势互补、资源共享、相互促进、相互借鉴、共同提高的目的。"护理专业发展共同体"针对日常教学中遇到的具体问题,以护理程序(护理评估、护理计划、护理诊断、护理实施及护理评价)为思考对象不断进行行动研究,定期开展"微"教学活动,从微任务研究、微课程创新、微课堂资源三个方面进行研究探讨,通过领悟和内省获得教学经验,促进护理教师专业化发展。

例如在《护理学基础》鼻饲操作技术中,当胃管插到咽喉部位时,意识清醒的患者需要配合做出吞咽动作,由于传统的教学方法较难直观呈现吞咽时会厌软骨盖住气管喉口,而借助于多媒体课件中的 flash 动画就可以直观展示,学生们就能很好理解该知识点了。"护理专业发展共同体"既可以发挥老中青护理教师的各自特点,又可以发挥专兼职护理教师的不同优势,通过信息化手段使难以讲明白的知识点变得简单化、直观化,学生理解知识点就更形象更深刻。护理教师在一堂课中信息化教学方法的运用,就是"事例经验"的应用;flash 动画还可以运用到洗胃法、导尿术等内容中,经过不断的反思、归纳总结,变成"类经验";将多位护理教师制作的 flash 动画汇聚起来,形成"经验系统";最后每位护理教师根据课程特点及内容要求,将各种信息化手段灵活运用到教学过程中,生成自己的"实践智慧"。

二、在护理教师"自我经验"基础上，进一步加强"双师型"高职护理师资校本培训的力度

针对"双师型"护理教师非常短缺的问题，校本培训采取"请进来、走出去"的方式：一方面，定期聘请临床护理优秀专家、著名职教专家到校举办专题讲座，培训先进的教育思想、教育理念、教学方法和授课技能等，提高护理教师整体素质、促进护理教师专业能力发展；另一方面，积极选派优秀教师参与外出各种会议、专业培训、教学公开课、技能竞赛、操作比武等活动，及时分享先进的教学观念、外出学习心得体会、临床实践锻炼感悟、技能竞赛经验教训等，做到了"一人学习，全员受益"，实现了资源传导和共享，可使教师的专业发展和专业能力的提升真正落到实处。

以"自我经验"为基础的校本培训，应突出以护理教师群体和个人的发展为目标。在教学中紧紧围绕学校和护理教师的实际情况与发展需求，客观并高度重视护理教师已有的教学经验和所存在的问题，注重护理教师经验的总结与提升，重视护理教师的个体需求和自我发展，使培训成为护理教师解决实际问题的内在需要和自觉行为，从而提高护理教师教育教学实践水平与教育科研的兴趣和能力。同时主张护理教师在自主学习、合作学习基础上，用教育科学研究的方式对自己的行为、决策以及由此产生的结果进行审视和分析，主动地获取知识、应用知识、解决教师实际问题。通过提高教师的自我觉察水平，把教师的工作场所变成教师的学习场所、合作场所、研究场所，使护理教师自身的思想、观念、行为始终处于一种追求创新的境界，让护理教师把听到的做出来，把做到的写出来，真正让护理教师自主生长出自己的教育思想，促进护理教师的专业发展。

以《急危重症护理技术》中的心肺复苏术的新课导入为例，"护理专业发展共同体"在分享的过程中可以发现新问题。老中青护理教师选择不同方法，专兼职护理教师也可能选择不同方法，有的护理教师喜欢用临床典型案例加上图片形式导入，有的护理教师喜欢用心肺复苏视频导入，护理教师在讨论交流中发现文字图片形式没有办法营造出临床紧迫感，不能让学生体会到抢救心跳呼吸暂停者"黄金四分钟"的重要性；而网上关于心肺复苏术的视频资料很多，但是这些视频与后面讲述内容没有结合起来，没有充分发挥视频资料完整性和连贯性。针对以上问题，我们可以利用翻转课堂，提前布置本次课工作任务，让学生们根据临床案例设计脚本，分组进行角色扮演并录制，然后发给老师，上课时只需将学生视频作为新课导入。这种导入方式充分调动学生们的积极性，上课时能紧紧抓住她们的注意力，深受她们喜

爱，同时学生们通过自导自演过程也提前预习心肺复苏相关内容。教师们将这种心肺复苏新课导入的方法总结成"事例经验"；除了心肺复苏以外，课程组所有专兼职护理教师在反思中归纳总结还有哪些内容也可以运用这种导入方法，形成"类经验"；学生视频除了可以运用在新课导入，还可以根据需要运用到护理教学评价上，从而凝练出个人的"经验体系"，比如《常用护理技术》操作技术考核项目多，平时上课教师没有办法逐一考核，就可以让学生在课下利用实验室开放机会加强练习，每个人在规定时间内提交一份操作视频作为考试凭据。通过这种方式很好地调动学生学习积极性，同时老师也能及时发现每个学生存在的问题并给予纠正；护理教师在长期的教学实践中经过不断的反思、总结、记录，善于发掘自身主观的、内隐的"自我经验"，在反复实践教学中形成的"经验系统"并呈螺旋式上升趋势，再将这些经验写成教学论文，最终形成具有鲜明教师个性特点和艺术特征的"实践智慧"。

三、在自己已有知识经验的基础上进行反思，通过新旧知识经验间的相互作用过程建构起新的知识体系，从而改造和提升"自我经验"

反思是教师以自己的教学过程为思考对象，对自己的行为、决策以及由此产生的结果进行审视和分析的过程。美国心理学家波斯纳提出了教师成长的公式：成长＝经验＋反思，他认为没有反思的经验是狭隘的经验，至多只能形成肤浅的知识。教师教学反思分为教学前、中、后三个阶段。第一阶段（教学前反思）：这种反思具有前瞻性，能使教学成为一种自觉的实践，并有效提高教师的教学预测和分析能力；第二阶段（教学中反思）：及时地在教学过程中反思，这种反思具有监控性，能使教学高度地进行，并有助于提高教师的教学调控和应变能力；第三阶段（教学后反思）：这种反思具有批判性，能使教学经验理论化，并有助于提高教师的教学总结能力和评价能力。

目前，我校大多数护理教师为了应付教学检查，只有课后反思，反思性教学的观念比较淡薄，教学反思行为随机、琐碎，缺少计划性、持续性和系统性。针对这种现象，根据自主生长式教师专业发展理论指导思想，改变教学反思的方式，可以采取"反思—整合—共享—升华"四部曲，具体操作方法如下：第一，反思。即在一天的教学工作结束后，要求教师写下自己的反思日记，形成所谓"自我经验"（即"事例经验"）。第二，整合。"护理专业发展共同体"的教师们相互观摩彼此的教学，详细描述她们所看到的情景，进行讨论分析，整合形成"类经验"。第三，共享。来自不同"护理专业发展共同体"的教师们聚集在一起,提出课堂上"最关键、最困惑、最有价值"的问题,通过自修自研、专家指导等方法共同讨论解决,最后得到的方案为所有教师共享,凝练形成"经验体系"。第四,升华。护理教师不断在头脑中对自己的教学过程和期间发生的事件进行思考,根据已有的"经验体系",更加关注自己的教学实践和效果,更注意观察学生,并分析改进的方法和可能性,最终形成具有鲜明教师个性特点和艺术特征的"实践智慧"。

立足"自我经验"的护理教师专业发展,是一个在反思伴随下内在自我的成长过程,重视护理教师在教育过程中的感受和体验,强调护理教师在丰富的教育体验基础上进行反思,具有很强的生成性、生长性和个性化等特征,是护理教师教育知识形成、转化和专业发展的基础与动力。

(原载《成才》2019 年第 8 期)

附：参与自主生长式教师专业发展理论实验研究的学校名单（排名不分先后）

1. 武汉市洪山区武珞路小学
2. 武汉市洪山区广埠屯小学
3. 武汉市洪山区弘光学校
4. 武汉市洪山区旭光学校
5. 武汉市马房山中学
6. 武汉市洪山区卓刀泉中学
7. 武汉市洪山区洪山中学
8. 武汉市洪山区英格中学
9. 武汉市洪山区鲁巷中学
10. 武汉市洪山区花山中学
11. 武汉市洪山区新桥中学
12. 武汉市洪山区石嘴中学
13. 武汉市洪山区武珞路小学金地分校
14. 武汉市洪山区楚雄学校
15. 武汉市洪山区花山小学
16. 武汉市洪山区楚才小学
17. 武汉市洪山区建设中心小学
18. 武汉市洪山区南望山小学
19. 武汉市洪山区卓刀泉小学
20. 武汉市洪山区石牌岭小学
21. 武汉市武昌区中南路小学
22. 武汉市武昌区首义路小学
23. 武汉市武昌区八铺街小学
24. 武汉市武昌区保安街小学
25. 武汉初级中学
26. 武汉市硚口区常码头小学
27. 武汉市硚口区古田路小学
28. 武汉市硚口区水厂路小学
29. 武汉市硚口区井冈山小学
30. 武汉市硚口区辛家地小学
31. 武汉市第26中学
32. 武汉市硚口区第17初中
33. 武汉市硚口区舵落口小学
34. 武汉市硚口区双环小学
35. 武汉市硚口区汉西小学
36. 武汉市硚口区建乐村小学
37. 武汉市硚口区跃进村小学
38. 武汉市硚口区六角亭小学
39. 武汉市硚口区星火小学
40. 武汉市江汉区红领巾小学
41. 武汉市江汉区唐家墩小学
42. 武汉市第一初级中学
43. 武汉市69中学
44. 武汉市52中学
45. 武汉市新华下路中学
46. 武汉市汉阳区江汉二桥中学
47. 武汉市建港中学
48. 武汉市东西湖区桥头小学

49. 武汉市东西湖区吴家山一小
50. 武汉市青山区新沟桥小学
51. 武汉市青山区建九小学
52. 武汉市青山区钢花小学
53. 武汉市青山区吉林街小学
54. 武汉市青山区钢城十八小学
55. 武汉市新洲区邾城中心小学
56. 武汉市新洲区第三中学
57. 武汉市新洲区阳逻三中
58. 武汉市新洲区旧街中心小学
59. 武汉市光谷第九小学
60. 武汉市光谷第三小学
61. 武汉市东湖新技术开发区升华小学
62. 湖北省仙桃市第四中学
63. 湖北省仙桃市沔州小学
64. 湖北省潜江市王场镇小学
65. 湖北省潜江市高石碑小学
66. 湖北省潜江市积玉口小学
67. 湖北省潜江市园林三中
68. 湖北省潜江市刘岭中学
69. 湖北省潜江市徐李中学
70. 湖北省潜江市熊口镇小学
71. 湖北省孝感市玉泉小学
72. 湖北省长阳县一中
73. 湖北省长阳县津洋口小学
74. 湖北省长阳县花坪小学
75. 湖北省长阳县实验小学
76. 湖北省老河口市第八小学
77. 湖北省老河口市实验小学
78. 湖北省石首市回民小学
79. 中国葛洲坝集团葛洲坝实验小学
80. 湖北省宜昌市夷陵区平湖小学
81. 湖北省秭归县实验小学
82. 湖北省秭归县希望小学
83. 湖北省秭归县茅坪小学
84. 湖北省秭归县茅坪中学
85. 湖北省秭归县机关幼儿园
86. 湖北省秭归县职教中心
87. 湖北省秭归县第二中学
88. 湖北省秭归县实验中学
89. 湖北省秭归县九里中学
90. 湖南省岳阳市第九中学
91. 湖南省岳阳市鹰山中学
92. 湖南省岳阳市十二中学
93. 湖南省岳阳市第十中学
94. 湖南省岳阳市第六中学
95. 湖南省岳阳市洞纺学校
96. 湖南省岳阳市东方红小学
97. 湖南省岳阳市站前小学
98. 湖南省岳阳市东升小学
99. 湖南省岳阳市鹰山小学
100. 湖南省岳阳市洞氮小学
101. 湖南省岳阳市长炼小学
102. 湖南省岳阳市金鄂小学
103. 湖南省岳阳市许市中学
104. 湖南省岳阳市华容县终南中学
105. 湖南省岳阳市华容县隆西中学
106. 广东省珠海香洲区第二小学
107. 新疆农五师高级中学
108. 新疆博乐市第八中学